CASIO fx-5800P Gonglu Celiang Yu Shiyan Jiance Chengxu Ji Jisuan Anli

CASIO fx-5800P 公路测量与试验检测程序及计算案例

梁启勇　编著

人民交通出版社

内 容 提 要

“授人以鱼不如授人以渔”——本书旨在通过丰富的案例，教会读者利用 CASIO 计算器自行解决公路工程测量和试验检测方面问题的能力。全书共四章。前两章介绍 CASIO 的程序使用基本知识和编程方法；第三章配合案例介绍了公路工程施工测量中常用的测量程序，另外简要介绍了 fx-5800P 在公路试验检测中的应用及实例；第四章介绍 fx-5800P 的统计计算功能。

本书可供从事公路工程建设的测量人员以及其他工程技术人员参考，也可作为高等院校相关专业师生的学习用书。

图书在版编目(CIP)数据

CASIO fx-5800P 公路测量与试验检测程序及计算案例/梁启勇编著. --北京：人民交通出版社，2010. 12

ISBN 978-7-114-08608-3

Ⅰ. ①C… Ⅱ. ①梁… Ⅲ. ①道路测量—可编程序计算器—应用程序 Ⅳ. ①U412-39

中国版本图书馆 CIP 数据核字(2010)第 179114 号

书　　名：**CASIO *fx*-5800P 公路测量与试验检测程序及计算案例**
著 作 者：梁启勇
责任编辑：王　霞(wx@ ccpress. com. cn)
出版发行：人民交通出版社
地　　址：(100011) 北京市朝阳区安定门外外馆斜街 3 号
网　　址：http://www. ccpress. com. cn
销售电话：(010) 59757973
总 经 销：人民交通出版社发行部
经　　销：各地新华书店
印　　刷：北京市密东印刷有限公司
开　　本：720 × 960　1/16
印　　张：15. 5
字　　数：276 千
版　　次：2011 年 1 月　第 1 版
印　　次：2013 年 3 月　第 2 次印刷
书　　号：ISBN 978-7-114- 08608-3
定　　价：31. 00 元
(有印刷、装订质量问题的图书由本社负责调换)

卡西欧公司推出的编程计算器深受工程技术人员的青睐，它体积小、重量轻、携带方便，是工程测量、试验检测以及其他施工计算的得力工具。本书主要介绍卡西欧 fx-5800P 编程计算器的使用。fx-5800P 是卡西欧公司在 fx-4850P基础上新开发的升级换代产品，比起之前的 fx-4800P/4850P 编程计算器，其功能有了全面的提升，它的智能化程度更高，编程语言更丰富，基本可以解决便携计算的所有工程问题。

作者长期从事公路工程测量与试验检测工作，积累了丰富的实践经验，并熟悉卡西欧 fx-4800P/4850P 与 fx-5800P 的编程。经过一年的整理，特将这本关于卡西欧 fx-5800P 编程的书奉献给广大读者，以期能对读者的实际工作有所帮助，更好地为我国的公路建设服务。

本书的特色在于：

(1)着眼于公路工程的实践，详尽介绍了计算器编程和统计这两个工程上常用的技术，针对性极强。

(2)编写由浅入深，从最简短的程序编写入手，循序渐进，逐渐让读者学会编写较复杂的程序，便于读者理解接受。

(3)不仅介绍了编程方法和技巧，还结合工程实际向读者介绍了一些现成的且非常实用的公路工程测量和试验检测计算程序。

(4)编程语句清楚、明了。每个程序后都跟有实例，详尽介绍其工程应用，程序操作直观、清楚，容易掌握。

(5)对于较复杂程序，都附有程序结构框图，以帮助读者理解程序，并达到灵活运用程序的目的。

(6)考虑到有相当一部分技术人员使用过 fx-4850P，因此本书结合一些实例介绍了 fx-4850P 格式程序向 fx-5800P 程序转换的方法，以便 fx-4850P 老用户能有效利用原有资源。

在编写本书过程中，参考了一些技术规范、有关院校教材及文献资料等，在此谨向原作者、编著者致敬和感谢。

由于作者水平有限，加之涉及范围较广，书中错误与不妥之处在所难免，欢迎广大读者批评指正。

联系地址：山西交通技师学院公路工程系

邮箱：1379969561@qq.com

作 者

2010年9月

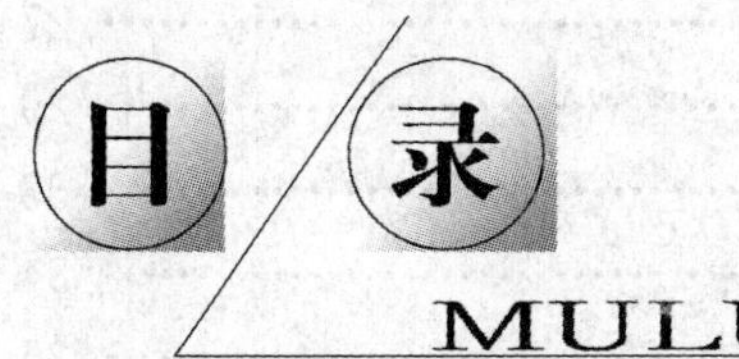

目录 MULU

第一章　卡西欧 fx-5800P 程序使用基本知识

第一节　卡西欧 fx-5800P 编程计算器的面板与主菜单结构

在日常公路测量中，经常会遇到很多重复计算的问题，虽然难度不高，但如采用手工计算，工作量大、效率低、易使人疲劳，从而导致错误。那么，能否找到一种既快速又准确的方法，将我们从繁杂的重复计算中解脱出来？

卡西欧 fx-5800P 矩阵编程计算器可以帮助我们解决这个问题。

卡西欧公司在中国最早销售的编程计算器是 fx-4500PA，后又推出 fx-4800P与 fx-4850P，现在已被 fx-5800P 所替代。fx-5800P 的程序语言更接近于 BASIC，更便于阅读理解。fx-5800P 功能强、体积小、重量轻、携带方便，因此受到野外测量技术人员的青睐。fx-5800P 功能很多，在土木工程中，其编程计算与数理统计功能应用最广泛，为此，在本书着重介绍 fx-5800P 的编程计算和数理统计功能在公路测量与试验检测中的应用。

下面首先认识一下 fx-5800P 编程计算器的面板和主菜单结构。如图 1-1 为卡西欧 fx-5800P 计算器的正面图。

一、计算器的按键、屏幕及状态栏

1. 按键

卡西欧 fx-5800P 编程计算器的按键都具有一种以上的功能，各功能以彩色符号标于键盘之上。[SHIFT]为第二功能键，主要用来输入或调用键盘外所标记的功能(即键盘的第二功能)，这些功能或符号的颜色与[SHIFT]键相同，均为橘黄色。输入第二功能的方法与一般计算器相同，先按[SHIFT]键，再按同色的对应功能键即可调用用户所需功能。[ALPHA]为英文字母输入键，它也是引号、等号、中括号和空格的输入键，它的颜色为红色，与其所调用字母和符号的颜色相同。输入方法与第二功能类似，先按[ALPHA]键，再按字母或红色符号所对应的键即可。通常，当按一下[ALPHA]键时，状态栏将显示[A]，表示进入英文字母或字符的输入状态，再按一下[ALPHA]键后，🅰标记消失，键盘即返回基本功能状态。如先按[SHIFT]键再按[ALPHA]键，状态栏也显示🅰，但此时键盘英文字母的输入进入锁定状态，用户可连续输入英文字母或字符，直至再按下[ALPHA]键，🅰标记消失为止。

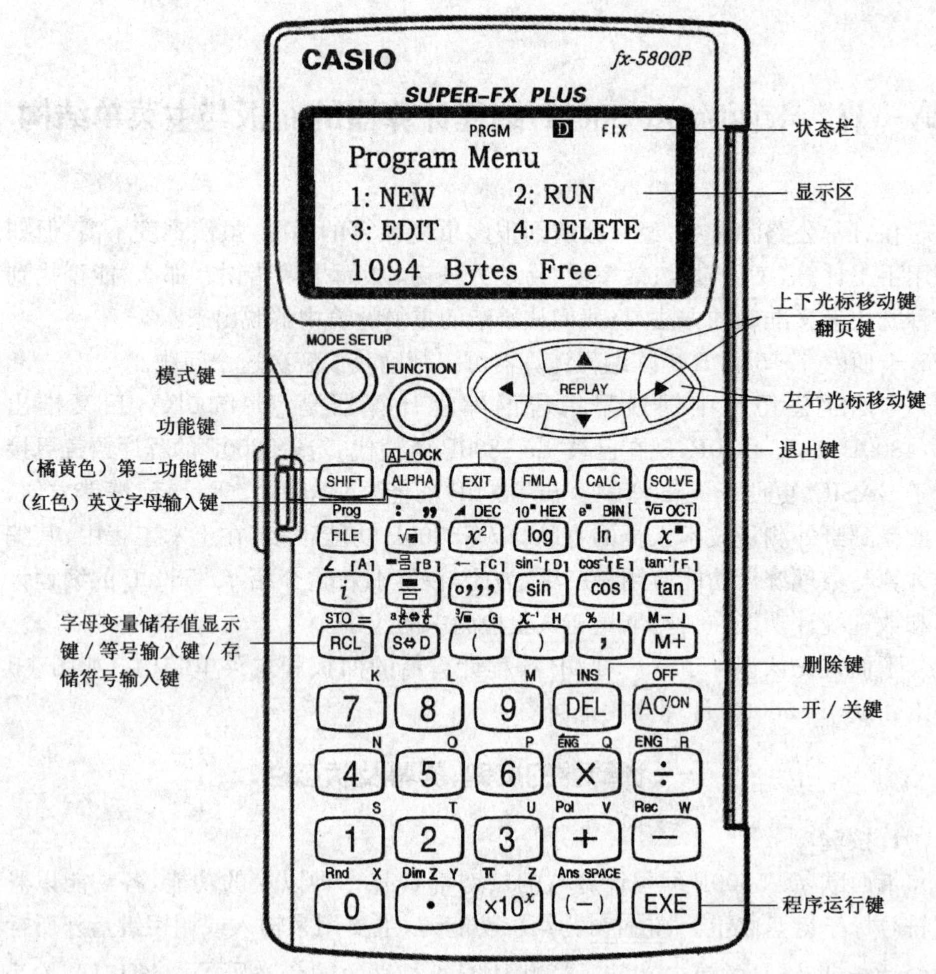

图 1-1　*fx*-5800P 正面图

2. 屏幕及状态栏

为便于用户编辑和修改程序，卡西欧 *fx*-5800P 的屏幕为 4 行液晶显示，并在屏幕最上方用小号字显示状态栏内容，如图 1-1 所示。状态栏的字符用来说明计算器当前所处的状态或模式，各种指示符的意义见表 1-1。

fx-5800P 状态栏各指示符的意义 表 1-1

序 号	指 示 符	各指示符所表示的含义
1	S	按下SHIFT键后出现,表示即将输入与第二功能键相同颜色的符号或功能
2	A	按下ALPHA键后出现,表示即将输入字母或其他红色符号所标的功能
3	D	选用"度"作为角度计算单位
4	R	选用"弧度"作为角度计算单位
5	G	选用"梯度"作为角度计算单位
6	▼▲	表示当前显示屏还有上、下页面
7	SD	计算器处于单变量统计计算模式
8	REG	计算器处于双变量统计计算模式
9	FMLA	表示当前计算器进入公式运行模式
10	PRGM	表示当前计算器处于程序模式
11	ENG	按工程显示数值
12	FIX	已指定输出数值的小数位数
13	SCI	按科学表示法显示数值
14	Disp	表示当前显示的数值为中间计算结果
15	STO	按SHIFT RCL键出现,可以将指定值或计算结果存入指定变量
16	RCL	按下RCL键,再按对应字母键可以查看指定变量的值

3. 显示屏对比度的调节

当屏幕字体不清楚时可以调节显示屏的对比度,首先按MODE ▼ 3 (SYSTEM) 1 (Contrast),调出对比度调节屏幕,如图 1-2 所示,然后使用▶和◀键调节显示屏对比度,当调至满意的对比度效果后,按EXIT键退出。此外,在按MODE键进入模式菜单屏幕后,也可使用▶和◀键调整显示屏对比度。

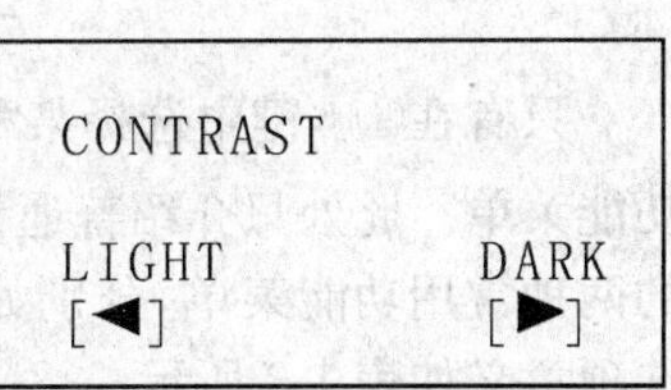

图 1-2 屏幕对比度调节

二、计算器的模式

按模式键MODE出现如图 1-3 第一页的屏幕显示,按▼键翻到第二页,按▲键再返回到第一页。模式菜单中各项的含义见表 1-2 所示。

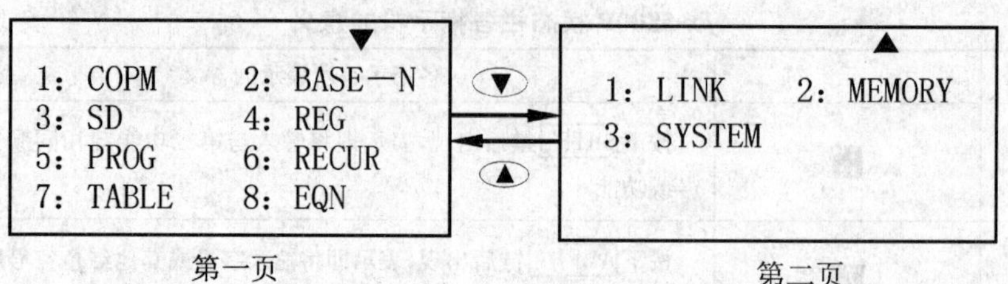

图 1-3　模式菜单

fx-5800P 计算器模式菜单中各选项的含义　　表 1-2

模式选项	按　键	含　义
COMP	1	普通计算模式，包括函数计算
BASE—N	2	基数计算模式，包括二进制、八进制、十进制、十六进制的变换及逻辑运算
SD	3	单变量统计(数理统计)计算模式
REG	4	双变量统计(回归)计算模式
PROG	5	程序模式，定义程序或公式文件名，输入、编辑、执行程序或公式
RECUR	6	序列计算模式
TABLE	7	数表计算模式，创建 x 和对应 f(x)值的数表计算
EQN	8	方程式计算模式，可求解最高五元一次联立方程组及一元三次方程
LINK	▼ 1	数据通信，用于在两个 fx-5800P 计算器之间传输程序
MEMORY	▼ 2	存储器管理
SYSTEM	▼ 3	显示和调整屏幕对比度，设置或系统复位

三、计算器的功能菜单

只有在MODE键中选择某种计算状态后，按功能键 FUNCTION 才能显示相应功能菜单。此处只介绍普通计算状态(COMP)与统计计算状态(SD 或 REG)下的两种常用功能菜单，分别如下图 1-4 和图 1-5 所示。计算器的功能菜单中各选项意义如表 1-3 所示。

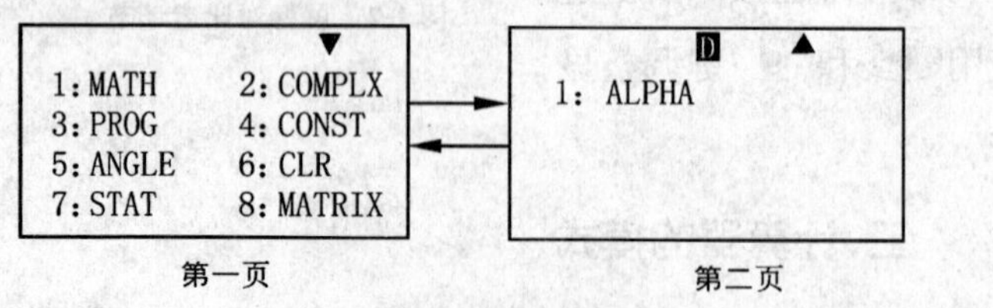

图 1-4　在 COMP 下的功能菜单

SD
1：→COMP　2：MATH
3：CONST　4：ANGLE
5：STAT　6：RESULT

图 1-5　在 SD 或 REG 下的功能菜单

fx-5800P 计算器功能菜单中各选项的意义 表 1-3

功能选项	按键	含义
MATH	[1]	调出积分、微分、求和、极坐标、直角坐标等数学函数
COMPLX	[2]	调出复数计算函数
PROG	[3]	调出各种程序命令
CONST	[4]	调出计算器内藏的 40 个常用科学常数
ANGLE	[5]	调出角度单位,包括弧度、梯度及度、分、秒转换
CLR	[6]	清除统计样本、存储器、矩阵、变量等的内容
STAT	[7]或[5]	(1)在普通计算模式下,调出各种统计计算变量或分布函数(按[7]键); (2)在单变量或双变量统计模式下,用于编辑统计样本数据和调出各种统计变量(按[5]键)
MATRIX	[8]	调出矩阵编辑与计算命令
ALPHA	(▼)[1]	调出英文小写字母字符、希腊大小写字母字符、下标字符等
→COMP	(MODE)[3] (或[4])[FUNCTION][1]	在单变量或双变量统计模式下返回普通计算模式
RESULT	(MODE)[3] (或[4])[FUNCTION][6]	在单变量或双变量统计模式下,用于调出全部统计计算结果

四、计算器的设定

按[SHIFT](SETUP)键,屏幕显示如图 1-6 第一页菜单,按(▼)键显示图 1-6 第二页的菜单,按(▲)键再返回到图 1-6 第一页菜单,按[1]～[8]键选择设置选项,按[EXIT]键退出设置菜单。设置菜单各选项的意义如表 1-4 所示。

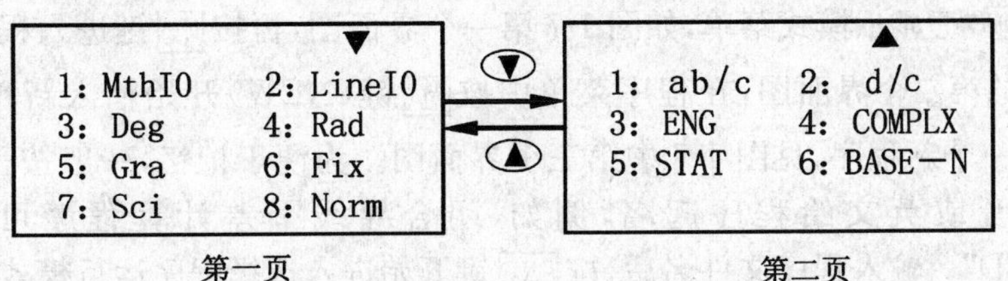

图 1-6 设置菜单

设置菜单的意义 表 1-4

功能选项	按键	意 义
MthIO	1	设置以数学格式显示，状态栏显示 Math
LineIO	2	设置以线性格式显示
Deg	3	设置角度单位为"度"，状态栏显示 D
Rad	4	设置角度单位为"弧度"，状态栏显示 R
Gra	5	设置角度单位为"哥恩"，状态栏显示 G
Fix	6	设置以输入数字为小数位数的输出格式显示计算结果，状态栏显示 FIX
Sci	7	设置以输入数字为小数位数的科学格式显示计算结果，状态栏显示 SCI
Norm	8	计算器只能显示 10 位尾数的数值，当计算结果超过该限度时，自动切换至指数格式显示，有 Norm1 与 Norm2 两种显示格式选择
ab/c	1	设置分数计算结果显示格式为带分数
d/c	2	设置分数计算结果显示格式为非带分数显示格式
ENG	3	当需要以指数格式显示时，则以工程格式显示，状态栏显示 ENG。该显示格式应与 Fix，Sci，Norml，Norm2 格式组合使用，不能单独使用
COMPLX	4	设置复数计算结果以直角坐标格式显示或极坐标格式显示
STAT	5	设置样本数据频次串列为打开(FreqOn)或关闭(FreqOff)
BASE-N	6	按 1 键输入"Signed"表示在基数模式计算中启用负值；如按 2 键输入"Unsigned"表示禁用负值

第二节 程序的创立、输入、运行与管理

一、输入新程序文件名，并选择程序运行模式

按MODE键显示模式菜单，如图 1-7 第一个界面图，再按 5 键进入程序菜单，见图1-7的第二个界面图，在程序菜单中按 1 键(NEW)开始输入新程序文件名，创建一个新程序，见图 1-7 中第三个界面图。为便于记忆，一般按程序的用途以拼音或英文给程序起名，例如，闭合导线平差计算程序可命名为"CLOSED"。输入程序文件名后，按EXE键开始进入选择程序运行模式界面，见图 1-7 中第四个界面图，土木工程计算中一般选 1 (COMP)键进入普通计算模

式,如图 1-7 第五个界面图,开始输入程序内容。程序输入完毕后,按 EXIT 退出键,退至程序编辑菜单界面,继续再按 EXIT 键,则又返回到图 1-7 的第二个界面图。在这个界面,除可创建新程序外,还可根据需要选择"运行程序(RUN)"、"编辑修改程序(EDIT)"和"删除程序(DELETE)"三个功能。

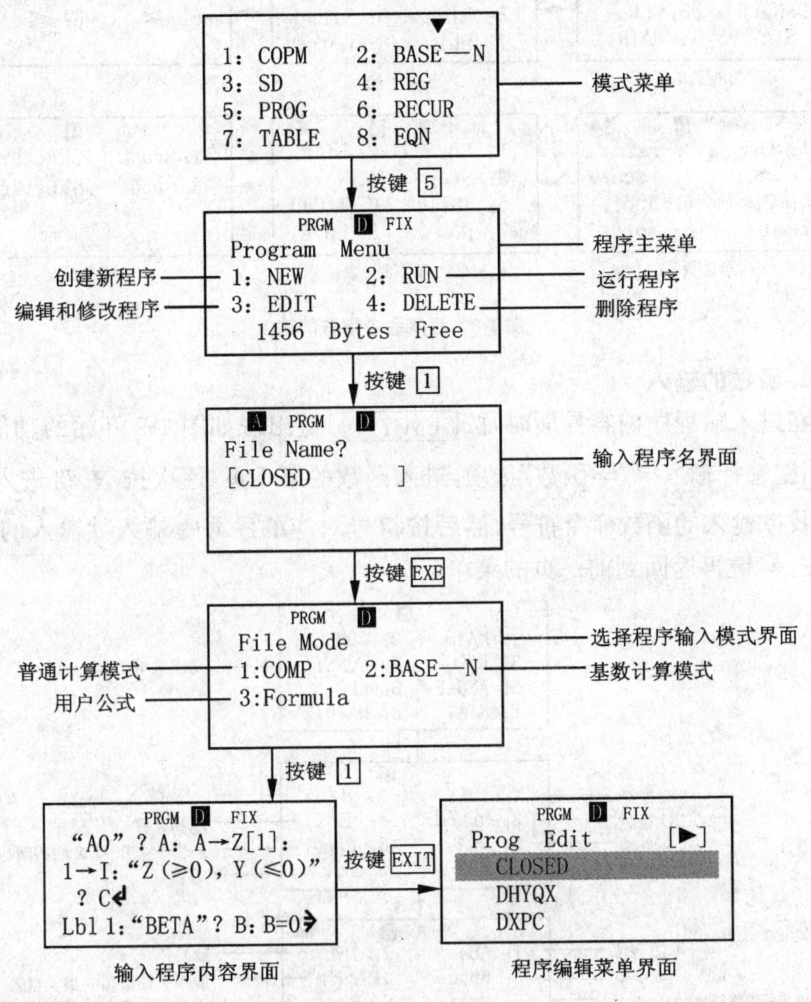

图 1-7 程序的创建

二、输入新程序内容

1. 程序命令的输入

在输入新程序内容界面时,按 FUNCTION 键出现如图 1-8 开始的功能菜单,按 3 键(PROG)选择"程序命令"进入程序命令的第 1 页,逐次按▼键进入程序命令的其他页面查找欲输入的程序命令符号，然后按命令符号对应的序号键输入欲输入的程序命令，按▲键再返回到前一页的菜单。

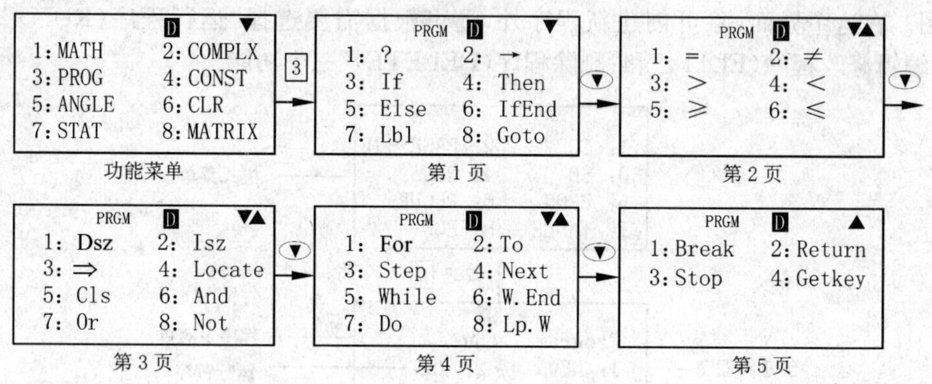

图 1-8　程序命令字符的输入

2. 函数的输入

在进入输程序内容界面时，按FUNCTION键出现如图 1-9 开始的功能菜单，按1键选择输入“数学函数”选项，进入函数的第 1 页，逐次按▼键进入第 2、3 页查找欲输入的函数命令符号，然后按符号对应的序号键输入欲输入的数学函数，按▲键再返回到前一页的菜单。

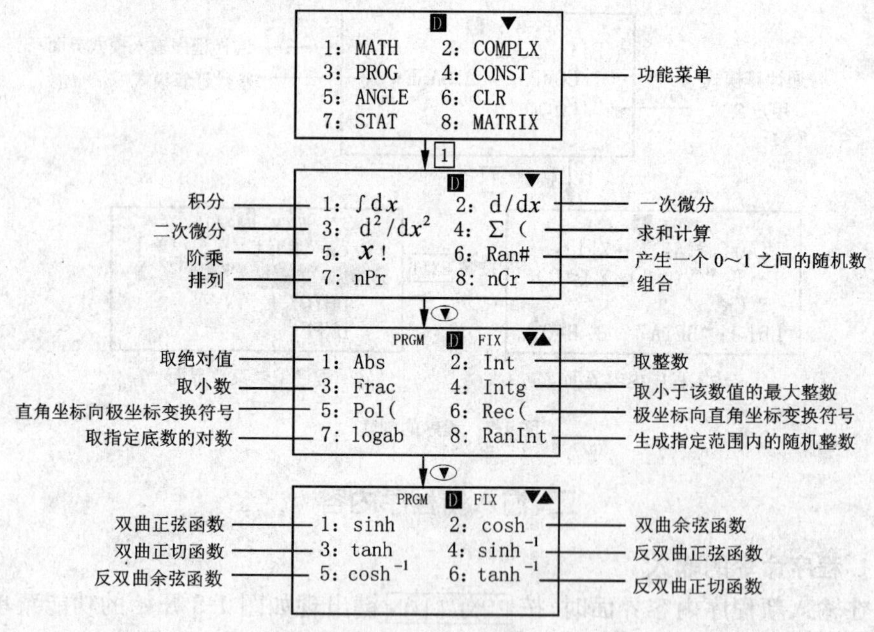

图 1-9　函数的输入

3. 从键盘直接输入其他符号或命令

程序中的冒号(:)、引号(“”)、等号(=)以及英文字母等通过键盘直接输入,输入方法为:白色符号或函数直接按键输入;如欲输入的符号为橙色,则应先按[SHIFT]键,再按对应符号键;如为红色,则应先按[ALPHA]键,再按对应符号键。

4. “Fix”、“Sci”等设定功能符号的输入

先按[SHIFT]键,再按(SETUP)键,在设定菜单中查找输入。程序输入完毕后,按[EXIT]退回到程序主菜单界面。

三、程序文件的运行

[方法1]

在程序主菜单按[2](RUN)键进入程序运行界面,再按光标上、下移动键选中要运行的程序,按[EXE]开始运行程序。

[方法2]

在程序主菜单按[2](RUN)键进入程序运行界面,此时计算器已锁定为字母输入状态,屏幕状态栏左端显示A,输入所要搜索的程序文件名的第一个字母,则屏幕随即显示以本字母开头的所有程序名(按顺序排列),按(▲)与(▼)键,上下移动光标选中要运行的程序名,按[EXE]开始运行程序。

[方法3]

按(MODE)[1]键进入普通计算状态,按[SHIFT][FILE]键输入Prog,并在其后加引号输入要运行的程序名(全称),如图1-10所示,最后按[EXE]开始运行程序。

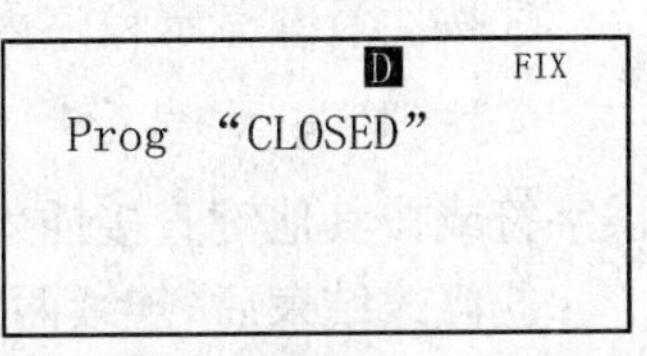

图1-10 在COMP模式下输入程序名运行程序

[方法4]

按(MODE)[5](PROG)键进入程序菜单,再按[2](RUN)键进入程序运行界面,此时按[FUNCTION][1](Favorite—Add)键显示收藏程序文件名,按(▲)与(▼)键,上下移动光标条选中要运行的程序名,按[EXE]开始运行程序。

四、程序文件的编辑修改

1. 更改程序文件名

(1)用文件搜索的方法找到拟更改的文件名,并将光标移到文件名上。

(2)按[FUNCTION]键显示文件命令(File Commands)菜单。

(3)按[2]键(即选择Rename),在文件名编辑窗口中更改完程序名后,按[EXE]键确认,见图1-11所示。

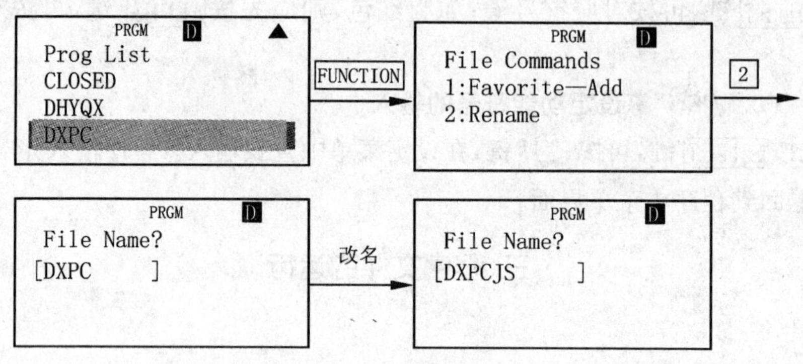

图 1-11 程序名的更改

2. 编辑修改程序内容

编辑修改程序内容的方法通常有下列两种:

(1)滚动列表搜索。即在计算器的显示屏上滚动显示文件名,直至找出所搜索的文件名。具体操作为:

①按(MODE)[5]键进入图1-7所示的程序菜单,按[3]键进入程序编辑菜单。

②按(▲)与(▼)键将光标移至所要运行的程序名上。

③按[EXE]键显示程序内容。

④按(▲)与(▼)或(◀)与(▶)键,移动光标至要修改之处,按[DEL]键删除错误字符或按其他键直接插入新内容。

⑤修改结束后,连续两次按[EXIT]键,即可保存修改的程序内容并返回程序菜单。

(2)输入字符搜索。即输入所搜索的程序文件名的第一个字母。具体操作为:

①按(MODE)[5]键进入图 1-7 所示的程序菜单,按[3]键进入程序编辑菜单。

②此时计算器已锁定为字母输入状态,屏幕状态栏左端显示[A],输入所要搜索的程序文件名的第一个字母,则屏幕显示以本字母开头的所有程序名(按顺序排列),按(▲)与(▼)键,上下移动光标选中要运行的程序名。

③按[EXE]键显示程序内容。

④按(▲)与(▼)或(◀)与(▶)键,移动光标至要修改之处,按[DEL]键删除错误字符或按其他键直接插入新内容。

⑤修改结束后，连续两次按[EXIT]键，即可保存修改的程序内容并返回程序菜单。

五、收藏文件（Favorite—Add）

为了文件搜索快捷方便，可以将常用程序的文件名添加到“Favorites”收藏文件夹中，此操作使该程序名称在屏幕的顶部显示，用时直接按功能键打开。具体操作为：

(1)用文件搜索的方法找到拟收藏的文件名并选中该文件名。

(2)按[FUNCTION]键显示文件命令(File Commands)菜单。

(3)按[1]键(选择“Favorite—Add”)，该文件名将在屏幕顶部显示。

收藏文件也可取消，具体操作为：

(1)选择拟取消收藏的程序文件，将高亮光标移到该文件名上。

(2)按[FUNCTION]键显示文件命令(File Commands)菜单。

(3)按[1]键(选择“Favorite—Off”)，该文件即被取消收藏。

六、程序的删除

(1)按(MODE)[5]键进入图 1-7 所示的程序菜单，再按[4]键进入程序删除菜单，屏幕显示如图1-12界面。

(2)若按[1]键(选择“One File”)，则进行单个文件的删除。选中程序名再按[EXE]删除单个程序文件，按[EXIT]键放弃删除操作。

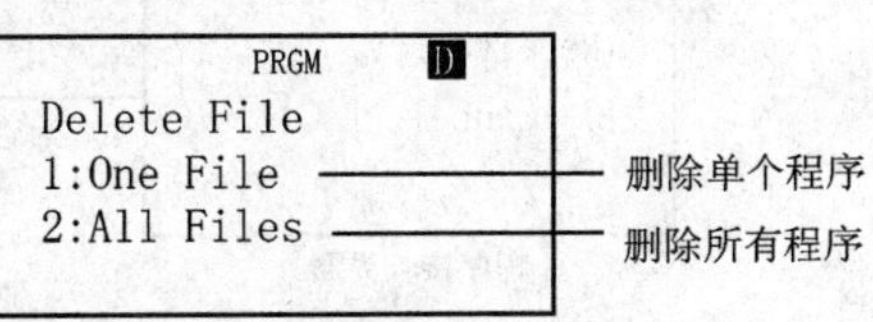

图 1-12 程序的删除

(3)若按[2]键(选择“All Files”)，则进行所有文件的删除，此时屏幕上将出现确认删除的信息，按[EXE]键则删除所有程序，按[EXIT]键则放弃删除操作。

七、程序文件的传输

在 fx-5800P 计算器底部有一个插口，可利用一个 SB—62 数据通信线连接另一台 fx-5800P 计算器，在它们之间进行程序传输，如图 1-13 所示。

1. 传输全部数据

(1)选择接受全部数据

在接收计算器上，按(MODE)(▼)[1]{LINK}[2](Receive)键，使接收计算器处于接受数据状态，操作过程见图 1-14 所示。

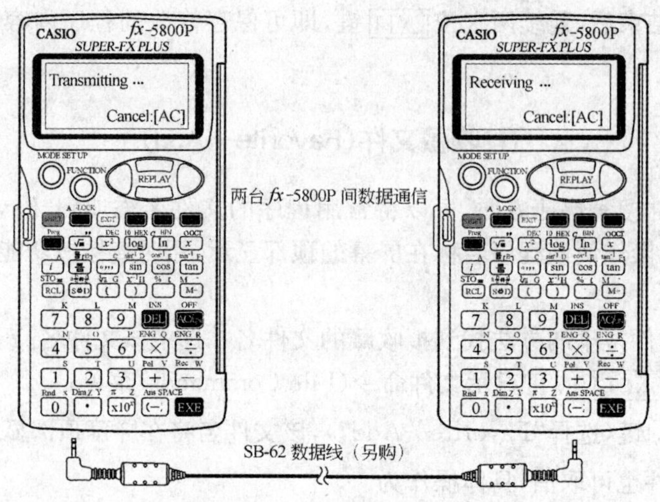

图 1-13　两台 *fx*-5800P 间的程序传输

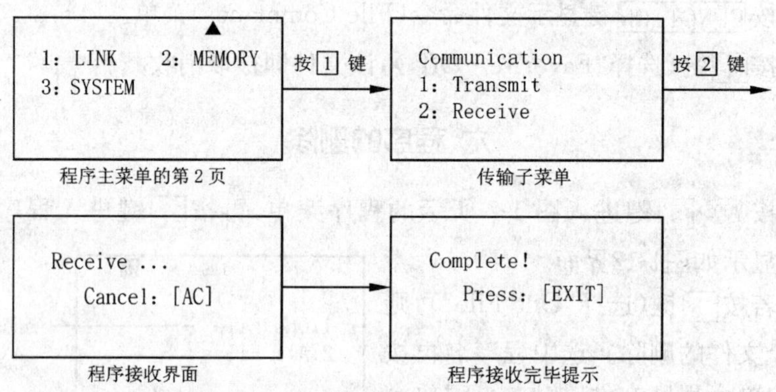

图 1-14　接收机接收数据的流程界面图

(2)选择传送全部数据

在发送计算器上，按MODE ▼ 1 {LINK) 1 (Transmit) 1 (All) EXE 键，发送计算器开始发送机内的全部程序，操作过程见图1-15所示。数据传输完成后，发送计算器与接收计算器同时显示“Complete!”，分别在发送计算器与接收计算器上按EXIT键退出数据传输状态。

2. 传输指定程序

在接收计算器上的操作与上述传输全部数据的方法相同。在发送计算器上，按MODE ▼ 1 (LINK) 1 (Transmit) 2 (Select) EXE 键，进入图1-16左图的“Select Data”界面。移动行光标到需要发送的程序名上，按 1 键选中发送程序名，此时，程序名的左边显示▶，按 0 (TRAN) EXE (Yes)键开始发送程序。

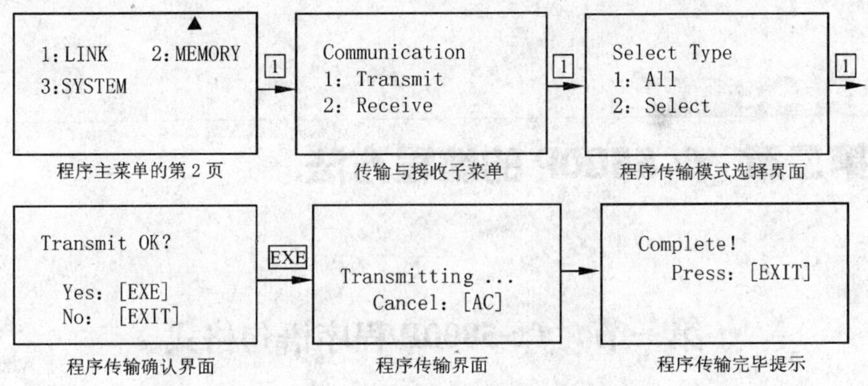

图 1-15 计算器发送数据的流程界面图

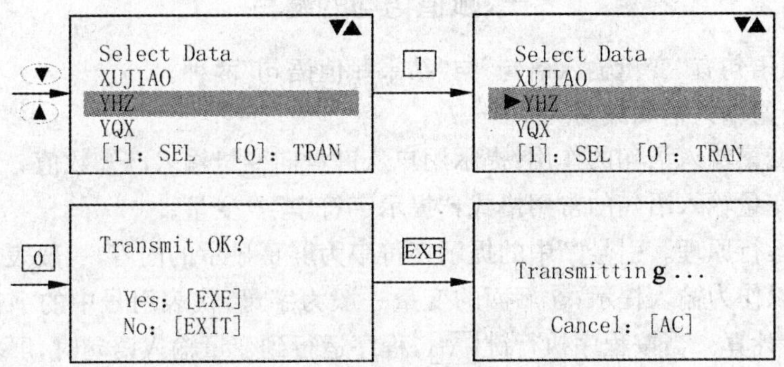

图 1-16 计算器传输指定程序文件流程

练 习 题

1. 请将下列圆曲线主点里程计算程序输入 *fx*-5800P 计算器。

程序名：YQXZD

```
"JD"? D:"R"? R:"ZJ"? J↵
Rtan(J÷2)→T:"T=":T◢
J×π×R÷180→W:"W=":W◢
R(1÷cos(J÷2)−1)→E:"E=":E◢
D−T→A:"ZY=":A◢
A+W→B:"YZ=":B◢
A+W÷2→Q:"QZ=":Q◢
```

2. 运行1题的"YQXZD"程序，计算 JD 里程为 K2+968.43，转角 $\alpha_y=34°12'$，半径 $R=200$m 的圆曲线测设元素及主点里程。

第二章 fx-5800P 的编程方法

第一节 fx-5800P 程序语句格式

一、赋值语句的编写

赋值语句有“变量输入语句”与“结果赋值语句”两种。

1. 变量输入语句编写

(1)变量输入语句的作用:提示用户从键盘向变量输入已知数值。

(2)变量输入语句的常用格式:“提示字符串”? 变量。

(3)运行原理。引号“”中的提示字符串为屏幕显示的内容,一般表示变量的名称,用以作为输入提示;?后面的变量一般为字母,代表引号中的字符串在程序中运行计算。当按程序执行键[EXE],程序运行到变量输入语句时,屏幕随即显示引号“”中的提示字符串,并跟有问号(?),提示用户键盘输入该变量的已知数值,输入的数值实际上赋给了?后的变量,它是真正代表字符串在程序中运行计算的变量。

(4)补充。变量输入语句除了上述较常用的格式外,还有以下 3 种格式:

①“提示字符串”? →变量。②? 变量。③? →变量。

这 3 种格式的变量输入语句在程序运行时的特点分别为:

第一种输入语句运行时屏幕不显示提示字符串所代表变量的当前值,必须输入新数值按[EXE]键,直接按[EXE]键机器不执行任何操作。

第二种输入语句运行时屏幕显示变量字母,并会显示变量的当前值。

第三种输入语句在运行时屏幕只会显示“?”,等待向变量输值。

2. 结果赋值语句

(1)结果赋值语句的作用:将某一表达式的计算结果赋给某变量。

(2)结果赋值语句格式:表达式→变量 或 数值→变量。

案例 2-1 计算单圆曲线起点(ZY)桩号的一个小程序。

(1)程序清单

程序名:T-ZY

```
"JD"? D:"R"? R:"ZJ"? J ↲
Rtan(J÷2)→T:"T=":T ◢
D−T→A:"ZY=":A ◢
```

(2)屏幕所显示字母含义

JD——圆曲线交点里程,汉语拼音缩写;

R——圆曲线半径;

ZJ——圆曲线转角值,汉语拼音缩写;

T——圆曲线切线长;

ZY——直圆点,汉语拼音缩写。

(3)程序中变量输入语句的说明

本程序的第一行为三个变量输入语句,用冒号(:)隔开;第二行与第三行的第一句均为结果赋值语句。在第一个变量输入语句"JD"? D中,提示字符串为"JD",表示要"输入交点里程",用以作为输入提示,? 表示"让给变量赋值"的意思,从键盘输入的交点里程值赋给了字母变量D,从而变量D代表交点里程在程序中运行计算。在第二个变量输入语句"R"? R中,由于半径一般用字母R表示,所以字符串与变量字母用同一字母R来表示。在第三个变量输入语句"ZJ"? J中,字符串为"ZJ",是转角的汉语拼音的打头字母,用以屏幕提示"输入路线转角",输入的转角值存到了字母变量存储器J中,J真正代表转角在程序中运行计算。

(4)程序中结果赋值语句的说明。

在第一个结果赋值语句Rtan(J÷2)→T中,表示将Rtan(J÷2)计算的结果存到变量存储器T中,Rtan(J÷2)的计算结果为圆曲线的切线长,也就是将计算所得圆曲线切线长存到变量存储器T中。→为变量数值存储命令符号。输入方法:按[FUNCTION] [3] [1]或[SHIFT] [STO]键输入。在第二个结果赋值语句D−T→A中,D代表交点里程,T代表圆曲线的切线长值,D−T的值为圆曲线起点(ZY)的里程桩号,并将计算结果值存储到变量存储器A中。

(5)程序中一些指令符号的用法说明与输入方法。

:多重语句分隔指令符号。可将多个程序语句分隔开,所分开的语句按照结构顺序从左至右执行,中间无停顿。输入方法:按[SHIFT] [√]键。

↲回车符号。用以程序语句的换行,除程序结束末尾处,其他地方可与冒号(:)互换,不会影响程序的计算。程序输入时按[EXE]键即可出现。

" "为字符串显示命令。给储存的变量指定名称,并以名称原文显示。输入方法:按[ALPHA] [√]键。

◢输出命令(或屏幕显示命令)。表示暂停程序的执行并显示当前执行的结果,按 EXE 键则从"◢"命令后继续执行程序。按 SHIFT x^2 键输入。

二、输出语句的编写

(1)输出语句的基本格式:"字符串=":变量◢

或"字符串":变量◢

(2)功能:在屏幕上输出显示某一量的计算结果,引号中一般为欲计算量名称的提示符。

(3)程序说明。

在案例 2-1 的程序中,"ZY=":A◢便为一典型的输出语句,引号(" ")表示屏幕直接显示字符串 ZY=,A◢表示将存入变量 A 的值在屏幕上显示出来,二者之间必须加冒号(:)。又如前一行的"T=":T◢也为一输出语句,用来显示切线长的计算结果。

三、**LbI n …… Goto n** 无条件转移语句(也称循环语句)

语句格式 1:LbI n ~ Goto n (其中 n=0~9,或 A~Z)

语句格式 2:Goto n ~ LbI n (其中 n=0~9,或 A~Z)

功能:LbI n 表示循环语句的标签号,其中 n 必须与 Goto n 中的 n 的数字或字母相同。当程序执行 Goto n 命令后,立即转至相应的 LbI n 语句。无条件转移语句能使程序的执行转回至程序的开始处而继续执行程序,从而形成一个死循环。利用无条件转移亦能在程序的局部形成死循环。格式 2 的 Goto n ~ LbI n 无条件转移可与条件转移及计数转移联合使用。

案例 2-2 一个连续计算圆曲线支距的程序。

(1)程序清单

程序名:YZJ(圆曲线支距)

```
Lb1 1:"R"? R:"L"? L ↵
R×sin(180°L÷R÷π)→X:"X=":X◢
R×(1−cos(180°L÷R÷π))→Y:"Y=":Y◢
Goto 1 ↵
```

(2)程序说明

本程序为循环计算圆曲线支距 X,Y 的程序,每次程序计算出 Y 值后,又返回到 Lb1 1,提示重新输入半径 R 值及弧长 L,输入后按 EXE 键得出新的 X,Y 值。如果为同一曲线,第一次输入半径 R 的值后,以后可按 EXE 键默认,只需每次输入不同的 L 值。

四、⇒简单条件语句

(1)句法格式

第一种语句格式:〈表达式 1〉〈关系运算子〉〈表达式 2〉⇒〈语句 1〉:〈语句 2〉:…

第二种语句格式:〈表达式〉⇒〈语句 1〉:〈语句 2〉:…

该关系运算子指=、≠、>、<、≥、≤等运算符号。

(2)句法说明

本条件转移语句功能如下:

在第二种句法中,如果"⇒"命令左侧的条件为真,则执行(语句 1),然后执行(语句 2),并依次执行后面的所有内容。如果"⇒"命令左侧的条件为假,则跳过(语句 1),然后执行(语句 2)及其后面的所有内容,如图 2-1 所示。

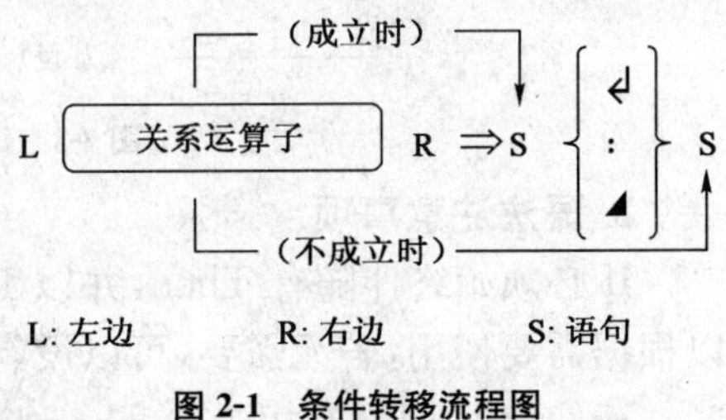

图 2-1 条件转移流程图

在第一种句法中,"⇒"命令左侧的条件运算结果非零会解释为"真",所以会执行〈语句 1〉,然后执行〈语句 2〉及其后面的所有内容。"⇒"命令左侧的条件运算结果为零会解释为"假",因此会跳过(语句 1),而执行〈语句 2〉及其后面的所有内容。

案例 2-3 如果一个数大于零求它的平方根,若小于零我们求它的平方。请编写程序计算之。

(1)程序清单

程序名:A

```
LbI 0:"A"? A:A≥0⇒ "√(A)=":√(A)◢
A<0⇒"A²=":A² ◢
Goto 0 ↲
```

(2)程序说明

引号中的$\sqrt{(A)}$为字符串,程序运行后在屏幕原样显出,引号外的$\sqrt{(A)}$为数学计算式,由于后有输出指令符号◢,所以$\sqrt{(A)}$的计算结果会紧跟字符串后显示出。

五、If 条件选择转移语句

1. 语法格式

If 〈条件表达式〉:Then 〈语句块 1〉:Else〈语句块 2〉:IfEnd:〈语句块 3〉。

2. 语法说明

当 If 后面的条件表达式为真时，会执行 Then 后面的语句，直到 Else（若有 Else 语句）或 IfEnd（若没有 Else 语句），再执行 IfEnd 后面的语句；当 If 后面的条件表达式为假时，会跳过 Then 及其后面的语句，而执行 Else 后面的语句（若有 Else 语句），再执行 IfEnd 后面的语句。其框图如图 2-2 所示。

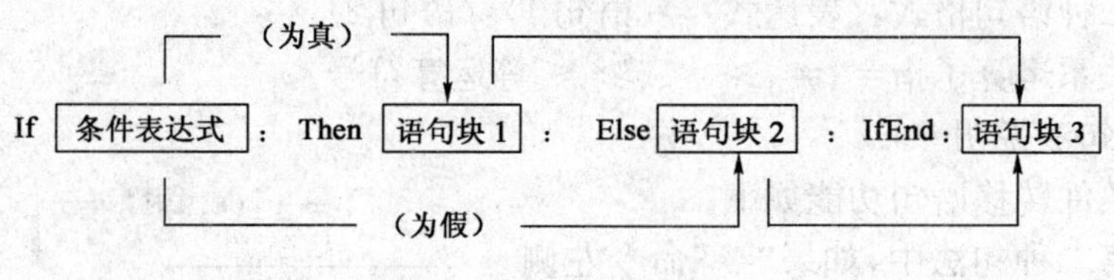

图 2-2　If 语句执行流程图

3. 语法注意事项

If 必须始终伴随有 Then，并以 IfEnd 作为结尾，Else 及其后面的语句则可以根据需要使用，若无需要，可以没有。

若使用 If 而没有相应的 Then 将产生句法错误（Syntax ERROR）。若省略 IfEnd，不会提示有语法错误，但某些程序内容可能会产生意外的执行结果。

关于 If、Else、IfEnd 等语句命令的输入，请在功能菜单中查找选择。

案例 2-4　变量 B 赋值的程序。当输入值 R>80 时，给变量 B 赋值 30；R<40 时，给变量 B 赋值 10；40≤R≤80 时，给变量 B 赋值 20。

（1）程序清单

程序名：FZ

```
"R"? R:If R>80:Then 30→B:Else If R≥40:Then 20→B:Else 10→B:IfEnd:IfEnd↵
```

（2）程序流程说明

为了更清晰地说明有多层 If 嵌套语句的程序运行流程，我们可以用结构框图图 2-3 来说明此程序：

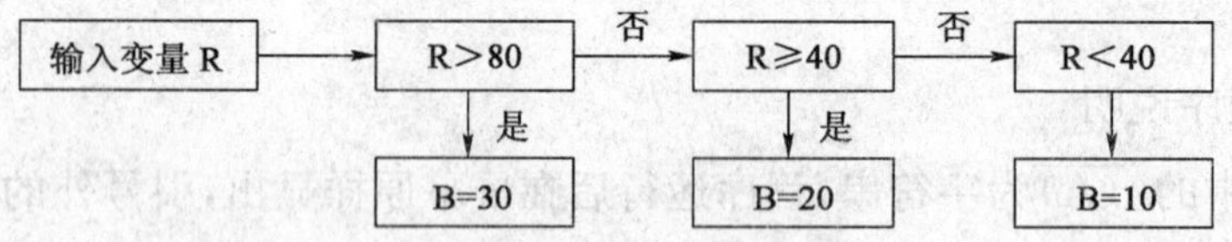

图 2-3　多层 If 嵌套语句的运行流程

注：当用多层 If 嵌套语句结构时，其嵌套层数不宜超过 10 层，有几层嵌套就需在后跟几个 IfEnd。

案例 2-5　请用 If 条件语句结构编写圆曲线支距法详细测设的计算程序。

（1）程序清单

程序名:YZJ(圆曲线支距计算)

```
"JD"? D:"R"? R:"ZJ"? J ↵                     变量输入语句:输入曲线交点里程、半径、转角值
Rtan(J÷2)→T:"T=":T ◢                          计算切线长并赋值;输出显示切线长值
J×π×R÷180→W:"W=":W ◢                          计算曲线长并赋值;输出显示曲线长值
R(1÷cos(J÷2)-1)→E:"E=":E ◢                    计算曲线外距并赋值;输出显示外距值
D-T→A:"ZY=":A ◢                               计算直圆点桩号并赋值;输出显示直圆点桩号
A+W→B:"YZ=":B ◢                               计算圆直点桩号并赋值;输出显示圆直点桩号
A+W÷2→Q:"QZ=":Q ◢                             计算曲中点桩号并赋值;输出显示曲中点桩号
Lbl 0:"L"? L:If L<A Or L>B:Then Goto 0:Else If L≤Q:Then L-A→M:Goto 1:Else
B-L→M:Goto 1:IfEnd:IfEnd ↵                    循环语句内含条件选择语句,用来判定并计算弧长
Lbl 1:Rsin(180M÷R÷π)→X:"X=":X ◢
R(1-cos(180M÷R÷π))→Y:"Y=":Y ◢                 循环计算支距 X、Y 后返回语句 Lbl 0
Goto 0 ↵
```

(2)屏幕所显示字母含义

JD——交点里程桩号;

R——圆曲线半径;

ZJ——曲线转折角;

T——切线长;

W——曲线长;

E——外距;

L——圆曲线上详细桩里程桩号。

(3)程序说明

程序中前 7 行语句为赋值语句与输出语句,分别计算并显示切线长、曲线长、曲线主点里程桩号等的值。后面为循环语句中嵌套条件选择语句的程序,下面我们用图框的形式来说明其逻辑推理与计算原理。如图 2-4 所示。

在图框中,如条件 L<A 或 L>B 不成立,则证明测点满足条件 A≤L≤B,即点在曲线内,在此条件下,如条件 L≤Q 成立,则说明测点在曲线前半部分;反之(即 L>Q)在曲线后半部分。在 If 语句中,条件成立下的推理结果写在"Then"后;条件不成立情况下的推理结果写在"Else"后。当用一层条件语句不能解决问题时,可在"Else"后再加一层 If 条件语句,层层嵌套,这就形成多重条件语句。

六、逻辑运算子命令:And、Or、Not

1. And 逻辑命令

(1)句法

〈条件 1〉 And 〈条件 2〉。意义:〈条件 1〉与〈条件 2〉同时为真时为真。

(2)功能

〈条件 1〉、〈条件 2〉通常均为表达式，此逻辑语句可表示两个条件同时成立的情况。

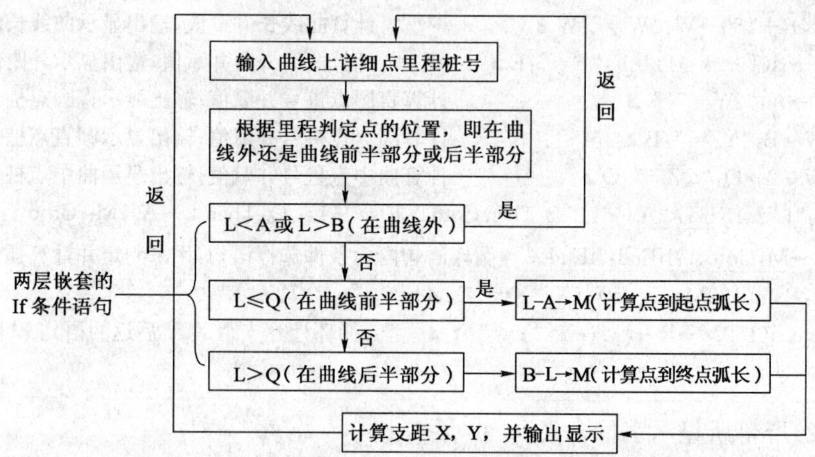

图 2-4　圆曲线使用选择语句计算支距流程图

案例 2-6　根据测点位置计算测点到圆曲线起点(ZY)或终点(YZ)弧长的程序。

(1)程序清单

程序名：YH

```
"ZY"? A:"YZ"? B:"QZ"? Q:Lbl 0:"L"? L:If L≥A And L≤Q:Then L－A→M:
"HUCHANG=":M◢
Goto 0:Else If L>Q And L≤B:Then B－L→M:"HUCHANG=":M◢
Goto 0:Else Goto 0:IfEnd:IfEnd ↲
```

(2)屏幕所显示字母含义

ZY——输入直圆点里程；

YZ——输入圆直点里程；

QZ——输入曲中点里程；

L——输入曲线上任意点桩号里程；

HUCHANG——汉语拼音提示，表示弧长值。

注：本例第一行的不等关系不能表示成 A≤L≤Q，同样第三行的也不能表示成 Q<L≤B，否则程序会出错。

2. Or 逻辑命令

(1)句法

〈条件 1〉 Or 〈条件 2〉。意义：〈条件 1〉与〈条件 2〉中有一个为真时为真。

(2)功能

〈条件 1〉、〈条件 2〉通常均为表达式，此逻辑语句表示两个条件中任意一条件成立的情况。

案例 2-7 案例 2-5 程序就含有 Or 逻辑命令，请见案例 2-5 程序(YZJ)的第 8 行。

3. Not 逻辑命令

(1)句法

Not(条件)。意义：(条件)为假时为真。

(2)功能

判断 Not 后面紧随括号内表达式(相等或不相等)的真伪，并按表达式为假时为真。

案例 2-8 编制程序根据输入自然数 N 的值，输出显示 20 以内的偶数值。

程序名：2N

```
LbI 0："N"? N：N×2→B：If Not(B>20)：Then "B="：B◢
IfEnd：Goto 0 ↲
```

七、计数转移命令语句

计数转移有两种：Isz(递增)及 Dsz(递减)。其句法格式为：

(1)Isz(变量)：(语句 1)：(语句 2)：…

(2)Dsz(变量)：(语句 1)：(语句 2)：…

(3)功能：该语句被执行时，变量的值会被递增(或递减)1，此时若变量值非零，则执行(语句 1)，然后执行(语句 2)，并依次执行后面的所有内容。如变量为零，则跳过(语句 1)执行(语句 2)及其后面的所有内容。

案例 2-9 编写闭合导线角度闭合差计算程序。

(1)程序清单

程序名：BHDXJD1

```
如用 Dsz(递减)语句编写，则程序可编为：
"N"? N：(N-2)×180→A：0→C：Lbl 0："B"? B：C+B→C：Dsz N：Goto 0：C-A→D：
"F[B]="：D▸DMS◢
如用 Isz(递增)语句编写，则程序可编为：
"N"? N：(N-2)×180→A：0→C：-N→E：Lbl 0："B"? B：C+B→C：Isz E：Goto 0：C-A
→D："F[B]="：D▸DMS◢
```

(2)屏幕所显示字母含义

N——闭合导线点数目；

B——闭合导线内角值；

F[B]——闭合导线角度测量闭合差。

(3)程序说明

程序首先输入导线点数 N,为计数控制作好准备,然后设累加变量 C 的初始值为 0(0→C),接着进入内角循环累加计算,最后计算出角度闭合差,并输出显示。其中减 1 函数(Dsz)利用变量 N 控制转移;增 1 函数(Isz)利用变量 E 控制转移,E 为负数(-N→E)。控制变量非零时,执行语句 Goto 0,返回循环语句开头,继续输入内角观测值 B;等于 0 时,则跳过语句 Goto 0,计算角度闭合差,并输出显示。

由上例我们可以看出,利用增 1 函数(Isz)、减 1 函数(Dsz)和转移命令(Goto)可组成计数转移语句。在编写导线方位角推算程序中我们也可以利用这种计数转移语句。

八、For～To～Step～Next 循环语句

(1)句法

For〈始值〉→〈变量〉To〈终值〉Step〈步长〉:〈语句〉:…〈语句〉:Next:(或↵)…

(2)功能

For 到 Next 之间的语句重复执行,每次执行控制变量都加 1(从始值开始)。当控制变量的值达到终值时,执行会跳至 Next 后面的语句。如 Next 后面没有语句,则停止程序的执行。

注:"For"必须与"Next"成对出现。"For"表示循环的开头,"Next"表示返回循环开头的标志,循环的次数取决于控制变量的初、终值及控制变量的步长值。步长"Step"如果省略,则默认控制变量步长值为 1。

案例 2-10 请编写导线坐标推算程序。

(1)程序清单

程序名:DXZBTS

```
"N"? N:"X0"? A:"Y0"? B:A→C:B→D:For 1→I To N Step 1:"ZX"? X:"ZY"? Y:C
+X→C:D+Y→D:"I=":I◢
"X=":C◢
"Y=":D◢
Next ↵
```

(2)屏幕所显示字母含义

N——未知导线点数,即除起算点外的其他导线点数目;

X1——起算导线点纵坐标;

Y1——起算导线点横坐标;

ZX——纵坐标增量;

ZY——横坐标增量;

I——导线点推算序号；

X——推算点纵坐标；

Y——推算点横坐标。

九、While 语句形式

While 语句也是一种循环结构，其语句形式有两种。

1. "While～WhileEnd" 结构

(1)句法

While 〈条件语句〉:〈语句〉:…〈语句〉:WhileEnd:…

(2)功能

只要 While 后面的条件语句为真(非零)时，则 While 和 WhileEnd 之间的语句就会重复执行。当 While 后面的条件语句变为假(或为零)时，则会执行 WhileEnd 后面的语句。

注：如果第一次执行此命令 While 后面的条件语句为假时，则程序会直接跳至 WhileEnd 后面的语句，而一次都不执行从 While 和 WhileEnd 之间的语句。为输入 While 与 WhileEnd 命令，请在功能菜单中查找选择。

案例 2-11 请用"While～WhileEnd" 结构编写闭合导线角度闭合差计算程序。

(1)程序清单

程序名：BHDXJD2

```
"N"? N:0→C:0→I:While I<N:Isz I:"B"? B:C+B→C:WhileEnd:C−(N−2)×180→
D:"F[B]=":D▸DMS◢
```

(2)屏幕所显示字母含义

N——导线点数；

B——闭合导线内角观测值；

F[B]——闭合导线角度闭合差。

(3)程序说明

当循环计算次数超过 N(导线点数)时，程序跳出循环，将最后一次角度累加计算的结果作为闭合导线内角和，并与闭合导线内角和的理论值相比较，从而得出角度闭合差 F[B]。

2. "Do～LpWhile" 结构

(1)句法

Do:〈语句〉:…〈语句〉:LpWhile 〈条件语句〉

(2)功能

只要 LpWhile 后面的条件语句为真(非零)时，则从 Do 到 LpWhile 之间的语句就会重复执行。当 LpWhile 后面的条件语句为假(或为零)时，则执行

LpWhile条件语句后面的语句。由于在执行 LpWhile 之后才评估条件，所以从 Do 到 LpWhile 之间的语句至少执行一次。为输入“Do～LpWhile”命令，请在功能菜单中查找选择。

案例 2-12 向计算器输入一个任意自然数，请输出显示其平方大于 25 的计算结果。

(1)程序清单

程序名：PF

```
Do："N"? N：N²→C：LpWhile C≤25："S="：C◢
```

(2)屏幕所显示字母含义

N——输入的自然数；

S——自然数的平方值。

(3)程序说明

程序输入一个自然数后，首先计算其平方，并存于存贮器 C 中，然后执行 LpWhile 后面的条件，如平方小于或等于 25，则提示继续输入下一个数；如平方大于 25，则输出显示当前平方值。

第二节　*fx*-5800P 程序编写技巧

一、巧用数字 0 控制程序转移

由于 0 为正负数的分界点，且输入时方便简单，故可以用数字 0 作为程序转移的控制。当欲表示某变量等于 0 或不等于 0 时，可以不用赋值号“→”，而直接用等号“＝”或不等号“≠”表示。

案例 2-13 下列计算闭合导线角度闭合差的计算程序就巧妙地利用了数字 0 作为程序转移的控制。

(1)程序清单

程序名：BHDXJD3

```
"N"? N：0→C：While B≠0："B"? B：B+C→C：WhileEnd："C="：C◢
C-(N-2)×180→D："F[B]="：D◢
```

(2)屏幕所显示字母含义

N——输入导线点数；

B——输入闭合导线内角观测值，内角全部输入完毕后输入数字 0 表示结束；

C——闭合导线内角观测值的总和；

F[B]——闭合导线角度闭合差。

(3)程序说明

当 B=0 时，结束累加计算，输出内角观测值的和。

案例 2-14 编写计算闭合导线坐标增量闭合差的程序(用数字 0 作为计算转移控制)。

(1)程序清单

程序名：BHZBZL

```
0→S：0→Q：While D≠0："D"? D："FWJ"? A：DcosA→X："DX="：X◢
S+X→S：DsinA→Y："DY="：Y◢
Q+Y→Q：WhileEnd："FX="：S◢
"FY="：Q◢
```

(2)屏幕所显示字母含义

D——输入导线边长，边长输入完毕后请在提示输入字符后输入数字 0 表示输入结束；

FWJ——输入导线方位角；

DX——计算导线边纵坐标增量；

DY——计算导线边横坐标增量；

FX——导线边纵坐标增量闭合差；

FY——导线边横坐标增量闭合差。

(3)程序说明

当 D=0 时，结束累加计算，输出纵横坐标增量的累加计算值，即闭合导线坐标增量闭合差。

二、巧妙使用数组扩充器

编写稍大的一些程序时，仅用 A～Z 的 26 个字母变量是不够的，这时就需要定义字母变量以外的存储器，称为变量扩充。每扩充一个变量，需要占用计算器 12 个字节的程序存储空间。因此，扩充变量的数量应根据需要来定义，扩充的变量越多，可存储程序的空间就会越小。

1. 定义扩充变量数量的句法和使用

扩充变量的命令格式为：n→DimZ，n 为需要定义的扩充变量数，应为正整数。按 SHIFT DimZ 键输入 DimZ。

例如，要扩充 20 个变量，命令显示为：20→DimZ；要取消(释放)所有的扩充变量，命令显示为：0→DimZ。

定义了扩充变量数量后，就可以正式在程序中命名和使用扩充变量，扩充变量的名称由字母“Z”和后跟的由方括号“[ ]”括起来的数值组成，如 Z[1]、Z[2]等，定义了多少个扩充变量就可以在程序中命名和使用多少个额外变量。例如定义了 20→DimZ，就可增加额外变量 Z[1]、Z[2]、Z[3]、……Z[20]。

2. 有关扩充变量的使用事项

扩充变量可以像操作标准变量（A～Z）一样进行使用，比如赋值、计算等。但在使用扩充变量时应注意以下几点：

(1)给 A～Z 的标准变量赋值时，赋值符号“→”可以使用，也可以不用，如“? →A”和“? A”都是合法的，但是给扩充变量赋值时，必须使用赋值符号“→”，如“? →Z[1]”，否则会出错，错误信息为 Syntax ERROR(语法错误)。

(2)在条件允许的情况下，尽量使用比较少的扩充变量，因为如果过多地使用扩充变量，将占用更多的程序存储空间，减少内存余量。为扩展内存空间，必要时可以释放扩充变量。

(3)欲使用扩充变量，必须首先定义扩充变量的数量后，然后才能在程序表达式中使用扩充变量，并且使用扩充变量的数量不能超过扩充变量定义命令中 n 的数量规定，否则程序运行时屏幕会出现 Memory ERROR(存储器错误)或 Dimension ERROR(维数不够)的错误提示。

(4)定义扩充变量数量 n 可以是具体数值，也可以是变量表达式，如 3N→DimZ、2N+1→DimZ 等形式。

(5)扩充变量方括号内的值可以是具体数值，也可以是变量表达式，如 Z[1]、Z[2N+1]等。

三、巧妙使用迭代累加程序语句，字母储存器数值的更新替换

1. 迭代累加程序语句的计算原理

如案例 2-13 中，程序语句“B+C→C”即为累加程序语句，字母 C 的初始值被赋为 0，在第一次输入内角观测值后，B+C 的值仍为观测值 B，然后被存入储存器 C 中。待输入第二个内角观测值 B 后，B+C 的值累加为两个内角观测值的和，然后再存入储存器 C 中。如此逐渐累加，每次储存器 C 的值被不断迭代替换，最后待内角观测值全部被输入完毕后，储存器 C 的值被储存为所有内角的和。在程序编写中要习惯于使用累加程序语句，如导线方位角推算、坐标增量和的计算，以及通过初始点坐标和坐标增量依次推算导线点坐标时，均可用累加程序语句解决问题。

案例 2-15 请根据已知的导线边长和导线边方位角，编制程序计算坐标增量和。

(1)程序清单

程序名:ZBZLH

```
0→G:0→H:"N"? N:For 1→I To N Step 1:"D"? D:"FWJ"? A: DcosA→X:DsinA→
Y:G+X→G:H+Y→H:Next ↵
"∑(DX)=":G◢
"∑(DY)=":H◢
```

(2)屏幕显示字母含义

N——输入所量测导线边数目;

D——依次输入导线各边的长度;

FWJ——依次对应输入导线各边方位角;

∑(DX)——纵坐标增量和;

∑(DY)——横坐标增量和。

(3)程序说明

程序中画横线部分为迭代累加程序语句,G、H为迭代变量,"For~Next"语句每循环计算一次,变量G、H的值就会被替换一次,直到最终被储存为纵、横坐标增量的和。

2. 字母储存器数值的更新替换

如案例2-13的变量C和案例2-15的变量G、H,在累加程序语句中,这些迭代变量的值被不断更新。除此情况之外,在不影响操作输入与计算结果的前提下,其他变量也可根据情况重复使用,也就是根据情况可更新替换字母储存器数值,一量多用,增加字母变量的利用率,节省内存空间。特别是当计算涉及的变量较多时,为少用更多的扩充变量而恰当采用此法,可起到节省字母变量的作用。

缺点:当我们需要重复运行程序以核对计算结果时,若一个字母变量多种用途重复使用,则重复使用变量的初始输入值不能被保存,需重新输入。例如,要输入两个数,再求其和,程序可编为:"A"? A:"B"? B:A+B→A:"S=":A◢。其中变量A,一开始存储键盘输入的数,后又被储存为两数和,等再次运行程序核查计算结果时,变量A的值已变,需重新输入。

四、巧妙使用循环计数

循环计数方法:在一些循环计算中,常常需要控制循环计算次数,以达到最终计算目的。循环计数方法有三种。

(1)采用Isz(递增)及Dsz(递减)语句,前面已介绍过这种语句的用法,此略。

(2)用“For … Next”语句进行循环计数。

(3)引入另外一个计数变量，结合以 Lbl n … Goto n 语句控制计数循环。

下面以终边方位角推算为例来说明后两种方法的运用。

案例 2-16 编制推算附合导线终边方位角的程序。

(1)程序清单

编制方法 1 使用“For … Next”语句

程序名：ZBFWJ(终边方位角计算)

```
“A0”? A：A→Z：“N”? N：“Z(+1)，Y(−1)”? K：For 1→I To N Step 1：“BETA”? B：Z+K(B−180)→Z：Next：If Z<0：Then Z+360→Z：IfEnd：If Z>360：Then Z−360→Z：IfEnd：“A[N]=”：Z▶DMS◢
```

编制方法 2 引入计数变量，结合 Lbl n … Goto n 语句控制计数循环

程序名：ZBFWJ(终边方位角计算)

```
“A0”? A：A→Z：“N”? N：“Z(+1)，Y(−1)”? K：0→T：Lbl 0：“BETA”? B：Z+K(B−180)→Z：T+1→T：T<N⇒Goto 0：If Z<0：Then Z+360→Z：IfEnd：If Z>360：Then Z−360→Z：IfEnd：“A[N]=”：Z▶DMS◢
```

(2)屏幕所显示字母含义

A0——起始方位角；

N——观测角数；

Z(+1)，Y(−1)——汉语拼音提示，用来输入公式计算系数，观测角为左角时，输入+1，观测角为右角时，输入−1；

BETA——导线左(或右)观测角；

A[N]——推算所得的终边方位角。

(3)程序说明

第一种程序首先输入观测角数 N，作为计算控制数，然后用“For … Next”语句控制循环计算次数，计算够次数后，将最后计算所得方位角变为0～360°之间，并输出显示。*fx*-4850P 没有这种计数控制功能。

第二种程序引入了计数变量 T 来控制方位角推算次数，每循环计算一次，计数变量 T 增加 1，当循环计算够 N 次后，程序跳出循环计算，将最后计算所得方位角变为 0～360°之间，并输出显示。利用 *fx*-4850P 也能实现这种计数控制功能。

五、子程序的编写与运用

1. 子程序的概念

编程计算器可存储许多计算程序，其中有某些程序可以通过子程序调用函数“Prog”调用其他程序。我们将调用其他程序的程序称为“主程序”，被调用的程序称为“子程序”。

2. 子程序和主程序的编写和输入

子程序和主程序在编程规则和输入方法上是完全相同的，程序输入时都要先输入各自不同的程序名，只是主程序运用了 Prog 函数，并在其后紧随带引号的子程序名，格式为：Prog“子程序名”，以此来调用子程序。

3. 子程序的运用方法

(1)Lbl 循环语句的局限性

如果程序中有某一部分内容需在程序运行过程中重复使用，这时自然会想到 Lbl 循环语句；若要在程序的若干处作同样的重复计算，又将如何处理呢？

Lbl 循环语句有语句标签号的限制，它与 Goto 语句配合只适用于某个固定位置的往返重复计算，如使用 Lbl 循环语句实现多处的重复计算，只有下面这种情况是可行的，即各处在经过重复计算后进入同一个目标，也就是经重复计算后具有同一接口。如，在计算带缓圆曲线线路统一坐标的程序中，可以先分线元分别计算出缓和曲线、圆曲线、直线上任意点坐标和方位角，然后再将方位角变换为 0～360°之后，进入边桩坐标计算语句组。在这里就是因为各个线元在方位角变换后，均要计算边桩坐标，具有同样的接口，所以可以将方位角变换计算编写为 Lbl 循环语句，并放在边桩坐标计算程序单元前，各个线元在经过各自不同的坐标和方位角计算程序后，均进入同样的方位角角度变换语句，最后再进入同一接口(即边桩坐标计算程序单元)，这样就避免了各个线元重复编写方位角角度变换程序的现象。这种程序编写方式可用图 2-5 来表示。

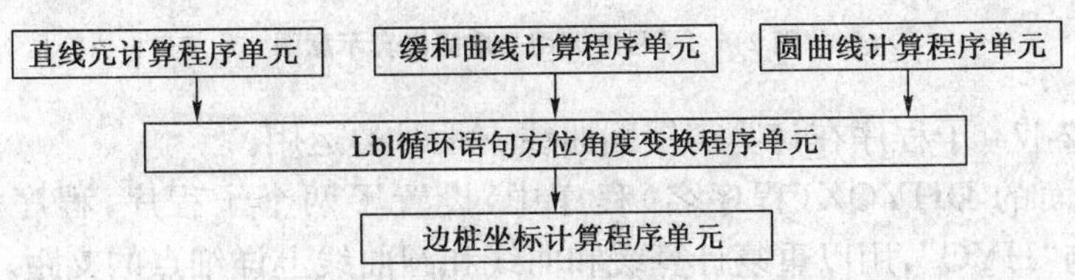

图 2-5　Lbl 循环语句的特殊用途

其中,方位角角度变换程序单元可编为:If J<360:Then J+360→J:Else If J>360:Then J−360→J:Else J→J:IfEnd:IfEnd:"FWJ(P)=":J▶DMS◢

除了上述情况,想要用 Lbl 循环语句实现程序中分散的多处重复计算是非常困难的,这时应采用子程序来解决。

(2)子程序的运用

子程序可以随意实现任何情况下分散在主程序中的若干重复计算。通常将主程序中若干处需重复使用的公式或变量的计算编写为子程序,那么在编写主程序时,就可以根据需要很方便地使用 Prog 函数调用相应子程序,而不会对主程序结构造成任何影响。因子程序是附加在主程序外的独立程序单位,它和主程序的关系是各处分散的独立联系,各个联系是互不干扰的。

子程序调用完毕后仍回到主程序出发调用之处。一个子程序也可以被多个主程序所调用。子程序也可以调用另外的子程序,称为子程序的层次或嵌套,层次可以多达 10 层。主、子程序的调用和返回的关系如图 2-6 所示。在图例中,主程序调用两个子程序 C 和 D,而 C 程序又调用 E 子程序,E 程序又调用 I 子程序,I 程序又调用 J 子程序,这样一层套一层,共有 4 层嵌套,每次调用子程序时的出发和返回如图中箭头所示。

在 fx-5800P 格式的子程序中应至少有一条 Return 语句,Return 语句直接从程序菜单中调用。当执行到该语句时,返回到调用该子程序的主程序原位置处。主程序中一般不应有 Return 语句,若在主程序中使用了 Return 语句,程序执行到该语句时会停止执行。

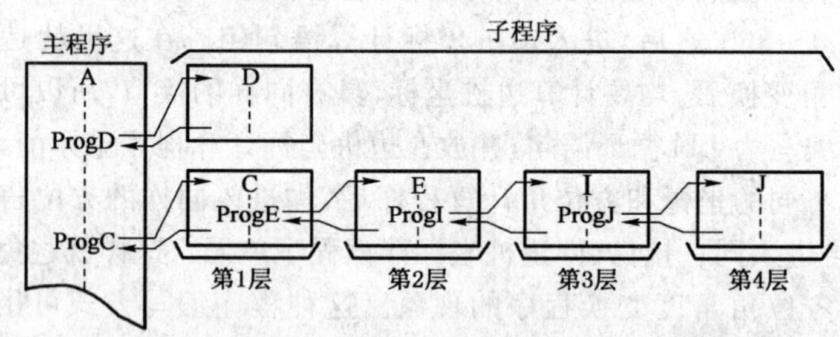

图 2-6　子程序调用及层间嵌套示意图

案例 2-17　子程序在计算带缓圆曲线支距时的运用。

在下面的 DHYQX(程序名)程序中,设置了两个子程序,程序名分别为"HHQ"与"HYQ",用以重复计算缓和曲线和圆曲线上详细点的支距。

(1)程序清单

主程序名:DHYQX

```
"JD"? D:"R"? R:"S"? S:"ZJ"? J:S^2÷24÷R→P:S÷2−S∧3÷240÷R^2→Q:(R+P)tan
(J÷2)+Q→T:"T=":T◢
J×π×R÷180+S→W:"W=":W◢
(R+P)÷cos(J÷2)−R→E:"E=":E◢
D−T→A:"ZH=":A◢
A+S→C:"HY=":C◢
A+W÷2→F:"QZ=":F◢
A+W−S→G:"YH=":G◢
A+W→H:"HZ=":H◢
Lbl 0:"L"? L:If L<A Or L>H:Then Goto 0:Else If L≤C:Then L−A→N:Prog
"HHQ":Goto 0:Else If L≤F:Then L−A→K:Prog"HYQ":Goto 0:Else If L≤G:Then
H−L→K:Prog"HYQ":Goto 0:Else H−L→N:Prog"HHQ":Goto 0: IfEnd:IfEnd:If-
End:IfEnd:IfEnd:IfEnd:IfEnd ↲
```

子程序:"HHQ"(缓和曲线部分支距计算)

```
N−N∧(5)÷40÷R^2÷S^2→X:"X=":X◢
N∧(3)÷6÷R÷S→Y:"Y=":Y◢
Return ↲
```

子程序:"HYQ"(圆曲线部分支距计算)

```
Rsin((2K−S)×90÷π÷R)+Q→X:"X=":X◢
R−Rcos((2K−S)×90÷π÷R)+P→Y:"Y=":Y◢
Return ↲
```

(2)程序说明

①屏幕显示字母含义:

JD——交点里程桩号;

R——圆曲线半径;

S——缓和曲线长;

ZJ——曲线转折角;

T——切线长;

W——曲线总长;

E——外距;

ZH——直缓点里程桩号;

HY——缓圆点里程桩号;

QZ——曲中点里程桩号;

YH——缓圆点里程桩号;

HZ——缓直点里程桩号；

L——圆曲线上详细桩里程桩号；

I——待测桩的前一中桩的里程桩号；

X、Y——待测点支距。

②程序输入与运行说明：先输入主程序，后输子程序，子程序当作一个独立程序输入，其输入方法与主程序相同。程序运行时选中主程序名，按EXE键启动，则主程序、子程序自动连在一起运行。

(3)程序结构框图

带缓圆曲线支距计算程序结构框图如图 2-7 所示。

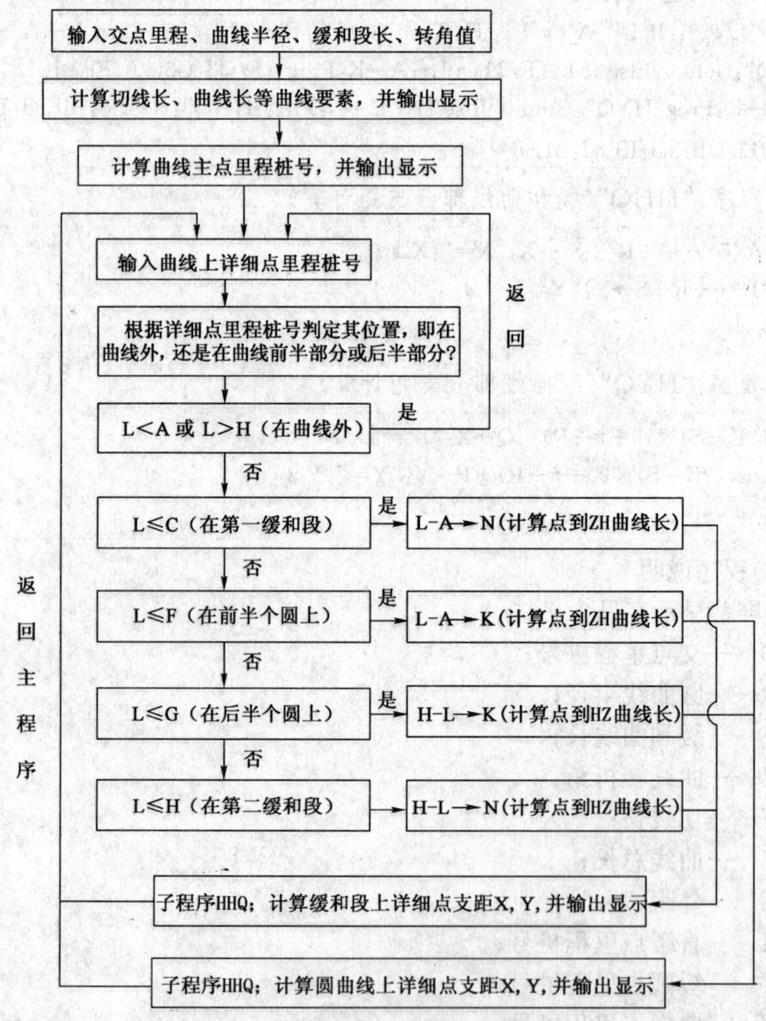

图 2-7 带缓圆曲线支距计算程序结构框图

六、其他程序命令

1. 中断语句 Break

中断 For、Do、While 循环语句并继续执行循环语句后的语句。

2. 终止程序语句 Stop

程序被 Stop 语句阻止后就不再执行任何语句，就此停止。

3. 清除语句

Cls：清除屏幕显示的文字、表达式及计算结果。

ClrStat：清除统计串列 List X，List Y，List Freq 的数据。

ClrMemory：将所有变量 A～Z 与答案存储器(Ans)清零。清除扩充变量 Z[n]的内存数值，执行语句 0→DimZ 清除。

ClrMat：清除矩阵 Mat A～Mat F 与矩阵答案寄存器 Mat Ans 的内容与维数。

ClrVar：清除内置公式变量及用户自定义公式变量的值。

其中后四个语句的输入方法是：先按 FUNCTION 6 (CLR)键调出图 2-8 的清除语句菜单，然后按对应清除方式的序号键便可。

```
1: Stat    2: Memory
3: Mat     4: Var
```

图 2-8 清除命令菜单

4. 定位显示语句 Locate

句法 1：Locate＜列数＞，＜行数＞，＜数值＞

句法 2：Locate＜列数＞，＜行数＞，＜表达式＞

句法 3：Locate＜列数＞，＜行数＞，"字符串"

fx-5800P 的屏幕最多可以显示 4 行、16 列字符，因此定位语句中的列数值应为大于等于 1、小于等于 16 的整数，行数值应为大于等于 1、小于等于 4 的整数。

图 2-9 *fx*-5800P 的按键代码分布图

5. 获取按键代码语句 Getkey

fx-5800P 共有 50 个按键，除 AC/ON 键外，其余 49 个键都有一个代码，见图 2-9 所示。语句 Getkey 的功能是获取用户按键的代码。

下面程序的功能是在屏幕的第一行第一列位置开始显示一个随机数，在第二行第一列位置开始显示字符串 PRESS 0，只要用户不按 0 键就重复上述显示，按 0 键终止程序运行。

七、调试检查程序的技巧

程序编制完成后，需找一个合适的有正确答案的例子来进行验证。在验证程序中，如程序有问题，通常有两种情况：第一种程序语法存在错误；第二种虽无句法错误，但计算结果不正确或计算步骤出现紊乱，这时需修改调试程序。修改程序方法如下：

1. 定位程序错误方法

运行程序时，当屏幕上出现“Syntax ERROR”等信息提示时，表明程序某处有错误。此时应遵照屏幕提示，按[EXIT]键进入程序，光标闪动处即为出错地方，仔细推敲和检查错误原因并加以修改，然后再按[EXIT]键返回到程序运行状态，继续试运行程序，直到程序畅通，屏幕不显示错误提示为止。程序运行常出现的错误提示及原因如表 2-1 所示。

程序运行常出现的错误提示及原因 表 2-1

错误信息	原因
Syntax ERROR(句法错误)	表明程序某处存在语法错误
Memory ERROR(存储器错误)	公式某变量不存在或没有定义正在使用的某扩充变量
Dimension ERROR(维数错误)	可能是扩充变量定义的数量不够，或矩阵计算有误
Argument ERROR(自变量错误)	计算正在使用错误的自变量
Math ERROR(数学错误)	程序执行非法计算，或输入值、计算结果超出允许范围

2. 检查变量值

程序中有许多变量，除了屏幕直接输入值的变量，还有中间变量。这些中间变量在程序运行时屏幕并不显示，它们只起数值的中间转换作用。如果程序运行时屏幕并不出现错误信息，而计算结果或计算步骤出错，说明有些变量值不对，原因可能是公式错误或程序有漏洞等。这时应该核对一下与错误直接有关的变量值，看其是否为预期的正确值。查看变量的值需在普通计算状态下进行(按[MODE] [1](COMP)进入)，查看方法有两种：一种是按[RCL]和对应字母键；第二种是先键入变量字母(按[ALPHA]键和对应变量字母键)，然后按[EXE]键。如[RCL] [G]与[ALPHA] [G] [EXE]都显示变量 G 的数值。

通过查看变量的值，看是否符合正确的预期值，从而查明是哪一个变量首先被计算错误，然后查明原因，对症下药进行修改。

第三节　*fx*-4850P 程序向 *fx*-5800P 程序的转换

fx-4850P 已使用多年，关于 *fx*-4850P 的各种程序很多，如何有效利用原有资源，将 *fx*-4850P 格式程序转换为 *fx*-5800P 程序，这是摆在我们面前的非常紧迫的任务。

从本质上讲，*fx*-4850P 与 *fx*-5800P 都使用的是逻辑推理语言，但 *fx*-5800P 的编程语言更丰富、更接近于 BASIC 的程序语言。*fx*-5800P 除改进了 *fx*-4850P 的变量输入语句、赋值语句、转移语句、条件语句与调用程序语句外，还新增了更适合于编写结构化程序的 For-To-Step-Next、While-WhileEnd、Do-LpWhile 等语句。

下面分别介绍一下这些语句的转换。

一、赋值语句的转换

1. 变量输入语句的转换

fx-4850P 的格式为：

字母变量“字符串”或 字母变量；

转换为 *fx*-5800P 格式变为：

“字符串”? 字母变量 或 “字符串”? →字母变量。

例如要将某曲线详细点的桩号里程输入字母变量 L，*fx*-4850P 的格式可编为：L“ZHUANGHAO”；则转换为 *fx*-5800P 格式为：“ZHUANGHAO”? L（显示变量原有数值）或 “ZHUANGHAO”? →L（不显示变量原有数值）。

2. 结果赋值语句的转换

fx-4850P 的格式为：

字母变量＝表达式，或者为：字母变量＝数值；

转换为 *fx*-5800P 格式变为：

表达式→字母变量，或者为：数值→字母变量。

例如要将圆曲线切线长的计算结果存入字母变量 T，*fx*-4850P 的格式为：T＝Rtan(A÷2)；转换为 *fx*-5800P 格式为：Rtan(A÷2)→T，其中 R 、A 分别表示曲线半径和曲线转角。

二、条件语句的转换

fx-5800P 保留了简单的⇒程序命令，但取消了≠⇒和◢程序命令，并增加了“If～Then～ Else～IfEnd”结构。这样使得原有的 *fx*-4850P 程序无法在

fx-5800P上运行。

1. 简单条件语句的转换

fx-4850P 的格式为：

条件式⇒语句(或语句组)◣；

转换为 fx-5800P 格式变为：

条件式⇒语句，去掉结尾的程序转移终止符◣。

2. 一般条件语句的转换

fx-4850P 的格式为：

条件式⇒语句组 1：(◢)≠⇒语句组 2 ◣；

转换为 fx-5800P 格式变为：

If 条件式：Then 语句组 1：(◢)Else 语句组 2：(◢)IfEnd：(↵)。

案例 2-18 要给变量 D 赋值，当 $K>70$ 时，给变量赋值 30；$K<40$ 时，给变量 D 赋值 10；$40\leqslant K\leqslant 70$ 时，给变量 D 赋值 20。

(1) fx-4850P 的编写格式：

程序名：FZD

```
{K}↵                                              输入循环变量
  K>70⇒D=30:≠⇒K≥40⇒D=20:≠⇒D=10◣◣
                                   选择语句:根据输入值大小给D赋值
  "D=":D◢                                         输出显示D的赋值
```

(2)转换为 fx-5800P 的格式：

程序名：FZD

```
Lbl 0:"K"? K↵                                     输入循环变量
  If K>70:Then 30→D:Else If K≥40:Then 20→D:Else 10→D:IfEnd:IfEnd↵
  "D=":D◢              选择语句:根据输入值大小给D赋值,并输出显示D的赋值
  Goto 0↵                                         返回语句开头
```

三、循环语句的转换

fx-4850P 的格式为：

{变量或变量组}：语句组；

或 Lbl n：{变量或变量组}：语句组：(◢或↵)Goto n；

fx-4850P 循环语句中的循环变量外加括号{ }。其中括号{ }中各变量之间可以用逗号隔开，或不设任何符号。

转换为 fx-5800P 格式变为：

Lbl n："提示字符串"？变量：语句组：(◢或↲)Goto n。

根据语句结构，fx-5800P 循环语句还可编为 For-To-Step-Next、While-WhileEnd、Do-LpWhile 循环结构格式，关于这些结构程序的编写方法请参阅本章前面几节的相关内容。

注：fx-4850P 的循环语句不能编写为：Lbl n：变量"字符串"：语句组：(或◢或↲)Goto n 的格式。在 fx-4850P 语句中，变量"字符串"一般用作一次性变量输入语句的格式。而在 fx-5800P 中，变量输入语句"字符串"？字母变量等格式只有放在 Lbl n ～ Goto n、For-To-Step-Next、While-WhileEnd 等循环结构内才成为循环语句；否则，则变为一次性输入语句。

另外，对于 fx-4850P 计算器，如没有 Lbl n ～ Goto n 结构时，直接将公式进行编写输入后也可以作简单的循环计算。计算公式中所涉及的循环变量可以加在计算公式前或不加都可以。

案例 2-19 将下列坐标反算方位角的 fx-4850P 程序转换为 fx-5800P 程序。

(1)程序清单

①fx-4850P 坐标反算程序为：

程序名：ZBFS(坐标反算方位角)

Lbl 0：{ABCD}：A"X1"：B"Y1"：C"X2"：D"Y2"↲	输入循环变量，并用字符串提示名称
E=C−A：F=D−B：Pol(E,F)↲	赋值语句计算坐标增量，并用反函数求出角度
J<0⇒J=J+360◣"FWJ="：J→DMS◢	求出方位角后，以度分秒形式输出显示
Goto 0 ↲	返回语句开头

②转换为 fx-5800P 坐标反算程序为：

程序名：ZBFS

Lbl 0："X1"？A："Y1"？B："X2"？C："Y2"？D↲	输入循环变量，并用字符屏幕提示
C-A→E：D-B→F：Pol(E,F)↲	赋值语句计算坐标增量，并用反函数求出角度
If J<0：Then J+360→J：IfEnd："FWJ="：J▸DMS◢	将方位角变为度分秒形式，并输出显示
Goto 0 ↲	返回语句开头

(2)程序说明

①函数 Pol()为通过坐标反算角度的函数，反算后自动将反算的角度存于存储器 J 中，将距离存于存储器 I 中。

②屏幕中所显示字母含义：

X1——输入起点纵坐标；

Y1——输入起点横坐标；

X2——输入终点纵坐标；

Y2——输入终点横坐标；

FWJ——直线方位角。

案例 2-20 已知附合导线的各观测角度值、起始边方位角和终边方位角，请编写程序计算角度闭合差。

(1)程序清单

①fx-4850P 附合导线角度闭合差计算程序为：

程序名：HDXJD

```
N:A"FWJ(0)":E"FWJ(N)"↵                                        变量输入语句输入已知值
N=N+2:I=0:M=A ↵
                                    赋值语句储存观测角度数、计数初始值、累加变量M的初始值
Lbl 0:I=I+1:{B}:B"BETA":M=M+B ↵                               计数累加，并输入角度观测值
M>180⇒M=M-180:≠⇒M=M+180 ◣                                     迭代计算终边方位角
I<N⇒Goto 0 ◣ F=M-E:"F[B]=":F→DMS◢                    计数循环计算后，推算角度闭合差
```

②转换为 fx-5800P 的附合导线角度闭合差计算程序为：

程序名：HDXJD

```
"N"? N :"FWJ(0)"? A:"FWJ(N)"? E:↵                              变量输入语句输入已知值
N+2→N:A→M ↵                                  赋值语句储存观测角度数、累加变量M的初始值
For 1→I To N Step 1:"BETA"? B:M+B→M ↵                         计数累加，并输入角度观测值
If M>180:Then M-180→M:Else M+180→M:IfEnd:Next ↵               迭代计算终边方位角
M-E→F:"F[B]=":F▸DMS◢
                               计数循环计算完毕后，推算角度闭合差，并以度分秒形式显示
```

(2)屏幕所显示字母含义

N——未知导线点点数；

FWJ(0)——起始边方位角；

FWJ(N)——终边方位角；

BETA——导线左角观测角值，当为右角观测值时，输入 360°－右角观测值；

F[B]——角度闭合差。

(3)程序转换说明

在本例中，fx-4850P 格式程序以"Lbl n ～ Goto n"套用计数累加语句 I=I+1

进行计数，用以控制方位角计算次数；转换为 fx-5800P 程序后，改用“For～Next”循环语句来控制方位角计算次数，更清楚、方便。当然还可仍用“Lbl n ～ Goto n”。

案例 2-21 请对比 fx-4850P 格式与 fx-5800P 格式的圆曲线支距法计算程序，仔细领会其转换方法。

(1)程序清单

①低等级公路 fx-4850P 圆曲线支距法计算程序为：

程序名：YQX(圆曲线)

D“JD”：R“R”：J“ZJ”：	变量输入语句，输入曲线交点里程、半径、转角值
“T”：T＝Rtan(J÷2)◢	计算切线长并赋值和输出显示切线长值
“W”：W＝R×J×π÷180 ◢	计算曲线长并赋值和输出显示曲线长值
“E”：E＝R(1÷cos(J÷2)－1)◢	计算曲线外距并赋值和输出显示外距值
“ZY”：A＝D－T ◢	计算直圆点桩号并赋值，输出显示直圆点桩号
“YZ”：B＝A＋W ◢	计算圆直点桩号并赋值，输出显示圆直点桩号
“QZ”：Q＝A＋W÷2 ◢	计算曲中点桩号并赋值，输出显示曲中点桩号
Lbl 0：{L,I}：L≤Q⇒M＝L－A：Goto 1 ◣ L＞Q⇒M＝B－L：Goto 1 ◣	判定点位并计算弧长
Lbl 1：“X”：X＝Rsin(180M÷R÷π)◢	循环计算支距 X 值
“Y”：Y＝R(1－cos(180M÷R÷π))◢	循环计算支距 Y 值
F＝L－I：“CORD”：V＝2Rsin(90F÷π÷R)◢	
Goto 0 ↲	循环计算弦长值后返回语句 Lbl 0

②转换为 fx-5800P 的低等级公路圆曲线支距法计算程序如下：

程序名：YQX(圆曲线)

“JD”? D：“R”? R：“ZJ”? J：	变量输入语句，输入曲线交点里程、半径、转角值
Rtan(J÷2)→T：“T＝”：T ◢	计算切线长并赋值和输出显示切线长值
J×π×R÷180→W：“W＝”：W ◢	计算曲线长并赋值和输出显示曲线长值
R(1÷cos(J÷2)－1)→E：“E＝”：E ◢	计算曲线外距并赋值和输出显示外距值
D－T→A：“ZY＝”；A ◢	计算直圆点桩号并赋值，输出显示直圆点桩号
A＋W→B：“YZ＝”：B ◢	计算圆直点桩号并赋值，输出显示圆直点桩号
A＋W÷2→Q：“QZ＝”：Q ◢	计算曲中点桩号并赋值，输出显示曲中点桩号
Lbl 0：“L”? L：“I”? I：If L＜A Or L＞B：Then Goto 0：Else If L≤Q：Then L－A→M：Goto 1：Else B－L→M：Goto 1：IfEnd：IfEnd ↲	判定点位并计算弧长
Lbl 1：Rsin(180M÷R÷π)→X：“X＝”：X ◢	循环计算支距 X 值
R(1－cos(180M÷R÷π))→Y：“Y＝”：Y ◢	循环计算支距 Y 值
L－I→F：2Rsin(90F÷π÷R)→V：“CORD＝”：V ◢	
Goto 0 ↲	循环计算弦长值后返回语句 Lbl 0

(2)屏幕所显示字母含义

JD——交点里程桩号；

R——圆曲线半径；

ZJ——曲线转折角；

T——切线长；

W——曲线长；

E——外距；

L——圆曲线上详细桩里程桩号；

I——待测桩的前一中桩的里程桩号；

CORD——相邻中桩弦长。

四、字母变量以外扩充变量的定义

1. *fx*-4850P 的格式为：Defm n

其中 n 为需要定义的扩充变量数，只能是正整数，不能是变量。按 SHIFT Defm 键输入 Defm。虽然 26 个字母都能扩充变量，但变量名 Z[1]、Z[2]、…Z[n]最便于使用。执行 Defm 0 语句可释放扩充变量占有的内存空间。

2. 转换为 *fx*-5800P 格式为：n→DimZ

其中 n 为需要定义的额外变量数，可以是正整数，也可以是字母变量或变量表达式，但变量或变量表达式的最终数值应为正整数。按 SHIFT DimZ 键输入 DimZ。*fx*-5800P 的额外变量只能使用 Z[1]、Z[2]、…Z[n]。执行 0→DimZ 语句可释放额外变量占有的内存空间。

五、子程序的转换

子程序作为主程序重复使用的功能块，*fx*-4850P 与 *fx*-5800P 都设置有此功能，在主程序中以 Prog 语句进入子程序，运算结束后再返回到调用该子程序的 Prog 语句后，紧接运行随后程序。但 *fx*-4850P 没有子程序返回语句 Return，而 *fx*-5800P 设置有 Return 语句，子程序执行到语句 Return 时自动返回主程序。

以上是关于 *fx*-4850P 程序语言转换为 *fx*-5800P 程序语言时的一些方法，但这并不能代表全部。在转换一些复杂程序时，由于一些语句的转换可能会牵涉到整个程序结构的调整，这时除了需要掌握一些转换技巧外，还得彻底领会原有 *fx*-4850P 程序的结构，这样才能实现成功转换。*fx*-4850P 与 *fx*-5800P 主要程序语言的对比如表 2-2 所示。

fx-4850P 与 fx-5800P 主要程序语言的对比 表 2-2

类别	序号	比较内容	fx-4850P	fx-5800P
相同格式	1	冒号(:)与回车号(↲)的用法	冒号用来语句分隔,回车号表示换行	冒号用来语句分隔,回车号表示换行
	2	结果输出语句格式	格式:"字符串=":表达式或已赋值的变量◢	格式:"字符串=":表达式或已赋值的变量◢
	3	无条件转移语句	Goto n ～ Lbl n (其中 n=0～9,或 A～Z)	Goto n ～ Lbl n (其中 n=0～9,或 A～Z)
	4	变量或表达式比较符号	=;≠;<;>;≤;≥	=;≠;<;>;≤;≥
	5	计数转移命令	Dsz;Isz	Dsz;Isz
不同格式	6	变量输入语句	一次性输入:变量"字符串",例如 A"ZJ" 循环输入:{变量或变量组}:变量"字符串"	"字符串"? 变量 或"字符串"? →变量 (前者显示变量的原值,后者不显示)
	7	赋值命令	=	→
	8	结果赋值语句	变量=表达式,例如 T=tan(A÷2)	表达式→变量,例如 tan(A÷2)→T
	9	简单条件语句	条件⇒式语句 1◣ 条件式⇒语句组 1◣	条件式⇒语句 1 If 条件式:(或◢)Then 语句组:(或◢)IfEnd
	10	条件语句	条件式⇒语句组 1:或◢≠⇒语句组 2:或◢◣	If 条件式:(或◢)Then 语句组 1:(或◢)Else 语句组 2:(或◢)IfEnd

续上表

类别	序号	比 较 内 容	*fx*-4850P	*fx*-5800P
不同格式	11	变量锁定命令	Fixm	无(不需要)
	12	定义扩充变量存储器	Defm n(n 只能是正整数或 0,不能是变量)	n→DimZ(n 可以是正整数或 0,也可以是变量)
	13	清除命令	Cls;ScI;McI	Cls;ClrStat;ClrMemory;ClrMat;ClrVar
	14	度、分、秒表示	→DMS 或 →DMS◢(后者表示显示计算结果)	▶DMS 或▶DMS◢
	15	乘、除运算级别	省略乘号的运算级别比×、÷号高	省略乘号的运算级别与×、÷号相同
新增功能	16	Return 语句	无	设在子程序末尾,表示返回主程序调用处
	17	For~Next 循环语句	无	For<始值>→<变量> To <终值> Step <步长>:<语句组>:Next
	18	While 循环语句	无	While <条件语句>:<语句>:…<语句>:WhileEnd:…
	19	Do 循环语句	无	Do:<语句>:…<语句>:LpWhile <条件语句>
	20	逻辑运算命令(与、或、非)	无	And、Or、Not
	21	统计串列存储器	无	List X,List Y,List Freq

练 习 题

1. 请将坐标计算公式$\left.\begin{aligned}X_B&=X_A+D\cdot\cos\alpha_{AB}\\Y_B&=Y_A+D\cdot\sin\alpha_{AB}\end{aligned}\right\}$编为 fx-5800P 循环计算程序，式中(X_A,Y_A)表示直线起点坐标，(X_B,Y_B)为终点坐标，α_{AB}为直线 AB 的坐标方位角，D 为直线 AB 的长度。·

2. 利用第 1 题已编好的程序计算图 2-10 中导线点 2 和 3 的坐标。已知 AB 方位角 $\alpha_{AB}=116°46'12''$，B 点的坐标为(5286.365，1805.745)，外业测出左角 $\beta_1=98°16'23''$，$\beta_2=233°45'15''$，导线边 12 的边长为 264.23m，23 的边长为 308.36m。

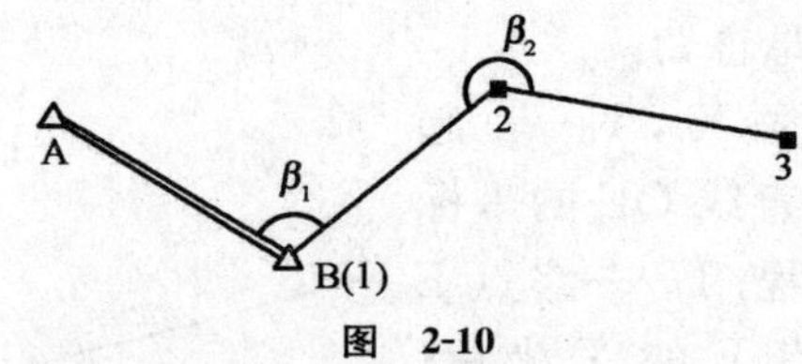

图 2-10

3. 请编写出偏角法详细测设圆曲线的 fx-5800P 计算程序。

4. 请将下列的 fx-4850P 坐标反算直线方位角程序改写为相应的 fx-5800P 格式计算程序。

1)程序清单

程序名:FWJ

```
Lbl 0:{A,B,C,D}↵
E=C−A:F=D−B:Q=Tan⁻¹(F÷E):E>0⇒Q=Q:≠⇒Q=Q+180 ◣
Q>0⇒Q=Q:≠⇒Q=Q+360 ◣
"Q":Q→DMS ◢
Goto 0 ↵
```

2)屏幕所显示字母含义

A——起点 X 坐标；

B——起点 Y 坐标；

D——终点 Y 坐标；

Q——方位角。

5. 请将下列的 fx-4850P 直线段斜交涵洞放样坐标计算程序改写为相应的 fx-5800P 格式计算程序。

1)程序用途

可计算直线段中线两侧与其正交或斜交的边桩坐标，如图 2-11所示的 A、B 点坐标计算。

2)程序清单

程序名：ZJZB

```
Lbl 1：A“X0”：B“Y0”：F“F”：Q“Q”：{C,J,D}：C“E”：C≤0⇒{ABFQ}：Goto 1：≠⇒T=A
+(C−Q)cosF：“T”：T◢
W=B+(C−Q)sinF：“W”：W◢
X=T+D×cos(F+J)：“X”：X◢
“Y”：Y=W+D×sin(F+J)◢
Goto 1 ↲
```

3)程序说明

(1)屏幕所显示字母含义：

Q——为起点里程；X_0，Y_0——起算点 Q 的坐标；F——直线 QE 的坐标方位角；E——终点里程；T——终点 E 的 X 坐标；W——终点 E 的 Y 坐标；D——偏转距离(单位“m”)；J——偏转角度，右转时输入对应转角值的正值；左转时输入对应转角值的负值；X,Y——偏转后距离为 D 的点的坐标。

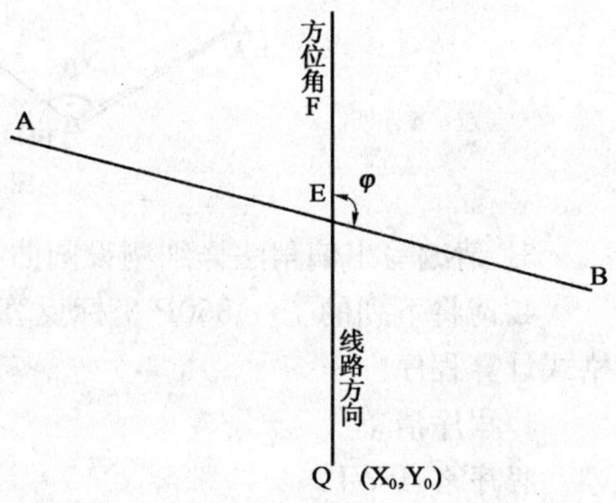

图 2-11　与中线斜交方向直线上点的坐标计算

(2)程序使用说明：

①如图 2-11 所示，φ 为 EB 相对于中线的右偏转角，则 EA 的左偏转角为 $180°-\varphi$；

②在计算完中线一侧桩位坐标转向计算另一侧坐标时，程序自动再计算一遍中桩 E 的坐标，以核对；

③此程序可以沿着一条直线无限止的计算下去，计算直线上距起点一定距离的任一点坐标以及从此点偏转一个角度后某一距离处的边线点坐标，此时计算起点与方位角始终为一个；若需改变计算起点与方位角(即改变计算方向)时，只需将 E 输入 0 或任意负数，程序便自动重新运行，输入新的起点坐标、直线方位角、偏转距离及偏转角度后继续计算。

6. 请编写出偏角法详细测设带缓圆曲线的 fx-5800P 程序。

第三章　fx-5800P 公路工程测量与试验检测程序及计算案例

第一节　高程计算程序

在公路施工测量中，会遇到各种高程计算的问题，如计算中桩点或其他施工放样点的实测高程、计算路线上任意点设计高程等。本节将提供两个计算实测高程和设计高程的程序，供读者参考使用。

一、中平测量计算程序

1. 程序功能与用途

(1)功能：计算详细点实测高程。

(2)用途：在路线外业勘测设计或施工测量中计算中桩的原地面高程；在施工测量中计算构造物特征点的实测高程。

2. 程序运行已知的条件

(1)附近水准点的高程。

(2)水准仪前后视读数。

3. 程序涉及的计算公式

前视(或中视)点高程＝视线高程－前视(或中视)读数　　(3-1)

视线高程＝后视水准点高程 ＋ 后视读数　　(3-2)

4. 程序

(1)程序清单

程序名：ZPCL(中平测量)

```
Lbl 0:“H0”? Z:“A”? A ↵
Lbl 1:“Q”? Q:Q=0⇒Goto 0:Z+A−Q→H:“H=”:H ◢
Goto 1 ↵
```

(2)屏幕所显示字母含义

H0——后视水准点高程；

A——后视读数；

Q——前视或中视读数，当需转站时，将屏幕提示的Q? 输入0，程序即自动转入下站计算，并提示你输入下站的后视点高程与后视读数；

H——前视点或中桩点高程。

(3)计算程序的运行流程

为了帮助读者更清楚地了解程序逻辑推理运行过程，特列出下列程序运行结构框图(见图3-1)。

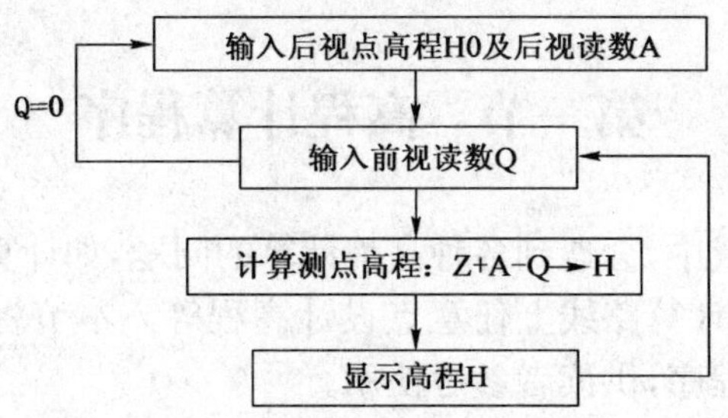

图3-1　中平测量高程计算程序的运行流程

案例3-1　有一段中平测量记录(见表3-1)，请填表计算各桩原地面实测高程。

中平测量记录表　　表3-1

测点	水准尺读数			视线高	高程(m)
	后视	中视	前视		
BM_5	1.591				989.368
K5+020		1.90			989.06
+040		1.62			989.34
+060		1.89			989.07
+080		0.90			990.06
ZD_1	2.108			1.006	989.95
+100		0.50			991.56
+120		0.78			991.28
…	…	…	…	…	…

按动[AC/ON]键，打开卡西欧 *fx*-5800P 编程计算器，按[MODE] [5] [2]及关于字母Z的键，再按▼或▲键，使黑色光标棒选中程序名“ZPCL”，操作步骤及屏幕提示如下：

按EXE键，显示 H0? 输入 989.368

按EXE键，显示 A? 输入 1.591

按EXE键，显示 Q? 输入 1.90

按EXE键，显示 H=989.06

按EXE键，显示 Q? 输入 1.62

按EXE键，显示 H=989.34

… … …

按EXE键，显示 Q? 输入 1.006

按EXE键，显示 H=989.95

按EXE键，显示 Q? 输入 0

按EXE键，显示 H0? 输入 989.95

按EXE键，显示 A? 输入 2.108

按EXE键，显示 Q? 输入 0.50

按EXE键，显示 H=991.56

按EXE键，显示 Q? 输入 0.78

按EXE键，显示 H=991.28

……，重复计算，直至完毕。

注：计算完毕后，按 AC/ON EXIT EXIT 可终止程序运行，并退出程序。

5. 知识延伸

如果输入设计高程，将设计高程与实测高程相减，便可得出填挖高度。因此，将上述程序稍作修改，便得填挖高度计算程序。

案例 3-2　路槽整修操平示例

图 3-2 所示，为中、边桩高程实测示意图。表 3-2 为桩位高程观测记录表，在测量前事先将观测点位设计高程记入表中点位设计高程（$H_{设}$）一栏。请根据表中所提供的读数计算各测点填挖高度。

桩位高程观测记录

观测日期：2007 年 06 月　　天气：晴　　观测员：× × ×　　表 3-2

桩　号	后视(m)	前视(m)	$H_{设}$(m)	$H_{实}$(m)	+填，−挖
BM(K58-1)	1.012		957.310		
K8+600 左		1.628	956.838	956.694	+0.144
中		1.413	957.083	956.909	+0.174

续上表

桩　　号	后视(m)	前视(m)	$H_{设}$(m)	$H_{实}$(m)	＋填,－挖
右		1.291	956.838	957.031	－0.193
＋610 左		1.512	956.938	956.810	＋0.128
中		1.298	957.183	957.024	＋0.159
右		1.204	956.938	957.118	－0.180
K58＋120 左		1.418	957.038	956.904	＋0.134
中		1.292	957.283	957.030	＋0.253
右		1.145	957.038	957.177	－0.139

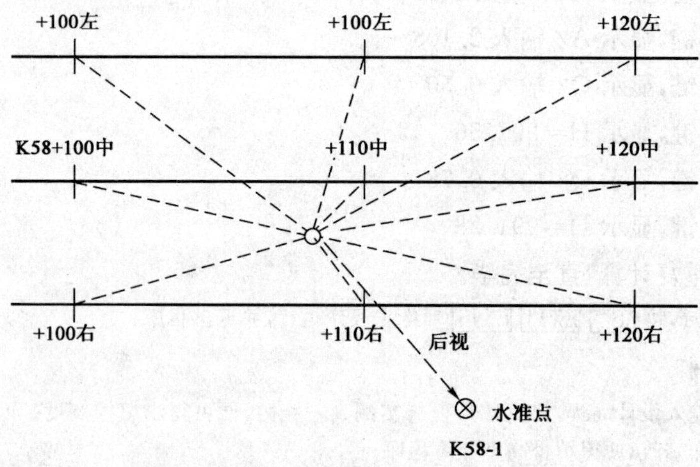

图 3-2　中、边桩高程实测

(1)程序清单

程序名:TW

```
Lbl 0:"H0"? Z:"A"? A ↲
Lbl 1:"Q"? Q:"SHEJI"? D:Q=0⇒Goto 0:Z+A−Q→H:"H=":H ◢
"TW=":D−H ◢
Goto 1 ↲
```

(2)屏幕显示字母含义

TW——汉语拼音提示,填挖高度,正为填,负为挖。

SHEJI——汉语拼音提示,某一测点设计高程。

其他字母意义同前。

注：程序中画下画线部分为新加程序语句。

(3)程序的案例操作计算

按动[AC/ON]键，打开卡西欧 fx-5800P 编程计算器，按[MODE][5][2]及关于字母 T 的键，再按▼或▲键，使黑色光标棒选中程序名"TW"。操作步骤及屏幕提示，见表 3-3 所示。

***fx*-5800P 程序计算路槽整修中/边桩填挖高度** 表 3-3

序号	按键	屏幕显示	输入	说明
1	[EXE]	H0?	957.310	输入后视点高程
2	[EXE]	A?	1.012	输入后视读数
3	[EXE]	Q?	1.628	输入观测前视点读数
4	[EXE]	H=956.694		显示前视点实测高程
5	[EXE]	SHEJI?	956.838	输入前视点设计高程
6	[EXE]	TW=0.144		显示前视点填挖高度
7	[EXE]	Q?	1.413	输入下一个前视读数
8	[EXE]	H=956.909		显示下一个前视点实测设计高程
9	[EXE]	SHEJI?	957.083	输入下一个前视点设计高程
10	[EXE]	TW=0.174		显示前视点填挖高度
重复操作 7～10 步，计算其他桩位的填挖高度				

同样上述程序也具有连续转站计算功能，当给 Q? 输入 0 或小于 0 的数，则屏幕又显示 H0、A，这时可输入转点高程和下站后视，则循环计算转入下一站，依次直到结束。计算完毕后，按[AC/ON][EXIT][EXIT]便可退出程序。

知识链接 fx-5800P 程序识读技巧

要读懂程序，首先必须熟悉程序计算原理和相关的计算公式，其次就需要掌握一定的识读技巧。在程序的开始往往是一些已知量的输入语句，也是识读程序的切入点，要首先通过观测输入语句，弄清真正参与程序运行的变量，输入语句引号中的字母只是输入提示符，不参与程序的运行，只是在程序运行时显示在计算器屏幕上以提示用户输入相应的已知数值，引号中可以是一个字母也可以是字符串，这是根据提示方便与否由程序编写者自行决定的。输入语句中问号(?)后的字母才是真正参与程序运行的变量，它的名称也正是由其前面引号中的提示符所表示的，紧接着再观测这些字母变量进入那些式子中计算，计算结果是什么，这个结果被存到哪个中间变量了，后来这个中间变量又参与了哪个式子计算，计算结果又是什么……这样顺藤摸瓜、一步一步地推导逼近，最后便可推算出计算结果，从而读通整个程序。

为避免过多的变量罗列对程序使用的干扰，使用户能尽快掌握程序的操作运用，本章的每个程序后只列出了屏幕所显示字母或字符串的含义，而没有详细说明程序中每个字母变量的意义。掌握了上述识读技巧后，读者便可以输入语句为突破口，根据程序计算原理与所使用程序语句的逻辑结构，并参考提供的程序流程图，顺利读懂程序，这样更有助于程序的使用或根据需要灵活修改程序。

二、公路路基设计高程计算程序

在路面施工测量中，常常需要知道一些加桩的设计高程，但有些加桩的设计高程在“路基设计表”中找不到，这时便可利用下面设计高程计算程序(LJSJBG)快速算出。

1. 程序运行已知的条件

(1)变坡点高程和变坡点里程桩号；

(2)竖曲线半径；

(3)变坡点前后纵坡坡度。

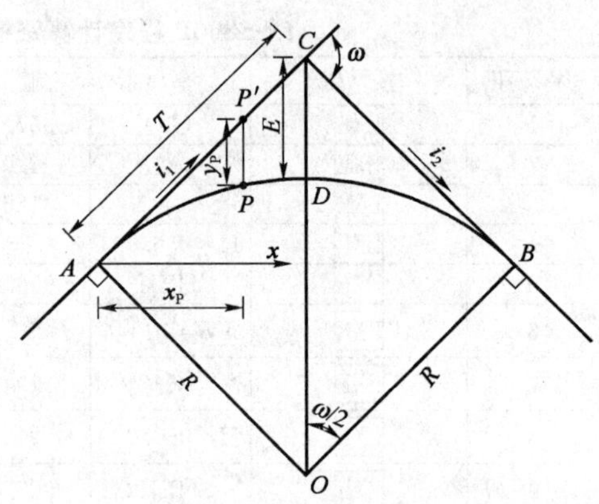

图 3-3　竖曲线设计高程计算示意图

2. 程序涉及的计算公式

(1)竖曲线要素计算(见图 3-3)

$$\omega=i_1-i_2 \tag{3-3}$$

式中：i_1、i_2——相邻纵坡，上坡为正，下坡为负。

当 $\omega>0$ 时，为凸曲线；当 $\omega<0$ 时，为凹曲线。

竖曲线长度：

$$L=R\ |\omega|\ =R\ |i_1-i_2| \tag{3-4}$$

竖曲线切线长：

$$T=L/2=R\ |\ i_1-i_2\ |\ /2 \tag{3-5}$$

竖曲线外距：

$$E=T^2/(2R) \tag{3-6}$$

(2)竖曲线上的设计高程计算

竖曲线上的任意点高程改正值：

$$y_P=\pm\frac{x_P^2}{2R} \tag{3-7}$$

式中：x_P——P 点至竖曲线起点(或终点)的水平距离，即为 P 点与竖曲线起点(或终点)的桩号里程差；

y_P——高程改正值，也称为纵距，凸曲线取负值，凹曲线取正值。

竖曲线上任意点 P 的设计高程：

$$H_P=H_{P'}+y_P \tag{3-8}$$

式中：$H_{P'}$——竖曲线上任一点 P 所对应的切线上点 P' 的高程。

(3)竖曲线外的设计高程计算

如图 3-4，P 点为变坡点，高程为 H_P，D 为竖曲线外纵坡上任意一点，高程

为 H_D，i 为纵坡坡度(上坡为正，下坡为负)，L 为 D 点与变坡点之间的水平距离，即 D 点与变坡点的里程差，则：

$$H_D = H_P + L \times i \tag{3-9}$$

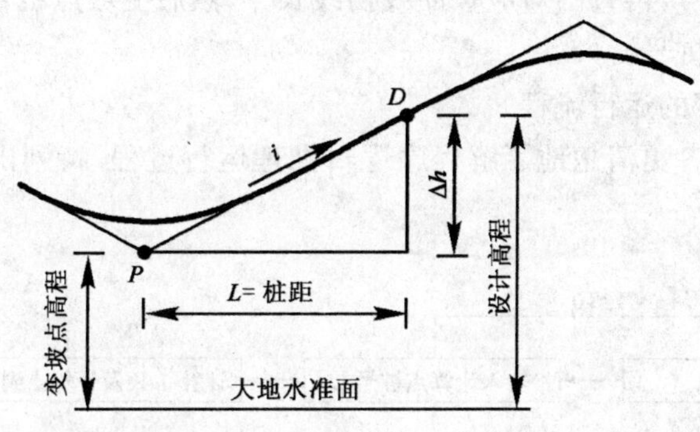

图 3-4　竖曲线外的设计高程计算示意图

3. 程序

(1)程序清单

程序名：LJSJBG(路基设计高程)

```
Lbl 0："H"? H："P"? P："R"? R："I"? I："J"? J：Lbl 1："ZHUANGHAO"? L：RAbs(J－I)÷2→T：P－L→F：1→K：I>J⇒－1→K：If L≤0：Then Goto 0：Else If L<P－T：Then 0→Z：I→S：Else If L<P：Then 1→Z：I→S：Else If L<P+T：Then 1→Z：J→S：Else 0→Z：J→S：IfEnd：IfEnd：IfEnd：IfEnd：H－FS+ZK(T－Abs(F))² ÷2÷R→G："G"=：G◢
Goto 1↲
```

(2)屏幕显示字母含义

H——变坡点高程；

P——变坡点里程桩号；

R——竖曲线半径；

I——变坡点前纵坡坡度，输入时，上坡为正、下坡为负；

J——变坡点后纵坡坡度，输入时，上坡为正、下坡为负；

ZHUANGHAO——汉语拼音提示，表示所求高程点的里程桩号；

G——所求中桩点设计高程。

(3)程序使用说明

本程序可计算直线纵坡和竖曲线上所有点的设计高程。当程序计算到下一个变坡点的竖曲线时，需转入下个变坡点计算，此时只需待显示屏出现

ZHUANGHAO? 时,输入 0 或一个任意负数,则程序自动转入下个变坡点计算。

确认下一个变坡点竖曲线起点里程桩号的方法是:先从“路基设计表”中找出下个变坡点桩号,再查出对应竖曲线切线长 T,然后变坡点桩号减去切线长便为此竖曲线起点桩号。

(4)计算程序的运行流程

为了帮助读者更清楚地了解程序逻辑推理运行过程,特列出程序运行结构框图(见图 3-5)。

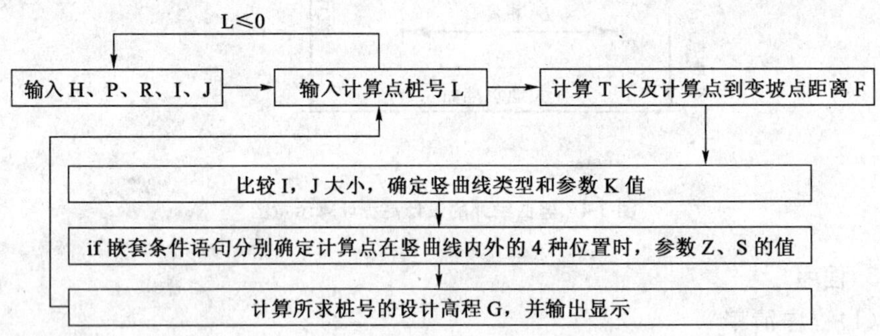

图 3-5　路基设计高程计算程序的运行流程

案例 3-3　已知一变坡点里程为 K6+180,其高程为 398.690m,前后两个纵坡坡度分别是:$i_1=3.4\%$、$i_2=1.5\%$,竖曲线半径 $R=10000$m,试计算表 3-4 中 10m 加桩的设计高程。

程序计算纵断高程示例　　表 3-4

桩　号	设计高程(m)	桩号	设计高程(m)	桩　号	设计高程(m)
K6+070	394.950	+140	397.179	+220	399.139
K6+085	395.460	+150	397.459	+230	399.339
+090	395.629	+160	397.729	+240	399.529
+100	395.959	+170	397.989	+250	399.709
+110	396.279	+180	398.239	+260	399.879
+120	396.589	+195	398.595	K6+275	400.115
+130	396.889	+210	398.929	+290.70	400.351

按动 AC/ON 键,打开卡西欧 fx-5800P 编程计算器,按 MODE 5 2 及关于字母 L 的键,再按▼或▲键,使黑色光标棒选中程序名“LJSJBG”,操作步骤及屏幕提示,见表 3-5 所示。

***fx*-5800P 程序计算路基设计高程示范步骤** 表 3-5

序号	按 键	屏幕显示	输 入	说 明
1	EXE	H?	398.690	输入变坡点高程
2	EXE	P?	6180	输入变坡点里程
3	EXE	R?	10000	输入竖曲线半径
4	EXE	I?	0.034	输入变坡点前纵坡坡度
5	EXE	J?	0.015	输入变坡点后纵坡坡度
6	EXE	ZHUANGHAO?	6070	输入所求高程点的里程桩号
7	EXE	G=394.950		显示所求点设计高程
重复操作步骤 6～7，计算其他桩位的填挖高度。如需转入下个变坡点计算，只需待显示屏出现 ZHUANGHAO? 时，输入 0 或一个任意负数，则程序自动转入下个变坡点计算。计算完毕后，按 AC/ON EXIT EXIT 键便可退出程序				

第二节　导线测量平差计算程序

控制测量，分平面控制测量与高程控制测量。导线测量，是平面控制测量的一种方法。高程控制测量(即水准点高程测量平差计算程序)，将在下一节内容介绍。

导线平差计算的目的，就是计算导线点坐标。导线的布设形式有闭合导线、附合导线、支导线三种；根据测距手段的不同，导线分为钢尺量距导线与光电测距导线。本内容主要介绍闭合导线和附合导线这两种形式的平差计算程序。

1. 导线测量精度要求

除国家精密导线外，在公路勘测阶段，根据测区范围和精度的要求，导线测量可分为二等、三等、四等、一级和二级导线五个等级。《公路勘测规范》(JTG C10—2007)规定各级导线的技术指标要求，见表 3-6 与表 3-7。

导线测量的主要技术要求(n 为测站数) 表 3-6

测量等级	附(闭)合导线长度(km)	边数	每边测距中误差(mm)	单位权中误差(″)	导线全长相对闭合差	方位角闭合差(″)	测回数		
							DJ_1	DJ_2	DJ_6
三等	≤18	≤9	≤±14	≤±1.8	1/52000	$3.6\sqrt{n}$	≥6	≥10	—
四等	≤12	≤12	≤±10	≤±2.5	1/35000	$5\sqrt{n}$	≥4	≥6	—
一级	≤6	≤12	≤±14	≤±5.0	1/17000	$10\sqrt{n}$	—	≥2	≥4
二级	≤3.6	≤12	≤±11	≤±8.0	1/11000	$16\sqrt{n}$	—	≥1	≥3

图根导线测量的技术要求（n 为测站数） 表 3-7

边长测定方法	测图比例尺	导线全长(m)	平均边长(m)	测回数	测角中误差(″)	方位角闭合差(″)	导线最大相对闭合差
光电测距	1∶500	⩽750	75	⩾1	⩽±20	$\pm40\sqrt{n}$	⩽1/4000
	1∶1000	⩽1500	150				
	1∶2000	⩽3000	300				
钢尺量距	1∶500	⩽500	50	⩾1	⩽±20	$\pm40\sqrt{n}$	⩽1/2000
	1∶1000	⩽1000	85				
	1∶2000	⩽2000	180				

2. 导线平差计算公式

(1)角度闭合差

对于闭合导线： $f_\beta=\sum_{i=1}^{n}\beta_i-(n-2)\times180$ (3-10)

对于附合导线： $f_\beta=\alpha_{终边推算方位角}-\alpha_{终边已知方位角}$ (3-11)

(2)角度改正

①角度改正数：

对于闭合导线： $v_{\beta i}=-\dfrac{f_\beta}{n}$ (3-12)

对于附合导线： $v_{\beta i}=-\dfrac{f_\beta}{n}$(观测角为左角时) (3-13)

$v_{\beta i}=-\dfrac{f_\beta}{n}$(观测角为右角时) (3-14)

②改正后的角值： $\beta_{改正后}=\beta_{原始观测值}+v_{\beta i}$ (3-15)

(3)导线边方位角推算

当观测角为右角时： $\alpha_{前}=\alpha_{后}-\beta_{右}+180^\circ$ (3-16)

当观测角为左角时： $\alpha_{前}=\alpha_{后}+\beta_{左}-180^\circ$ (3-17)

式中：$\alpha_{前}$——指按导线前进方向，前一条边的方位角；

$\alpha_{后}$——指按导线前进方向，后一条边的方位角。

(4)坐标增量闭合差计算

①坐标增量的计算： $\begin{cases}\Delta x=D\cdot\cos\alpha\\ \Delta y=D\cdot\sin\alpha\end{cases}$ (3-18)

②坐标增量闭合差。

对于闭合导线： $f_x=\sum\Delta X_i$ (3-19)

$f_y=\sum\Delta Y_i$ (3-20)

对于附合导线：

$$\left.\begin{aligned}f_x=\sum\Delta X_{测}-\sum\Delta X_{理}=\sum\Delta X_{测}-(X_{终}-X_{始})\\ f_y=\sum\Delta Y_{测}-\sum\Delta Y_{理}=\sum\Delta Y_{测}-(Y_{终}-Y_{始})\end{aligned}\right\}\quad(3\text{-}21)$$

(5)导线全长相对闭合差的计算

$$f_D=\sqrt{f_x^2+f_y^2} \tag{3-22}$$

$$K=\frac{f_D}{\sum D}=\frac{1}{\frac{\sum D}{f_D}} \tag{3-23}$$

(6)坐标增量的改正

①改正数的计算：

$$\left.\begin{aligned} V_{\Delta X_i}&=-\frac{f_X}{\sum D}D_i \\ V_{\Delta Y_i}&=-\frac{f_Y}{\sum D}D_i \end{aligned}\right\} \tag{3-24}$$

②改正后的增量值：

$$\left.\begin{aligned} \Delta X_i &= \Delta X_{算_i} + V_{\Delta X_i} \\ \Delta Y_i &= \Delta Y_{算_i} + V_{\Delta Y_i} \end{aligned}\right\} \tag{3-25}$$

(7)坐标推算

根据起始点的已知坐标和改正后的坐标增量，依次推算其他各导线点的坐标，即：

$$\left.\begin{aligned} X_i &= X_{i-1} + \Delta X_i \\ Y_i &= Y_{i-1} + \Delta Y_i \end{aligned}\right\} \tag{3-26}$$

一、导线坐标计算程序(显示中间结果)

在实际测量当中，常常需要填写一些测量表格，而这些表格有时需要我们提供一些中间测量计算数据。下面案例提供的导线坐标计算程序，可以帮助我们解决这个问题。

1. 程序功能、用途与特点

(1)功能：计算导线点坐标。

(2)用途：

①在施工准备阶段进行导线复测时计算导线点坐标；

②在施工准备阶段用于导线点加密时计算加密导线点的坐标。

(3)特点：由两个程序分别对角度和坐标增量进行平差计算，最终得到导线点坐标，并能显示中间计算结果。

2. 程序运行已知的条件

(1)给定起始边和终止边导线的方位角、起始导线点及终止闭合导线点坐标；

(2)导线左(或右)观测角及各导线边长。

3. 程序及其操作使用

计算程序一

(1)程序一的具体功能

首先进行角度推算，然后与终边方位角比较，得出角度闭合差，再进行角度平差计算，最后按照平差后观测角进行第二次导线边方位角推算。本程序对闭合导线和附合导线均适用。

(2)程序清单

程序名：FWJ(导线方位角推算，角度平差)

```
"A0"? A:"N"? N:A→Z:"Z(+1),Y(-1)"? K:For 1→I To N Step 1:"BETA"? B:Z
+K(B-180)→Z:If Z<0:Then Z+360→Z:Else If Z>360:Then Z-360→Z:IfEnd:
IfEnd:"I=":I◢
"FWJ=":Z▶DMS◢
Next:"A[N]"? Q:K=1⇒(Z-Q)→F:K=-1⇒(Q-Z)→F:"F[B]=":F▶DMS◢
"V=":-F÷N▶DMS◢
"END"↵
```

(3)屏幕显示字母含义

A0——起算边的方位角；

N——观测角数目；

Z(+1),Y(-1)——汉语拼音提示，为导线左、右角判定系数，如观测角为左角时输入+1，右角时输入-1；

BETA——导线间左或右夹角，无论左右角均按正值输入，输入 0 表示角度输入完毕；

FWJ——推算得到的导线边方位角；

A[N]——终边(或闭合导线边)已知方位角；

F[B]——角度闭合差，请根据角度闭合差的容许值决定是否运行下一步，若欲终止程序运行，按 AC/ON EXIT EXIT 退出程序；

V——各观测角的改正值。

注：当屏幕第 1 次出现 BETA? 时，应先输入起算边后的第 1 个夹角，接着按照顺序依次输入其他各个内角值。

(4)计算程序的运行流程

导线方位角推算及角度平差计算程序的运行流程，如图 3-6 所示。

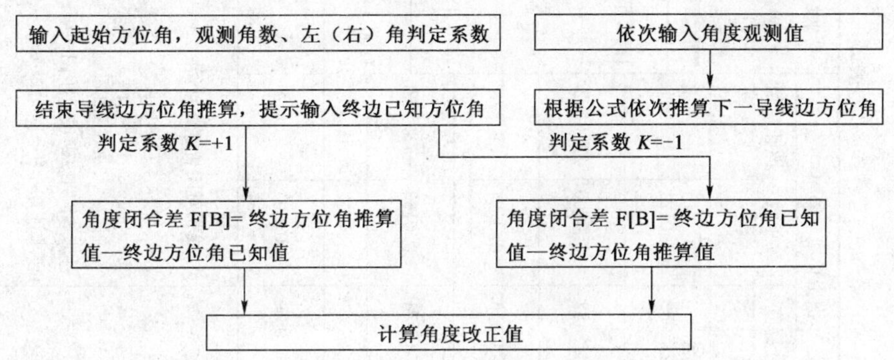

图 3-6　导线方位角推算及角度平差计算程序的运行流程

案例 3-4　图 3-7 所布置的图根导线，是一个四边形闭合导线，起点 A 坐标为假定值，起始边 AB 的方位角为 42°24′06″，未知点共有 3 个，导线测量计算方向为顺时针。起点坐标、4 个水平观测角及导线量测长度见表 3-8，在表 3-8 还列出了传统手动平差计算的全过程。为了提高工作效率，并避免出错，下面用闭合导线平差程序快速计算未知导线点坐标，看与传统方法计算结果是否吻合。

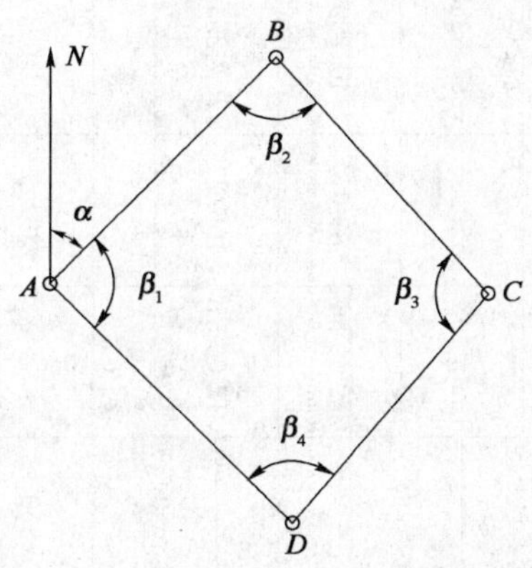

图 3-7　闭合导线外业测量略图

下面我们采用程序一来快速计算案例 3-4 中导线边的方位角，看计算结果是否与表 3-8 所列的手工计算结果相同。

程序运行计算过程如下：

按动[AC/ON]键，打开卡西欧 *fx*-5800P 编程计算器，按[MODE] [5] [2]及关于字母 F 的键，再按▼或▲键，使黑色光标棒选中程序名“FWJ”，分两次运行此程序。

闭合导线计算

计算者：×××　　检查者：×××

表 3-8

点号	观测角 $\beta_右$	改正数 v_β (″)	改正后的角值 $\beta_右$	方位角 α	边长 D(m)	纵坐标增量 ΔX(m)			纵坐标 X(m)	横坐标增量 ΔY(m)			横坐标 Y(m)
						计算值	改正数	改正后值		计算值	改正数	改正后值	
A									1200.000				1200.000
				42°24′06″	78.16	57.7161	+0.0187	57.7348		52.7052	−0.0121	52.6931	
B	89°33′48″	+15	89°34′03″						1257.735				1252.693
				132°50′03″	129.34	−87.9355	+0.0310	−87.9045		94.8482	−0.0200	94.8282	
C	73°00′12″	+15	73°00′27″						1169.830				1347.521
				239°49′36″	80.18	−40.2999	+0.0192	−40.2807		−69.3163	−0.0124	−69.3287	
D	107°48′30″	+15	107°48′45″						1129.550				1278.193
				312°00′51″	105.22	70.4253	+0.0252	70.4505		−78.1763	−0.0163	−78.1926	
A	89°36′30″	+15	89°36′45″						1200.000				1200.000
Σ	359°59′00″	+60	360°		392.9	−0.0940	+0.08	0		+0.0608	−0.06	0	

角度闭合差及改正数之计算：

$\sum\beta_{理}=180°\cdot(4-2)=360°$，$f_\beta=\sum\beta_{测}-\sum\beta_{理}=-60''$

$f_{\beta容}=\pm 40''\sqrt{4}=\pm 1'20''$

改正数：$v_\beta=-\frac{f_\beta}{n}=-\frac{-60''}{4}=+15''$

坐标增量闭合差的计算：

$\sum\Delta x_{理}=0$　$\sum\Delta y_{理}=0$，$f_x=-0.08$

$f_y=+0.06$

$V_{\Delta X_i}=-\frac{f_x}{\sum D}D_i$，$V_{\Delta y_i}=-\frac{f_y}{\sum D}D_i$

导线相对闭合差的计算：

$f_D=\sqrt{f_x^2+f_y^2}=0.1$

$K=\frac{f_D}{\sum D}\approx\frac{1}{3900}<\frac{1}{2000}$

注意：本例按钢尺量距图根导线要求计算

①第一次运行程序“FWJ”计算角度闭合差，操作步骤及屏幕提示见表3-9。

使用程序“FWJ”推算角度闭合差 表 3-9

步骤	按键	屏幕显示	输入	说明
1	EXE	A0?	42°24′06″	输入起始边方位角
2	EXE	N?	4	输入观测角数
3	EXE	Z(+1),Y(−1)?	−1	输入导线左、右角判定系数
4	EXE	BETA?	89°33′48″	输入第 1 个观测角值
5	EXE	I=1		显示方位角推算序号
6	EXE	FWJ=132°50′18″		显示推算得到的对应边方位角
7	EXE	BETA?	73°00′12″	输入第 2 个观测角值
8	EXE	I=2		显示方位角推算序号
9	EXE	FWJ=239°50′6″		显示推算得到的对应边方位角
10	EXE	BETA?	107°48′30″	输入第 3 个观测角值
11	EXE	I=3		显示方位角推算序号
12	EXE	FWJ=312°1′36″		显示推算得到的对应边方位角
13	EXE	BETA?	89°36′30″	输入第 4 个观测角值
14	EXE	I=4		显示方位角推算序号
15	EXE	FWJ=42°25′6″		显示推算得到的对应边方位角
16	EXE	A[N]?	42°24′06″	输入终边(或闭合边的方位角)
17	EXE	F[B]=−0°1′0″		显示角度闭合差
18	EXE	V=0°0′15″		显示角度平均改正值
19	EXE	END		表示程序运行结束

注：本例角度允许闭合差按图根导线，即 $f_\beta < (40\sqrt{n})''$。

计算出角度改正数后，手工计算改正后观测角值，如表 3-8 第 4 列所示数值。

②第二次使用“FWJ”程序推算角度改正后的导线方位角(见表 3-8 第 5 列所示数值)，操作步骤及屏幕显示见表 3-10。

使用"FWJ"程序推算角度改正后导线边的方位角 表 3-10

步骤	按键	屏幕显示	输入	说明
1	EXE	A0?	42°24′06″	输入起始边方位角
2	EXE	N?	4	输入观测角数
3	EXE	Z(+1),Y(−1)?	−1	输入导线左、右角判定系数
4	EXE	BETA?	89°34′03″	输入第 1 个观测角值
5	EXE	I=1		显示方位角推算序号
6	EXE	FWJ=132°50′3″		显示推算得到的对应边方位角
7	EXE	BETA?	73°00′27″	输入第 2 个观测角值
8	EXE	I=2		显示方位角推算序号
9	EXE	FWJ=239°49′36″		显示推算得到的对应边方位角
10	EXE	BETA?	107°48′45″	输入第 3 个观测角值
11	EXE	I=3		显示方位角推算序号
12	EXE	FWJ=312°00′51″		显示推算得到的对应边方位角
13	EXE	BETA?	89°36′45″	输入第 4 个观测角值
14	EXE	I=4		显示方位角推算序号
15	EXE	FWJ=42°24′6″		显示推算得到的对应边方位角
16	EXE	AN?	42°24′06″	输入终边(或闭合边的方位角)
17	EXE	F[B]=0°0′0″		显示角度闭合差
18	EXE	V=0°0′0″		显示角度平均改正值
19	EXE	END		表示程序运行结束

注:本程序同样也适用于附合导线的情况,只要将 AN 输入终边的已知方位角便可,关于附合导线的计算案例在此不再叙述。

计算程序二

(1)程序二的具体功能

首先根据实测数据进行坐标增量的计算,然后计算得出的坐标增量与已知的理论坐标增量相比较,得出坐标增量闭合差,再进行闭合差调整计算,最后得出平差后导线点坐标。本程序对闭合导线和附合导线均适用。

(2)程序清单

程序名:ZBJS(导线坐标增量、改正值、坐标推算程序)

```
"N"? N:2(N+2)→DimZ:0→E:0→F:0→S↵
For1→I To N Step 1:"I=":I◢
"D"? D:"FWJ"? A:Dcos(A)→X:Dsin(A)→Y:"DX1=":X◢
"DY1=":Y◢
X→Z[2I−1]:Y→Z[2I]:E+X→E:F+Y→F:S+D→S:Next↵
"∑(D)=":S◢
"∑(DX)=":E◢
"∑(DY)=":F◢
"X0="? B:"Y0="? G:"XN="? C:"YN="? H:(E−(C−B))→R:"FX=":R◢
(F−(H−G))→W:"FY=":W◢
√(R²+W²)→J:"1÷K=":S÷J◢
S÷J<2000⇒Goto E↵
For 1→I To N Step 1:"I=":I◢
√(Z[2I−1]²+Z[2I]²)→D:−D×R÷S→M:"VX=":M◢
Z[2I−1]+M→Z[2I−1]:"DX2=":Z[2I−1]◢
−D×W÷S→T:"VY=":T◢
Z[2I]+T→Z[2I]:"DY2=":Z[2I]◢
Next↵
B→X:G→Y:For 1→I To N Step 1:"I=":I◢
X+Z[2I−1]→X:"X=":X◢
Y+Z[2I]→Y:"Y=":Y◢
Next↵
Lbl E:"END"↵
```

(3)屏幕显示字母含义

N——所测量的导线边数目；

I——导线边顺序号；

D——导线边长；

FWJ——输入导线边方位角；

DX1——第一次计算得纵坐标增量；

DY1——第一次计算得横坐标增量；

∑(D)——所测量导线边长总和；

∑(DX)——第一次计算得纵坐标增量和；

∑(DY)——第一次计算得横坐标增量和；

X0——起算点纵坐标；

Y0——起算点横坐标；

XN——终点已知纵坐标；

YN——终点已知横坐标；

FX——纵坐标增量误差值；

FY——横坐标增量误差值；

1÷K——导线全长相对闭合差的分母；

VX——纵坐标增量改正值；

VY——横坐标增量改正值；

DX2——坐标平差后的纵坐标增量；

DY2——坐标平差后的横坐标增量；

X——推算得导线点纵坐标；

Y——推算得导线点横坐标。

(4)注意事项

本案例程序导线全长相对闭合差以图根导线要求编写，即 1÷K＜2000，如超出此极限值，计算结束。若为其他等级的导线，则根据规范对应替换程序中的划线部分。

(5)程序编写说明

①程序多次巧妙运用“For～Next”循环语句。第 1 个“For～Next”循环语句用以计算各导线边的坐标增量，并利用累加程序语句计算坐标增量和；第 2 个“For～Next”循环语句，用以计算坐标增量改正值及平差改正后的各坐标增量；第 3 个“For～Next”循环语句，利用累加程序语句，依次计算坐标增量平差改正后的导线点坐标。

②程序巧用了两组扩充变量 Z[2I－1]与 Z[2I]，分别用来储存纵、横坐标增量。这两组扩充变量，一组为奇数，另一组为偶数。随着循环计算次数的递增，它们右下标的序号始终不会相同，这样就避免了因变量名重复而导致先后储存数值相互覆盖的现象，有序而准确地保存了各个坐标增量值，使其不致丢失。

③程序巧妙地使用了字母变量的互相迭代替换功能，减少了变量的设置，节省了内存空间。如扩充变量 Z[2I－1]与 Z[2I]，第 1 次储存值为未平差改正的坐标增量，经使用累加程序语句加上改正值后又更换为平差改正后的坐标增量。这样的情况还有，再如 X 和 Y，一开始的储存值为未改正的纵、横坐标增量值，在将其值转存到扩充变量 Z[2I－1]与 Z[2I]后，它们的储存值又被替换为起算点纵、横坐标值，然后在第 3 个“For～Next”循环语句套用的坐标累加计算程序语句中，X 和 Y 又成为累加变量，依次代表各导线点的纵、横坐标值。

(6)计算程序的运行流程

为了帮助读者更清楚地了解程序逻辑推理运行过程，特列出下列程序运行结构框图(见图 3-8)。

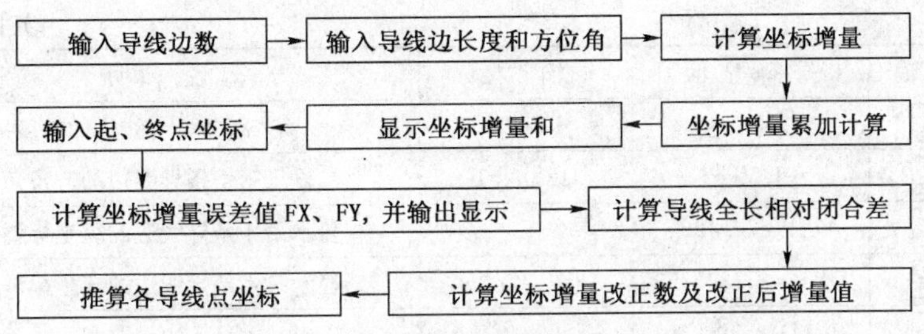

图 3-8　坐标平差计算程序的运行流程

(7)程序二的操作使用

下面我们采用本程序来快速计算案例 3-4 中导线边坐标增量、改正值及各导线点坐标，看计算结果是否与表 3-8 所列的手工计算结果相同。

程序运行计算过程如下：

按动[AC/ON]键，打开卡西欧 fx-5800P 编程计算器，按[MODE] [5] [2]及关于字母 Z 的键，再按▼或▲键，使黑色光标棒选中程序名“ZBJS”。操作步骤及屏幕显示见表 3-11。

导线边坐标增量、改正数及导线点坐标计算　　表 3-11

步骤	按　键	屏幕显示	输　入	说　明
1	EXE	N?	4	输入导线边数
2	EXE	I=1		显示第 1 条导线边序号
3	EXE	D?	78.16	输入第 1 条导线边的长度
4	EXE	FWJ?	42°24′06″	输入第 1 条导线边的方位角
5	EXE	DX1=57.7161		显示第 1 条导线边的纵坐标增量
6	EXE	DY1=52.7052		显示第 1 条导线边的横坐标增量
7	EXE	I=2		显示第 2 条导线边序号
8	EXE	D?	129.34	输入第 2 条导线边的长度
9	EXE	FWJ?	132°50′03″	输入第 2 条导线边的方位角
10	EXE	DX1=−87.9341		显示第 2 条导线边的纵坐标增量
11	EXE	DY1=94.8495		显示第 2 条导线边的横坐标增量
12	EXE	I=3		显示第 3 条导线边序号
13	EXE	D?	80.18	输入第 3 条导线边的长度
14	EXE	FWJ?	239°49′36″	输入第 3 条导线边的方位角
15	EXE	DX1=−40.2999		显示第 3 条导线边的纵坐标增量
16	EXE	DY1=−69.3163		显示第 3 条导线边的横坐标增量
17	EXE	I=4		显示第 4 条导线边序号

续上表

步骤	按 键	屏幕显示	输 入	说 明
18	EXE	D?	105.22	输入第4条导线边的长度
19	EXE	FWJ?	312°00′51″	输入第4条导线边的方位角
20	EXE	DX1=70.4264		显示第4条导线边的纵坐标增量
21	EXE	DY1=−78.1753		显示第4条导线边的横坐标增量
22	EXE	∑(D)=392.90		显示边长总和
23	EXE	∑(DX)=−0.0940		显示纵坐标增量和
24	EXE	∑(DY)=0.0608		显示横坐标增量和
25	EXE	X0=?	1200.000	输入起算点纵坐标
26	EXE	Y0=?	1200.000	输入起算点横坐标
27	EXE	XN=?	1200.000	输入终点(或闭合点)纵坐标
28	EXE	YN=?	1200.000	输入终点(或闭合点)横坐标
29	EXE	FX=−0.0940		显示纵坐标增量的误差值
30	EXE	FY=0.0608		显示横坐标增量的误差值
31	EXE	1÷K=3510		显示导线全长相对闭合差的分母
32	EXE	I=1		显示坐标增量改正计算顺序号
33	EXE	VX=0.0187		显示第1条边的纵坐标增量改正值
34	EXE	DX2=57.7348		显示第1条边改正值后的纵坐标增量
35	EXE	VY=−0.0121		显示第1条边的横坐标增量改正值
36	EXE	DY2=52.6931		显示第1条边改正值后的横坐标增量
37	EXE	I=2		显示坐标增量改正计算顺序号
38	EXE	VX=0.0310		显示第2条边的纵坐标增量改正值
39	EXE	DX2=−87.9045		显示第2条边改正值后的纵坐标增量
40	EXE	VY=−0.0200		显示第2条边的横坐标增量改正值
41	EXE	DY2=94.8282		显示第2条边改正值后的横坐标增量
42	EXE	I=3		显示坐标增量改正计算顺序号
43	EXE	VX=0.0192		显示第3条边的纵坐标增量改正值
44	EXE	DX2=−40.2807		显示第3条边改正值后的纵坐标增量
45	EXE	VY=−0.0124		显示第3条边的横坐标增量改正值
46	EXE	DY2=−69.3287		显示第3条边改正值后的横坐标增量
47	EXE	I=4		显示坐标增量改正计算顺序号
48	EXE	VX=0.0252		显示第4条边的纵坐标增量改正值
49	EXE	DX2=70.4505		显示第4条边改正值后的纵坐标增量

续上表

步骤	按 键	屏幕显示	输 入	说 明
50	EXE	VY=−0.0163		显示第4条边的横坐标增量改正值
51	EXE	DY2=−78.1926		显示第4条边改正值后的横坐标增量
52	EXE	I=1		显示导线点坐标计算顺序号
53	EXE	X=1257.735		显示第1个计算所得导线点纵坐标
54	EXE	Y=1252.693		显示第1个计算所得导线点横坐标
55	EXE	I=2		显示导线点坐标计算顺序号
56	EXE	X=1169.830		显示第2个计算所得导线点纵坐标
57	EXE	Y=1347.521		显示第2个计算所得导线点横坐标
58	EXE	I=3		显示导线点坐标计算顺序号
59	EXE	X=1129.550		显示第3个计算所得导线点纵坐标
60	EXE	Y=1278.193		显示第3个计算所得导线点横坐标
61	EXE	I=4		显示导线点坐标计算顺序号
62	EXE	X=1200.000		显示第4个计算所得导线点纵坐标
63	EXE	Y=1200.000		显示第4个计算所得导线点横坐标
64	EXE	END		表示程序运行结束

注:同样,本程序也适用于附合导线的计算,只要将XN、YN输为终点的已知坐标便可,关于附合导线的计算案例在此不再叙述。

二、闭合导线坐标一次性计算程序

1.程序功能、用途与特点

(1)功能:计算导线点坐标。

(2)用途:①在施工准备阶段进行导线复测时计算导线点坐标;②在施工准备阶段用于导线点加密时计算加密导线点的坐标。

(3)特点:不显示中间计算结果,由输入的已知数据直接得出导线点坐标,程序操作更快捷、方便。

2.程序运行已知的条件

(1)给定起始导线边的方位角、起算导线点坐标;

(2)导线左(或右)角;

(3)各导线边长。

3.程序

(1)程序清单

程序名:CLOSED(闭合导线计算)

```
"N"? N:2(N+2)→DimZ:"A0="? A:0→M:For 2→I To N+1 Step 1:"BETA"? B:B
→Z[2I-1]:M+B→M:Next:M-(N-2)×180→G:"F[B]=":G▸DMS◢
If Abs(G)<40 √(N)÷3600:Then -G÷N→H:A→M:"Z(+1),Y(-1)"? P:For 2
→I To N Step 1:M+P×(Z[2I-1]+H)-180P→M:M→Z[2I-1]:Next:Else Goto E:
IfEnd:A→Z[1]:0→R:0→O:0→Q:For 1→I To N Step 1:"D"? D:D→Z[2I]:R+D→R:
Dcos (Z[2I-1])→X:Dsin(Z[2I-1])→Y:O+X→O:Q+Y→Q:X→Z[2I-1]:Y→Z
[2I]:Next:√(O²+Q²)→W:R÷W→T:"1÷K=":T◢
If T<2000:Then Goto E:Else "X0="? J:"Y0="? L:J→X:L→Y:For 1→I To N Step
1:"I=":I◢
√(Z[2I-1]²+Z[2I]²)→D:X+Z[2I-1]-O×D÷R→X:"X=":X◢
Y+ Z[2I]-Q×D÷R→Y:"Y=":Y◢
Next:IfEnd:Lbl E:"END"↵
```

(2)屏幕显示字母含义

N——闭合导线点数；

A0——起算导线边方位角：

BETA——闭合导线内角值；

F[B]——角度闭合差；

Z(+1),Y(-1)——闭合导线转向系数，内角为左角时输+1；反之，内角为右角时输-1；

D——导线边长，m；

1÷K——导线全长相对闭合差的分母；

X0——起算点纵坐标；

Y0——起算点横坐标；

I——导线点计算顺序号；

X——计算得到的未知导线点纵坐标；

Y——计算得到的未知导线点横坐标。

(3)注意事项

①本程序的角度允许闭合差和导线全长相对允许闭合差均以图根导线要求编写，如为其他等级的导线，则根据规范对应替换程序中的画线部分。

②扩充变量数的设置：应根据未知导线点个数设置。如未知点个数为 n，则扩充变量数为 $2(n+2)$，所以程序采用 2(N+2)→DimZ。

③当程序运行时，在没有导线平差计算表的情况下应注意：当屏幕出现 BETA？时，输入的第 1 个角值应为起算边后的第 1 个内角，然后按照顺序依次输入其他各个内角值；当屏幕出现 D？时，应先输入已知方位角的起算边的边长，接着按照顺序依次输入其他各条导线边长值。

(4)程序编写说明

①程序多次巧妙运用"For～Next"循环语句，控制了计算次数，完成了多项计算任务。

②在第 4 个“For～Next”循环语句中，程序巧用了两组扩充变量 Z[2I－1]与 Z[2I]，分别用来储存纵、横坐标增量。这两组扩充变量，一组为奇数，另一组为偶数，随着循环计算次数的递增，它们右下标的序号始终不会相同，这样就避免了因变量名重复而导致先后储存数值相互覆盖的现象，有序而准确地保存了各个坐标增量值，不致丢失。

③在“For～Next”循环语句中，巧妙地套用了累加程序语句。在第 1 个“For～Next”循环语句中，利用累加程序语句计算闭合导线内角和，用以与理论内角和比较，得出角度闭合差；第 2 个“For～Next”循环语句中，利用累加程序语句重新计算角度平差改正后的导线边方位角；在第 3 个“For～Next”循环语句中，利用累加程序语句计算导线边长总和以及坐标增量的和；在第 4 个“For～Next”循环语句中，利用累加程序语句依次计算坐标增量平差改正后的未知导线点坐标。

④巧妙地使用了字母变量的互相迭代替换功能，减少了变量的设置，节省了内存空间。如扩充变量 Z[2I－1]，第 1 次储存值为角度原始观测值，第 2 次储存值被替换为角度平差后推算的方位角，第 3 次储存值又被替换为未改正的纵坐标增量值。这样的情况还有，再如 X 和 Y，一开始的储存值为未改正的纵、横坐标增量值，在将其值转存到扩充变量 Z[2I－1]与 Z[2I]后，它们的储存值又被替换为起算点纵、横坐标值，然后在第 4 个“For～Next”循环语句套用的坐标累加计算程序语句中，*X* 和 *Y* 又成为累加变量，依次代表各未知导线点的纵、横坐标值。

案例 3-5 我们仍以案例 3-4 的闭合导线来验证本程序，各种已知数据见表 3-8。

按动[AC/ON]键，打开卡西欧 *fx*-5800P 编程计算器，按[MODE] [5] [2]及关于字母 C 的键，再按▼或▲键，使黑色光标棒选中程序名“CLOSED”，操作步骤及屏幕显示见表 3-12。

***fx*-5800P 程序计算闭合导线坐标示范步骤** 表 3-12

步骤	按 键	屏幕显示	输 入	说 明
1	[EXE]	N?	4	输入闭合导线点数
2	[EXE]	A0=?	42°24′06″	输入起始导线边方位角
3	[EXE]	BETA?	89°33′48″	从起始导线边开始，依次输入各内角观测值
4	[EXE]	BETA?	73°00′12″	
5	[EXE]	BETA?	107°48′30″	
6	[EXE]	BETA?	89°36′30″	
7	[EXE]	F[B]=－0°1′0″		显示角度闭合差
8	[EXE]	Z(+1)，Y(－1)?	－1	输入左右角判定系数。如为左角输入 1；右角输入－1

续上表

步骤	按键	屏幕显示	输入	说明
9	EXE	D?	78.16	从起始导线边开始,依次输入各导线边长
10	EXE	D?	129.34	
11	EXE	D?	80.18	
12	EXE	D?	105.22	
13	EXE	1÷K=3510.36		显示导线全长相对闭合差的分母
14	EXE	X0=?	1200	输入起算点坐标
15	EXE	Y0=?	1200	
16	EXE	I=1		显示坐标计算顺序号
17	EXE	X=1257.735		显示第 1 次算出的导线点坐标
18	EXE	Y=1252.693		
19	EXE	I=2		显示坐标计算顺序号
20	EXE	X=1169.830		显示第 2 次算出的导线点坐标
21	EXE	Y=1347.521		
22	EXE	I=3		显示坐标计算顺序号
23	EXE	X=1129.550		显示第 3 次算出的导线点坐标
24	EXE	Y=1278.193		
25	EXE	I=4		显示坐标计算顺序号
26	EXE	X=1200		显示第 4 次算出的导线点坐标
27	EXE	Y=1200		
28	EXE	END		表示程序运行结束

4. 计算程序的运行流程

为了帮助读者更清楚地了解程序逻辑推理运行过程,特列出程序运行结构框图(见图 3-9)。

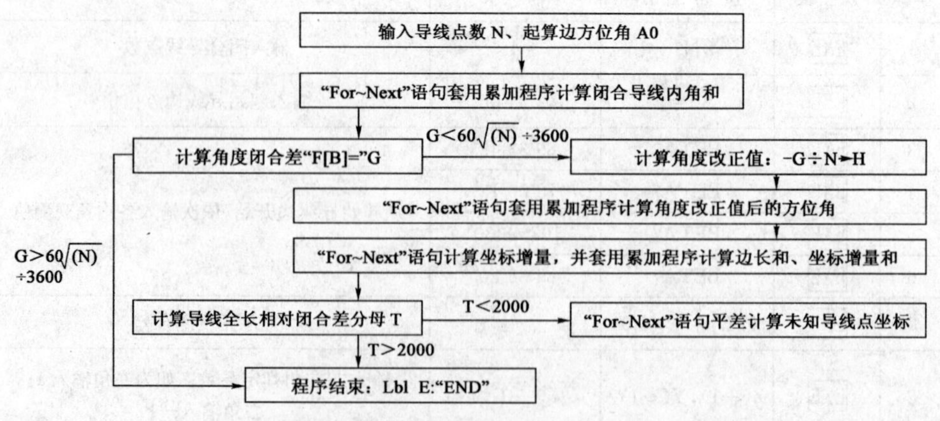

图 3-9　闭合导线坐标计算程序的运行流程

三、附合导线一次性平差计算程序

在工程实践中，我们经常要进行附合导线的测量。所谓附合导线就是从一条高级控制导线开始，经过若干条导线，最后再闭合到另外一条高级控制导线上，附合导线测量就是通过对各条导线的依次测量，计算未知导线点坐标，测量的方式通常是测角、量边。在公路工程测量实践中，我们会遇到很多关于附合导线测量的问题，但如果其内业计算采用传统的表格手动计算时，工作效率低，且易产生错误，那么下面介绍的 *fx*-5800P 程序将使读者耳目一新，百感轻松。

1. 程序功能、用途与特点

(1)功能：计算导线点坐标。

(2)用途：

①在施工准备阶段进行导线复测时计算导线点坐标；

②在施工准备阶段用于导线点加密时计算加密导线点的坐标。

(3)特点：不显示中间计算结果，由输入的已知数据直接得出导线点坐标，程序操作方便、快捷。

2. 程序运行已知的条件

(1)给定起始边和终止边导线的方位角、起算导线点及终止闭合导线点坐标；

(2)导线左(或右)角；

(3)各导线边长。

3. 程序

(1)程序清单

程序名：DXPC

```
"N"? N:"FWJ(0)"? A:"FWJ(N)"? E:"X0"? C:"Y0"? J:"XN"? S:"YN"? L:2(N+2)→DimZ ↵
N+2→N:A→M:For 1→I To N Step 1:"BETA"? B:B→Z[2I−1]:M+B→M:If M>180:Then M−180→M:Else M+180→M:IfEnd:Next ↵
M−E→F:"F[B]=":F▸DMS◢
If Abs(F)<30 √(N)÷3600:Then −F÷N→F:Else Goto E:IfEnd:A→M:For 1→I To N Step 1:M+Z[2I−1]+F→M:If M>180:Then M−180→M:Else M+180→M:IfEnd:M→Z[2I−1]:Next ↵
0→M:0→G:0→H:For 1→I To N−1 Step 1:"D"? D:M+D→M:Dcos(Z[2I−1])→X:Dsin(Z[2I−1])→Y:G+X→G:H+Y→H:X→Z[2I−1]:Y→Z[2I]:Next ↵
G+C−S→G:H+J−L→H:M÷√(G²+H²)→Q:"1÷K=":Q◢
```

```
If Q>2000: Then −G÷M→G: −H÷M→H: Else Goto E: IfEnd: C→X: J→Y: For 1
→I To N−1 Step 1: "I=": I◢
√(Z[2I−1]² + Z[2I]²)→D: X+Z[2N−1]+DG→X: "X=": X◢
Y+Z[2I]+DH→Y: "Y=": Y◢
Next ↵
Lbl E: "END"↵
```

(2)屏幕显示字母含义

N——未知点数；

FWJ(0)——起始边方位角；

FWJ(N)——终边方位角；

X0——起算点纵坐标；

Y0——起算点横坐标；

XN——终点纵坐标；

YN——终点横坐标；

BETA——导线内角观测值，如为左角，直接输入；若为右角，则输入 360−右角；

F[B]——角度闭合差；

D——输入导线边长；

1÷K——导线全长相对闭合差的分母；

I——未知点的计算顺序号；

X——未知导线点的纵坐标；

Y——未知导线点的横坐标。

(3)注意事项

①本程序的角度允许闭合差和导线全长相对允许闭合差均按三级导线精度要求编写，如为其他等级的导线，则根据规范对应替换程序中的允许闭合差(画线部分)。

②当程序运行时，在没有导线平差计算表的情况下应注意：当屏幕第 1 次出现 BETA? 时，应先输入起算边后的第 1 个夹角，接着按照顺序依次输入其他各个内角值；与此相对应，当屏幕第 1 次出现 D? 时，应先输入起算边后的第 1 条导线边长，然后按照顺序依次输入其他各条导线边长值。

(4)程序编写说明

①程序多次巧妙运用"For～Next"循环语句，控制了计算次数，完成了多项计算任务。

②在第 3 个"For～Next"循环语句中，程序巧用了两组扩充变量 Z[2I−1]与 Z[2I]，分别用来储存纵、横坐标增量。这两组扩充变量，一组为奇数，另一组为偶数，随着循环计算次数的递增，它们右下标的序号始终不会相同。这样就避

免了因变量名重复而导致先后储存数值相互覆盖的现象，有序而准确地保存了各个坐标增量值，不致丢失。

③在“For～Next”循环语句中，巧妙地套用了累加程序语句。在第 1 个“For～Next”循环语句中，利用累加程序语句推算终边的方位角，用以与已知方位角比较，计算角度闭合差；第 2 个“For～Next”循环语句中，利用累加程序语句重新计算角度平差改正后的导线边方位角；在第 3 个“For～Next”循环语句中，利用累加程序语句计算导线边长总和以及坐标增量的和；在第 4 个“For～Next”循环语句中，利用累加程序语句依次计算坐标增量平差改正后的未知导线点坐标。

④巧妙地使用了字母变量的互相迭代替换功能，减少了变量的设置，节省了内存空间。如扩充变量 Z[2I－1]，第 1 次储存值为角度原始观测值，第 2 次储存值被替换为角度平差后推算的方位角，第 3 次储存值又被替换为未改正的初始坐标增量值。这样的情况还有，再如 X 和 Y，一开始的储存值为未改正的纵、横坐标增量值，在将其值转储存到扩充变量 Z[2I－1]与 Z[2I]后，它们的储存值又被替换为起算点纵、横坐标值，然后在第 4 个“For～Next”循环语句套用的坐标累加计算程序语句中，X 和 Y 又成为累加变量，依次代表各未知导线点的纵、横坐标值。

(5)计算程序的运行结构

为了帮助大家更清楚地了解程序逻辑推理运行过程，特列出程序运行结构框图(见图 3-10)。

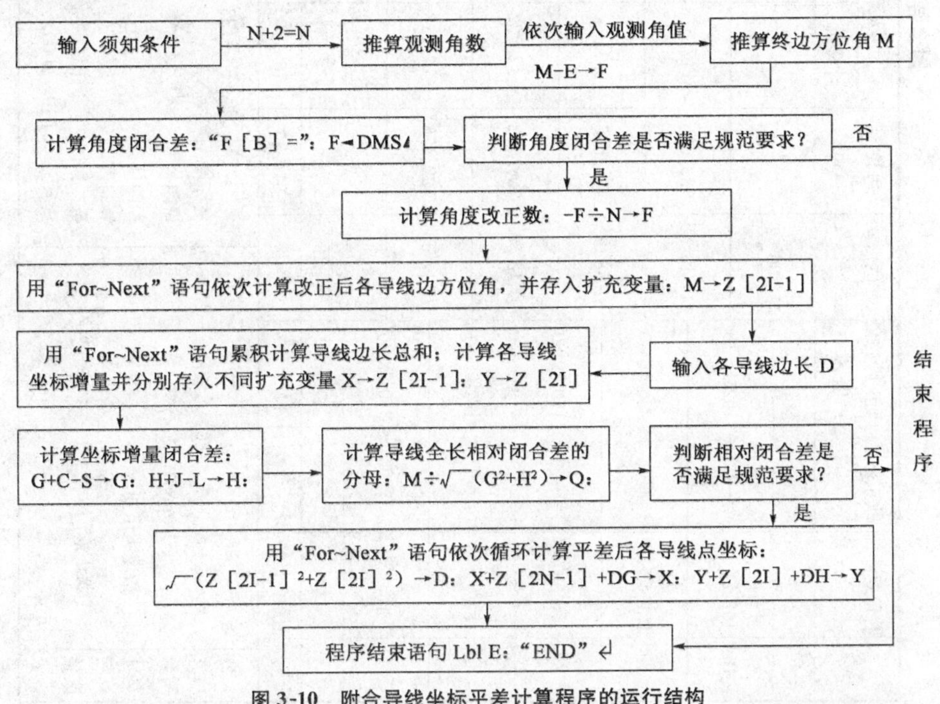

图 3-10　附合导线坐标平差计算程序的运行结构

附合导线平差计算　　表 3-13

点号	右角观测值 (° ′ ″)	改正数 $v_β$ (″)	改正后的角值 $β_右$	方位角 α (° ′ ″)	边长 D (m)	纵坐标增量 ΔX(m) 计算值	改正数	改正后值	纵坐标 X(m)	横坐标增量 ΔY(m) 计算值	改正数	改正后值	横坐标 Y(m)
A									2507.690				1215.630
				157°00′52″									
B	192°14′24″	−06	192°14′18″						2299.830				1303.800
				144°46′34″	139.035	−113.578	0.032	−113.546		80.192	−0.023	80.169	
1	236°48′36″	−06	236°48′30″						2186.284				1383.969
				87°58′04″	172.565	6.119	0.040	6.159		172.456	−0.029	172.427	
2	170°39′36″	−06	170°39′30″						2192.443				1556.396
				97°18′34″	100.072	−12.732	0.023	−12.709		99.259	−0.016	99.243	
3	180°00′48″	−07	180°00′41″						2179.734				1655.639
				97°17′53″	102.478	−13.018	0.024	−12.994		101.648	−0.017	101.631	
C(4)	230°32′36″	−06	230°32′30″						2166.740				1757.270
				46°45′23″									
D									2361.470				1964.320
Σ	1010°16′00″	−31			514.15	−133.209	0.119	−133.09		453.555	−0.085	453.47	

角度闭合差计算与调整

$f_β=α_{AB}-α_{CD}+5×180°-\sum β_右=-31''$

$f_{β容}=±30''\sqrt{5}=±67''$

精度满足要求

改正数 $v_β=\frac{f_β}{n}=\frac{-31''}{5}=-6.2''$

坐标增量闭合差的计算与调整

$\sum Δx=-133.209, f_x=\sum Δx-(x_C-x_B)=-0.119, \sum Δy=453.555,$

$f_y=\sum Δy-(y_C-y_B)=0.085, V_{ΔX_I}=-\frac{f_x}{\sum D}D_I, V_{ΔX_I}=-\frac{f_x}{\sum D}D_I, f_D=\sqrt{f_x^2+f_y^2}=0.146$

$K=\frac{f_D}{\sum D}≈\frac{1}{3500}<\frac{1}{2000}$

注意:本例按三级导线精度要求计算,其技术要求详见《公路路基施工技术规范》(JTG F10—2006)

案例 3-6 图 3-11 为某图根附合导线图，AB 为起始边，CD 为终止边，它们的方位角均已知，未知点共有 3 个，图中箭头表示导线计算方向，观测的 5 个水平角位于导线计算方向的右侧。已知起算点 B 和闭合点 C 坐标数据，起始边 AB 与终止边 CD 坐标方位角，以及导线角度观测数据见表 3-13，在表 3-13 中还列出了传统手动平差计算的全过程。为了提高工作效率，并避免出错，下面我们用附合导线平差程序快速计算未知导线点坐标，看与传统方法计算结果是否吻合。

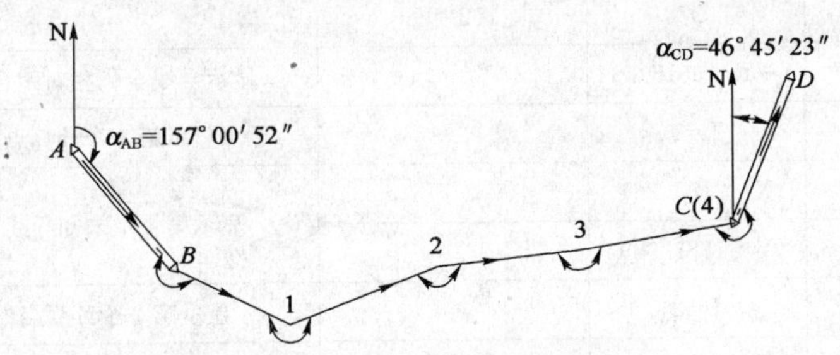

图 3-11 附合导线外业测量略图

使用程序计算过程如下：

按动 AC/ON 键，打开卡西欧 fx-5800P 编程计算器，按 MODE 5 2 及关于字母 D 的键，再按▼或▲键，使黑色光标棒选中程序名"DXPC"，操作步骤及屏幕提示见表 3-14。

fx-5800P 程序计算附合导线坐标示范步骤 表 3-14

步骤	执行运行	屏幕显示	输　入	说　明
1	EXE	N?	3	输入未知点数
2	EXE	FWJ(0)?	157°00′52″	输入起始边方位角
3	EXE	FWJ(N)?	46°45′23″	输入终止边方位角
4	EXE	X0?	2299.830	输入起算点纵坐标
5	EXE	Y0?	1303.800	输入起算点横坐标
6	EXE	XN?	2166.740	输入闭合点纵坐标
7	EXE	YN?	1757.270	输入闭合点横坐标
8	EXE	BETA?	360°−192°14′24″	按顺序依次输入观测角，当观测角为右角时，输入 360°−右角
9	EXE	BETA?	360°−236°48′36″	
10	EXE	BETA?	360°−170°39′36″	
11	EXE	BETA?	360°−180°00′48″	
12	EXE	BETA?	360°−230°32′36″	

续上表

步骤	执行运行	屏幕显示	输入	说明
13	EXE	F[B]=−0°0′31″		显示角度闭合差
14	EXE	D?	139.035	依次输入各导线边长
15	EXE	D?	172.565	
16	EXE	D?	100.072	
17	EXE	D?	102.478	
18	EXE	1÷K=3515.492		显示导线全长相对闭合差的倒数
19	EXE	I=1		显示第1个计算点顺序号
20	EXE	X=2186.284		显示第1个未知导线点的坐标
21	EXE	Y=1383.969		
22	EXE	I=2		显示第2个计算点的顺序号
23	EXE	X=2192.443		显示第2个未知导线点的坐标
24	EXE	Y=1556.397		
25	EXE	I=3		显示第3个计算点的顺序号
26	EXE	X=2179.734		显示第3个未知导线点的坐标
27	EXE	Y=1655.639		
28	EXE	I=4		显示第4个计算点的顺序号
29	EXE	X=2166.740		显示平差计算后闭合导线点的坐标
30	EXE	Y=1757.270		
31	EXE	END		屏幕提示程序结束

由此看出，程序计算结果与表列传统的手工计算结果完全相同，这充分显示了程序计算的快捷、准确，可以大大提高工作效率。

知识延伸

上述程序还可用于闭合导线的坐标计算，但这种闭合导线必须外接一条高级控制导线，且这条高级控制导线在闭合导线边的一侧，不能与任何一条闭合导线边重合。这种闭合导线也可看作是将附合导线折回，起、终边重合捏到一起而成，测量方法仍可按附合导线，如图 3-12 所示。

案例 3-7 有一图根闭合导线测量如图 3-12 所示，角度测量时从高级控制导线 BA 开始，最后再闭合回到这条高级控制导线上，角度测量位置为导线左角。测量方向、角度观测数据、各导线边量测长度、高级控制导线方位角，以及起算点 A 的坐标分别如图 3-12 所示，试求未知导线点 1、2、3、4 点的坐标。

首先应按图根导线的角度允许闭合差要求($f_β \leqslant 40\sqrt{n}''$)修改程序的第一个划线部分;然后根据图示读懂测量方法,并准备好数据。由图示可以看出,本案例中导线形式虽为闭合导线,但实际测量方法仍采用附合导线测角量边方法,从高级导线边 BA 开始,逆时针方向前进,一直测到终边与导线 AB 进行闭合。起始导线边 BA 与终止(或闭合)导线边 AB 方向正好相反,因此,终边 AB 的方位角 $\alpha_{AB}=\alpha_{BA}+180°=128°12'24''+180°=308°12'24''$,在输入方位角时应注意。

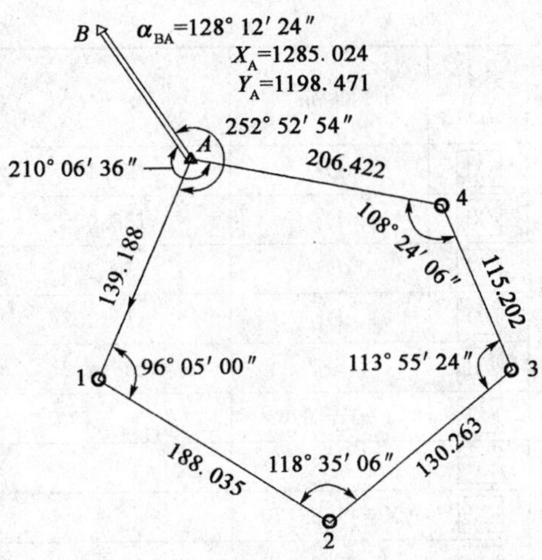

图 3-12 外接高级控制导线的闭合导线测量示意图(尺寸单位:m)

按动[AC/ON]键,打开卡西欧 fx-5800P 计算器,按[MODE][5][2]及关于字母D键,再按▼或▲键,使黑色光标棒选中“DXPC”。操作步骤及屏幕提示见表3-15。

***fx*-5800P 计算外接高级控制边的闭合导线坐标操作示范步骤** 表 3-15

步骤	执行运行	屏幕显示	输入	说明
1	EXE	N?	4	输入未知点数
2	EXE	FWJ(0)?	128°12′24″	输入起始边方位角
3	EXE	FWJ(N)?	308°12′24″	输入终止边方位角
4	EXE	X0?	1285.024	输入起算点纵坐标
5	EXE	Y0?	1198.471	输入起算点横坐标
6	EXE	XN?	1285.024	输入闭合点纵坐标
7	EXE	YN?	1198.471	输入闭合点横坐标
8	EXE	BETA?	252°52′54″	依次直接输入左角观测值(当观测角为右角时,输入 360°−右角)
9	EXE	BETA?	96°05′00″	
10	EXE	BETA?	118°35′06″	
11	EXE	BETA?	113°55′24″	
12	EXE	BETA?	108°24′06″	
13	EXE	BETA?	210°06′36″	
14	EXE	F[B]=−0°0′54″		显示角度闭合差

续上表

步骤	执行运行	屏幕显示	输入	说明
15	EXE	D?	139.188	依次输入各导线边长
16	EXE	D?	188.035	
17	EXE	D?	130.263	
18	EXE	D?	115.202	
19	EXE	D?	206.422	
20	EXE	1÷K=6769		显示导线全长相对闭合差的倒数
21	EXE	I=1		显示第1个计算点顺序号
22	EXE	X=1155.170		显示第1个未知导线点的坐标
23	EXE	Y=1148.403		
24	EXE	I=2		显示第2个计算点的顺序号
25	EXE	X=1069.300		显示第2个未知导线点的坐标
26	EXE	Y=1315.704		
27	EXE	I=3		显示第3个计算点的顺序号
28	EXE	X=1142.596		显示第3个未知导线点的坐标
29	EXE	Y=1423.413		
30	EXE	I=4		显示第4个计算点的顺序号
31	EXE	X=1255.945		显示第4个未知导线点的坐标
32	EXE	Y=1402.810		
33	EXE	I=5		显示第5个计算点的顺序号
34	EXE	X=1285.024		显示平差计算后闭合导线点的坐标
35	EXE	Y=1198.471		
36	EXE	END		提示程序运行结束

四、全站仪导线坐标测量近似平差计算程序

1. 程序功能与用途

(1)功能:平差计算导线点坐标。

(2)用途:

①在施工准备阶段进行导线复测时计算导线点坐标;

②在施工准备阶段用于导线点加密时计算加密导线点的坐标。

2. 程序运行已知的条件

(1)给定一高级起始导线边,并已知其上两个导线点坐标。

(2)给定终止闭合导线点的坐标。

(3)各导线边实测长度。

3. 测量计算原理

以图 3-13 所示的附合导线为例：

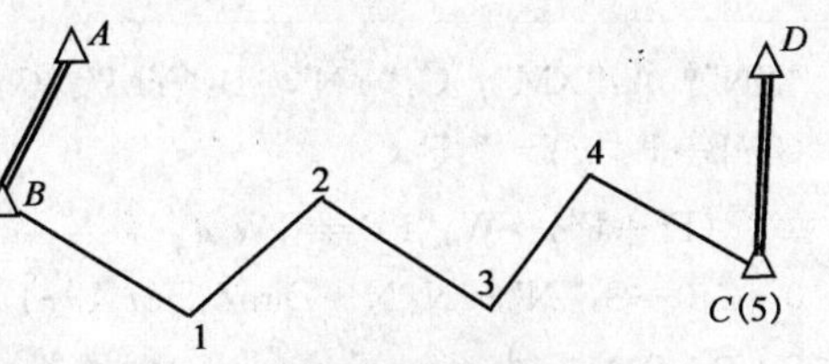

图 3-13　全站仪附合导线坐标测量

将全站仪安置于起始点 B(高级控制点)，按距离及坐标测量方法测定控制点 1 与 B 点的距离 D_{B1} 及 1 点的坐标(x'_1，y'_1)。再将仪器安置在已测坐标的 1 点上，用同样的方法测得 1、2 点间的距离 D_{12} 和 2 点的坐标(x'_2，y'_2)。依此方法进行观测，最后测得终点 C(高级控制点)的坐标观测值(x'_C，y'_C)。

由于 C 为高级控制点，其坐标(x_C，y_C)已知。在实际测量中，由于各种因素的影响，C 点的坐标观测值一般不等于其已知值，因此，需要进行观测成果的处理。

$$f_x = x'_C - x_C \tag{3-27}$$

$$f_y = y'_C - y_C \tag{3-28}$$

同样可以算出导线全长闭合差　$f_D=\sqrt{f_x^2+f_y^2}$

导线全长相对闭合差　$K=\dfrac{1}{\sum D/f_D}$

式中：$\sum D$——导线的全长，在观测各点坐标时同时获得。

当导线全长相对闭合差不大于表 3-13 规定的该等级导线全长相对闭合差容许值时，即可按下式计算各点坐标的改正数：

$$v_{xi} = -\frac{f_x}{\sum D}\cdot(D_1+D_2+\cdots+D_i) \tag{3-29}$$

$$v_{yi} = -\frac{f_y}{\sum D}\cdot(D_1+D_2+\cdots+D_i) \tag{3-30}$$

式中：$\sum D$——导线的全长；

D_i——第 i 点之前导线边长。

改正后各点坐标为：

$$X_i = X'_i + v_{xi};$$

$$Y_i = Y'_i + v_{yi} \tag{3-31}$$

式中：X'_i、Y'_i——分别为第 i 点的坐标观测值。

4. 程序

(1)程序清单

程序名：DXZBCL(导线坐标测量)

```
"XN"? A:"XM"? C:"YN"? B:"YM"? G:C−A→E:"FX=":E◢
G−B→F:"FY=":F◢
√(E²+F²)→W:"FD=":W◢
0→Z:0→S:"N"? N:N→DimZ:For 1→I To N Step 1:"D"? D:Z+D→Z:Z→Z[I]:
S+D→S:Next↵
"∑(D)=":S◢
"1÷K=":S÷W◢
−E÷S→V:−F÷S→U:For 1→I To N Step 1:"I=":I◢
"VX[I]=":VZ[I]◢
"UY[I]=":UZ[I]◢
Next:"END"↵
```

(2)屏幕显示字母含义

XN——已知终点导线点纵坐标;

YN——已知终点导线点横坐标;

XM——全站仪测得的终点导线点纵坐标;

YM——全站仪测得的终点导线点横坐标;

FX——纵坐标闭合差;

FY——横坐标闭合差;

FD——导线边长闭合差;

N——前视观测导线点的数量;

D——所测量的各导线边长度;

∑(D)——表示测量的所有导线边长总和;

1÷K——导线全长相对闭合差的分母,如误差超出规范要求,按 AC/ON EXIT EXIT 退出程序;

I——导线点坐标改正数计算顺序号;

VX[I]——表示各导线点纵坐标的改正值;

UY[I]——表示各导线点横坐标的改正值。

相比前几个导线平差计算程序,本程序运行流程简单,容易理解,故此省略程序流程图。

案例 3-8 已知由全站仪测得如图 3-13 所示附合导线的坐标及导线边长,实测数据见表 3-16 的 2、3、4 列,表中还列出了手工计算的坐标平差改正数及坐标平差值,试运用 *fx*-5800P 编程计算器对表 3-16 观测值进行平差计算,并与手工计算相对比,看结果是否吻合。

以坐标为观测值的导线近似平差计算表　　表 3-16

点号	坐标观测值(m)		边长 D (m)	坐标改正数(mm)		坐标平差值(m)	
	X'	Y'		v_x	v_y	X	Y
A						31242.685	9631.274
B						27654.173	6814.216
1	26861.436	18173.156	1573.261	−5	+4	26861.431	18173.160
2	27150.098	18988.951	865.360	−8	+6	27150.090	8988.957
3	27286.434	20219.444	1238.023	−12	+10	27286.422	20219.454
4	29104.742	20331.319	1821.746	−17	+15	29104.725	20331.334
C(5)	29564.269	20547.130	507.681	−19	+16	29564.250	20547.146
D			$\sum D=$ 6006.071			30666.511	21880.362
辅助计算	$f_X=X'_C-X_C=+19\text{mm}, f_Y=Y'_C-Y_C=-16\text{mm}$, $f=\sqrt{f_X^2+f_Y^2}=24\text{mm}, K=\dfrac{1}{\dfrac{\sum D}{f_D}}=\dfrac{1}{25000}$						

按动[AC/ON]键，打开卡西欧 fx-5800P 编程计算器，按[MODE] [5] [2]及关于字母 D 的键，再按▼或▲键，使黑色光标棒选中程序名“DXZBCL”。操作步骤及屏幕显示见表 3-17。

***fx*-5800P 导线坐标测量平差计算程序操作示范步骤**　　表 3-17

步骤	执行运行	屏幕显示	输　入	说　明
1	EXE	XN?	29564.250	输入终点已知纵坐标
2	EXE	XM?	29564.269	输入终点实测纵坐标
3	EXE	YN?	20547.146	输入终点已知横坐标
4	EXE	YM?	20547.130	输入终点实测横坐标
5	EXE	FX=0.0190		显示纵坐标闭合差
6	EXE	FY=−0.0160		显示横坐标闭合差
7	EXE	FD=0.0248		显示导线全长闭合差
8	EXE	N?	5	输入前视观测的导线点数量
9	EXE	D1?	1573.261	依次输入各导线边长度，如不够 8 条导线，剩余导线长输 0
10	EXE	D2?	865.360	
11	EXE	D3?	1238.023	
12	EXE	D4?	1821.746	
13	EXE	D5?	507.681	

续上表

步骤	执行运行	屏幕显示	输入	说明
14	EXE	$\sum$(D)＝6006.071		显示导线边长总和
15	EXE	1÷T＝241795.314		显示导线相对闭合差的分母
16	EXE	I＝1		显示坐标改正数计算顺序为1
17	EXE	VX1＝－0.005		第1个测点的纵坐标改正数
18	EXE	UY1＝0.004		第1个测点的横坐标改正数
19	EXE	I＝2		显示坐标改正数计算顺序号为2
20	EXE	VX2＝－0.008		第2个测点的纵坐标改正数
21	EXE	UY2＝0.006		第2个测点的横坐标改正数
22	EXE	I＝3		显示坐标改正数计算顺序号为3
23	EXE	VX3＝－0.012		第3个测点的纵坐标改正数
24	EXE	UY3＝0.010		第3个测点的横坐标改正数
25	EXE	I＝4		显示坐标改正数计算顺序号为4
26	EXE	VX4＝－0.017		第4个测点的纵坐标改正数
27	EXE	UY4＝0.015		第4个测点的横坐标改正数
28	EXE	I＝5		显示坐标改正数计算顺序号为5
29	EXE	VX5＝－0.019		第5个测点的纵坐标改正数
30	EXE	UY5＝0.016		第5个测点的横坐标改正数

第三节　桥隧三角网近似平差计算程序

小三角测量和导线测量一样，也是建立平面控制的方法之一。将各控制点组成相互连接的若干个三角形或大地四边形，称为三角网。小三角测量用于测定桥梁和隧道的轴线长度以及测设隧道开挖方向等。

一、单三角锁平差计算程序

1. 用途与功能

单三角锁常用于桥梁与隧道平面控制测量，其近似平差计算，即通过外业测量的数据计算出各三角点坐标。

2. 已知条件

(1)各个三角形的内角观测值、起始基线长以及终边长；

(2)起始基线的坐标方位角及基线起算点坐标。

3. 计算公式

图 3-14 为设在两条基线间的单三角锁，实际量测得基线 D_0 和 D_n，各三角形的内角观测值为 a_i、b_i、c_i。图中虚线为推算路线，将传距边（前进边）所对的角编号为 a_i，已知边所对的角编号为 b_i，第三边（间隔边）所对的角编号为 c_i。已知基线方位角和基线端点坐标，计算各三角点坐标。

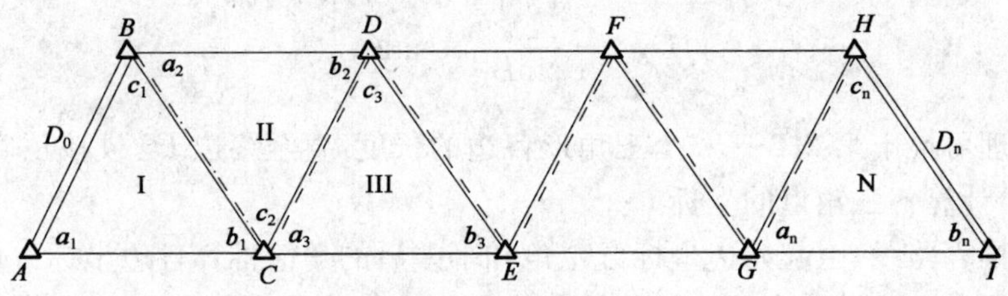

图 3-14　三角锁

(1)按角度闭合差进行第一次角度改正

角度闭合差：$f_i=a_i+b_i+c_i-180°$（$i=1、2、\cdots、n$，为三角形序号）　　(3-32)

按角度观测是等精度的，则角度改正值：

$$V_{ai}=V_{bi}=V_{ci}=-\frac{f_i}{3}$$

第一次改正后的角值 a'_i、b'_i、c'_i 为：

$$\left.\begin{aligned}a'_i&=a_i-\frac{f_i}{3}\\b'_i&=b_i-\frac{f_i}{3}\\c'_i&=c_i-\frac{f_i}{3}\end{aligned}\right\}\tag{3-33}$$

(2)按基线闭合差进行第二次角度改正

基线闭合差：

$$W_{基}=\frac{D_n\sin b'_1\sin b'_2\cdots\sin b'_n}{D_0\sin a'_1\sin a'_2\cdots\sin b'_n}=\frac{D_n\prod\sin b'_i}{D_0\prod\sin a'_i}-1\tag{3-34}$$

a_i、b_i 角的第二次角度改正值 V_{ai}、V_{bi} 分别为：

$$V_{ai}=-V_{bi}=\frac{W_{基}}{\sum c\tan a'_i+\sum c\tan b'_i}\times\rho\qquad(\rho=206265'')\tag{3-35}$$

所以经第二次改正后的角值 A_i、B_i、C_i 为：

$$\left.\begin{aligned}A_i&=a'_i+V'_{ai}\\B_i&=b'_i+V'_{bi}\\C_i&=c'_i\end{aligned}\right\}\tag{3-36}$$

(3)三角形边长的计算

在第一个三角形中：$\frac{D_0}{\sin B_1}=\frac{D_{AC}}{\sin C_1}=\frac{D_{BC}}{\sin A_1}$，则：

$$\left.\begin{aligned} D_{BC} &= \frac{D_0}{\sin B_1} \times \sin A_1 \\ D_{AC} &= \frac{D_0}{\sin B_1} \times \sin C_1 \end{aligned}\right\} \tag{3-37}$$

同理可推出第 2、3…、n 个三角形各边的长度，直至终边 D_n 校核正确为止。

(4)计算各三角点的坐标

按推算路线，由起始边坐标方位角和平差后的角值推算各边坐标方位角，用各边坐标方位角及相应的边长计算各边纵横坐标增量，然后根据起点坐标就可以计算各三角点坐标。

4. 程序

程序一

本程序特点：不显示角度改正等中间计算结果，只显示最终计算所得的三角边长和三角点坐标。

(1)程序清单

程序名：TRIANGLE1(三角锁计算 1)

```
"N"? N:3N→DimZ:"D0"? S:"DN"? E:S→D:0→Q:0→T:For 1→I To N Step 1:
"I=":I◢
"A"? A:"B"? B:"C"? C:A→Z[2I]:B→Z[2I−1]:C→Z[2N+I]:Z[2I]+Z[2I−1]+Z
[2N+I]−180→F:Z[2I]−F÷3→Z[2I]:Z[2I−1]−F÷3→Z[2I−1]:Z[2N+I]−F÷3
→Z[2N+I]:Dsin(Z[2I])÷sin(Z[2I−1])→D:Q+1÷tan(Z[2I])→Q:T+1÷tan(Z[2I
−1])→T:Next:E÷D−1→W:W×206265÷3600÷(Q+T)→V:For 1→I To N Step 1:
Z[2I]+V→Z[2I]:Z[2I−1]−V→Z[2I−1]:Next:For 1→I To N Step 1:"I=":I◢
S×sin(Z[2I])÷sin(Z[2I−1])→S:"D[A]=":S◢
S×sin(Z[2N+I])÷sin(Z[2I])→M:"D[C]=":M◢
S→Z[2I]:Next ↵
"FWJ[0]="? J:"XA"? H:"YA"? P:H+S×cos(J)→G:P+S×sin(J)→U:"XB=":G◢
"YB=":U◢
For 1→I To N Step 1:"I=":I◢
J+(−1)∧(I)(Z[2N+I]−180)→J:G+Z[2I]cos(J)→G:"X=":G◢
U+Z[2I]sin(J)→U:"Y=":U◢
Next ↵
```

(2)屏幕所显示字母含义

N——小三角形的数目；

D0——起算基线长；

DN——闭合基线长；

I——表示小三角形的序号；

A——小三角形中传距边(前进边)所对角的编号；

B——小三角形中已知边所对角的编号；

C——小三角形中第三边(间隔边)所对角的编号；

D[A]——A 角所对边的长度，即传距边(前进边)长度；

D[C]——C 角所对边的长度，即第三边(间隔边)长度；

FWJ[0]=——起算基线 AB 方位角；

XA,YA——起算基线端点 A 的纵横坐标；

XB,YB——起算基线端点 B 的纵横坐标；

X,Y——所计算的三角点坐标。

程序二

本程序特点：显示中间计算结果，即平差计算中两次角度改正的计算结果。

(1)程序清单

程序名：TRIANGLE2(三角锁计算 2)

```
"N"? N:3N→DimZ:"D0"? S:"DN"? E:S→D:0→Q:0→T:For 1→I To N Step 1:
"I=":I◢
"A"? A:"B"? B:"C"? C:A→Z[2I]:B→Z[2I−1]:C→Z[2N+I]:Z[2I]+Z[2I−1]+Z
[2N+I]−180→F:"V[I1]=":−F÷3▶DMS◢
Z[2I]−F÷3→Z[2I]:"A[I1]=":Z[2I]▶DMS◢
Z[2I−1]−F÷3→Z[2I−1]:"B[I1]=":Z[2I−1]▶DMS◢
Z[2N+I]−F÷3→Z[2N+I]:"C[I1]=":Z[2N+I]▶DMS◢
Dsin(Z[2I])÷sin(Z[2I−1])→D:Q+1÷tan(Z[2I])→Q:T+1÷tan(Z[2I−1])→T:
Next:E÷D−1→W:W×206265÷3600÷(Q+T)→V:"V[AI2]=":V▶DMS◢
"V[BI2]=":−V▶DMS◢
For 1→I To N Step 1:"I=":I◢
Z[2I]+V→Z[2I]:"A[I2]=":Z[2I]▶DMS◢
Z[2I−1]−V→Z[2I−1]:"B[I2]=":Z[2I−1]▶DMS◢
"C[I2]=":Z[2N+I]▶DMS◢
Next:For 1→I To N Step 1:"I=":I◢
S×sin(Z[2I])÷sin(Z[2I−1])→S:"D[A]=":S◢
S×sin(Z[2N+I])÷sin(Z[2I])→M:"D[C]=":M◢
```

```
S→Z[2I]:Next ↵
"FWJ[0]="? J:"XA"? H:"YA"? P:H+S×cos(J)→G:P+S×sin(J)→U:"XB=":G◢
"YB=":U◢
For 1→I To N Step 1:"I=":I◢
J+(−1)∧(I)(Z[2N+I]−180)→J:G+Z[2I]cos(J)→G:"X=":G◢
U+Z[2I]sin(J)→U:"Y=":U◢
Next ↵
```

(2)屏幕所显示字母含义：

N——小三角形的数目；

D0——起算基线长；

DN——闭合基线长；

I——表示小三角形的序号；

A——小三角形中传距边(前进边)所对角的编号；

B——小三角形中已知边所对角的编号；

C——小三角形中第三边(间隔边)所对角的编号；

V[I1]——第一次角度改正值；

A[I1]——传距边所对角 a_i 的第一次角度改正后的值，即 a_i'；

B[I1]——已知边所对角 b_i 的第一次角度改正后的值，即 b_i'；

C[I1]——第三边所对角 c_i 的第一次角度改正后的值，即 c_i'；

V[AI2]——传距边所对角 a_i 的第二次角度改正值；

V[BI2]——已知边所对角 b_i 的第二次角度改正值；

A[I2]——a_i 的第二次角度改正后的值，即 A_i；

B[I2]——b_i 的第二次角度改正后的值，即 B_i；

C[I2]——c_i 的第二次角度改正后的值，即 C_i；

D[A]——A角所对边的长度，即传距边(前进边)长度；

D[C]——C角所对边的长度，即第三边(间隔边)长度；

FWJ[0]=——起算基线AB方位角；

XA,YA——起算基线端点A的纵横坐标；

XB,YB——起算基线端点B的纵横坐标；

X,Y——所计算的三角点坐标。

(3)程序流程

程序一与程序二计算流程基本相同，只是程序二多加了一些显示中间计算结果的输出语句。它们的计算程序的运行流程见图3-15。

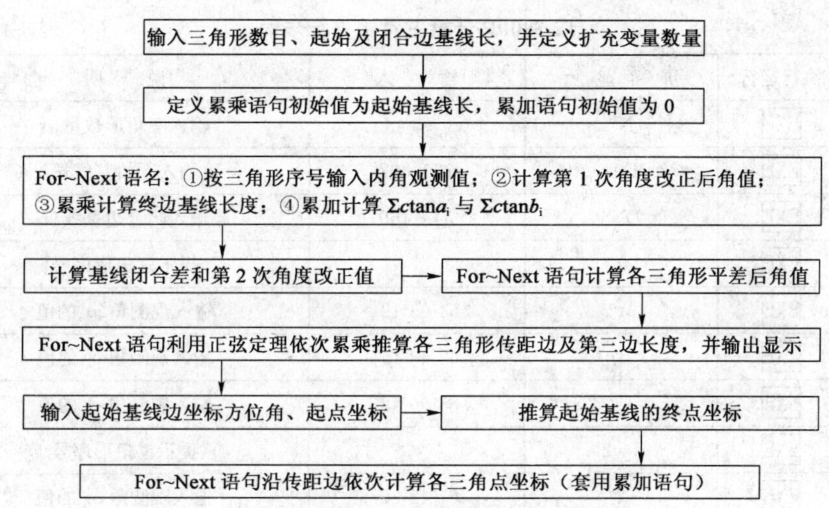

图 3-15　三角锁平差计算程序的运行流程

案例 3-9　已知单三角锁如图 3-16 所示，起算点 A 的坐标为 $X_A=3052.036$，$Y_A=6995.137$，起始边 AB 的坐标方位角 $\alpha_{AB}=68°25'48''$，两条基线的长度分别为：$D_0=350.362\text{m}$，$D_5=347.169\text{m}$，三角形角度观测值如表 3-18 所示，试计算各三角点的坐标。

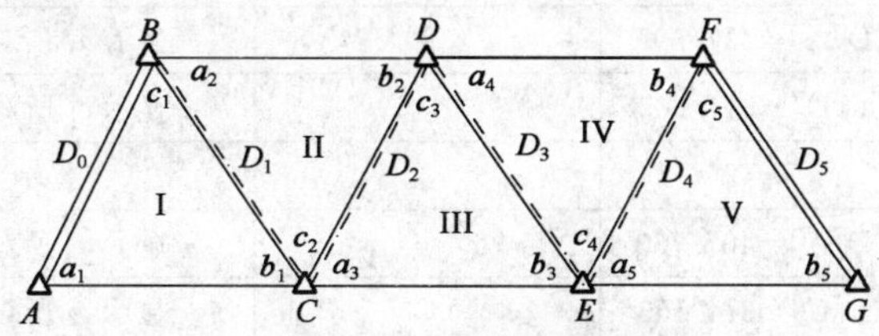

图 3-16　某三角锁示意图

三角锁角度观测值　　表 3-18

三角形编号		I	II	III	IV	V
角度观测值	a	54°05′12″	61°42′26″	54°49′10″	63°39′39″	49°19′03″
	b	42°48′15″	64°23′30″	51°12′00″	60°49′49″	73°28′18″
	c	83°06′48″	53°53′48″	73°58′39″	55°30′58″	57°12′34″

程序一的操作使用

按动 AC/ON 键，打开卡西欧 fx-5800P 编程计算器，按 MODE 5 2 及关于字母 T 的键，再按▼或▲键，使黑色光标棒选中程序名“TRIANGLE2”，操作步骤及屏幕提示见表 3-19。

fx-5800P 计算三角锁坐标步骤 表 3-19

步骤	执行运行	屏幕显示	输入	说明
1	EXE	N?	5	输入三角形数量值
2	EXE	D0?	350.362	输入起始基线长
3	EXE	DN?	347.169	输入闭合边基线长
4	EXE	I=1		提示三角形序号
5	EXE	A?	54°05′12″	输入观测角 a_1 的值
6	EXE	B?	42°48′15″	输入观测角 b_1 的值
7	EXE	C?	83°06′48″	输入观测角 c_1 的值
12	EXE	I=2		提示三角形序号
13	EXE	A?	61°42′26″	输入观测角 a_2 的值
14	EXE	B?	64°23′30″	输入观测角 b_2 的值
15	EXE	C?	53°53′48″	输入观测角 c_2 的值
16	EXE	I=3		依次输入其余三角形的内角观测值,此略
17	EXE	……	……	
18	EXE	I=1		提示三角形序号
19	EXE	D[A]=417.597		显示 a_1 所对应的传距边长度
20	EXE	D[C]=511.905		显示 c_1 所对应的间隔边长度
21	EXE	I=2		提示三角形序号
22	EXE	D[A]=407.760		显示 a_2 所对应的传距边长度
23	EXE	D[C]=374.153		显示 c_2 所对应的间隔边长度
24	EXE	I=3		依次显示其余各三角形的传距边及间隔边长度,此略
25	EXE	……	……	
26	EXE	FWJ[0]=?	68°25′48″	输入起始基线边的坐标方位角
27	EXE	XA?	3052.036	输入基线起算点的坐标
28	EXE	YA?	6995.137	
29	EXE	XB=3179.668		显示起算基线终点坐标
30	EXE	YB=7317.993		
31	EXE	I=1		提示三角形序号
32	EXE	X=2775.707		显示第 1 个三角形 b_1 角点(或已知边所对角点)的坐标
33	EXE	Y=7423.835		
34	EXE	I=2		依次显示其余各三角形 b_i 角点(或传距边所对角点)的坐标,直至结束,此略
35	EXE	……	……	

程序二的操作使用

按动AC/ON键，打开卡西欧 *fx*-5800P 编程计算器，按MODE 5 2 及关于字母 T 的键，再按▼或▲键，使黑色光标棒选中程序名“TRIANGLE1”。操作步骤及屏幕提示见表 3-20。

fx-5800P 计算三角锁坐标步骤 表 3-20

步骤	执行运行	屏幕显示	输入	说明
1	EXE	N?	5	输入三角形数量值
2	EXE	D0?	350.362	输入起始基线长
3	EXE	DN?	347.169	输入闭合边基线长
4	EXE	I=1		提示三角形序号
5	EXE	A?	54°05′12″	输入观测角 a_1 的值
6	EXE	B?	42°48′15″	输入观测角 b_1 的值
7	EXE	C?	83°06′48″	输入观测角 c_1 的值
8	EXE	V[I1]=−0°0′5″		显示第 1 个三角形的第 1 次角度改正值
9	EXE	A[I1]=54°5′7″		显示第 1 个三角形第 1 次角度改正后的内角值
10	EXE	B[I1]=42°48′10″		
11	EXE	C[I1]=83°6′43″		
12	EXE	I=2		提示三角形序号
13	EXE	A?	61°42′26″	输入观测角 a_2 的值
14	EXE	B?	64°23′30″	输入观测角 b_2 的值
15	EXE	C?	53°53′48″	输入观测角 c_2 的值
16	EXE	V[I1]=0°0′5.33″		显示第 2 个三角形的第 1 次角度改正值
17	EXE	A[I1]=61°42′31.33″		显示第 2 个三角形第 1 次角度改正后的内角值
18	EXE	B[I1]=64°23′35.33″		
19	EXE	C[I1]=53°53′53.33″		
20	EXE	I=3		依次输入其余三角形的内角观测值，并显示第 1 次角度改正值及改正后角值，此略
21	EXE	……	……	
22	EXE	V[AI2]=−0°0′2.93″		依次输入并计算完各三角形内角后，显示第二次角度改正值
23	EXE	V[BI2]=0°0′2.93″		
24	EXE	I=1		提示三角形序号
25	EXE	A[I2]=54°5′4.07″		显示第 1 个三角形第 2 次角度改正后的内角值
26	EXE	B[I2]=42°48′12.93″		
27	EXE	C[I2]=83°6′43″		

续上表

步骤	执行运行	屏幕显示	输　入	说　明
28	EXE	I=2		依次显示其余各三角形第二次角度改正后的内角值，此略
29	EXE	……	……	
30	EXE	I=1		提示三角形序号
31	EXE	D[A]=417.597		显示 a_1 所对应的传距边长度
32	EXE	D[C]=511.905		显示 c_1 所对应的间隔边长度
33	EXE	I=2		依次显示其余各三角形的传距边及间隔边长度，此略
34	EXE	……	……	
35	EXE	FWJ[0]=?	68°25′48″	输入起始基线边的坐标方位角
36	EXE	XA?	3052.036	输入基线起算点的坐标
37	EXE	YA?	6995.137	
38	EXE	XB=3179.668		
39	EXE	YB=7317.993		
40	EXE	I=1		提示三角形序号
41	EXE	X=2775.707		显示第1个三角形 b_1 角点（或已知边所对角点）的坐标
42	EXE	Y=7423.835		
43	EXE	I=2		依次显示其余各三角形 b_i 角点（或传距边所对角点）的坐标，直至结束，此略
44	EXE	……	……	

最终计算结果，见表3-21与表3-22。

三角形近似平差计算表　　表3-21

三角形编号	角号	角度观测值 (° ′ ″)	V_{i1} (″)	第1次改正角 (° ′ ″)	V_{i2} (″)	平差后角值 (° ′ ″)	边长 (m)	边名
I	b_1	42 48 15	−5	42 48 10	2.93	42 48 12.93	350.362	*AB*
	c_1	83 06 48	−5	83 06 43	0	83 06 43	511.905	*AC*
	a_1	54 05 12	−5	54 05 07	−2.93	54 05 4.07	417.597	*BC*
II	b_2	64 23 30	5.33	64 23 35.33	2.93	64 23 38.26	417.597	*BC*
	c_2	53 53 48	5.33	53 53 53.33	0	53 53 53.33	374.153	*BD*
	a_2	61 42 26	5.33	61 42 31.33	−2.93	61 42 28.41	407.760	*CD*
III	b_3	51 12 00	3.67	51 12 3.67	2.93	51 12 6.59	407.760	*CD*
	c_3	73 58 39	3.67	73 58 42.67	0	73 58 42.67	502.877	*CE*
	a_3	54 49 10	3.67	54 49 13.67	−2.93	54 49 10.74	427.633	*DE*

续上表

三角形编号	角号	角度观测值 (° ′ ″)	V_{i1} (″)	第1次改正角 (° ′ ″)	V_{i2} (″)	平差后角值 (° ′ ″)	边长 (m)	边名
IV	b_4	60 49 49	8.67	60 49 40.33	2.93	60 49 43.26	427.633	*DE*
	c_4	55 30 58	8.67	55 30 49.33	0	55 30 49.33	403.682	*DF*
	a_4	63 39 39	8.67	63 39 30.33	−2.93	63 39 27.41	438.894	*EF*
V	b_5	73 28 18	1.67	73 28 19.67	2.93	73 28 22.59	438.894	*EF*
	c_5	57 12 34	1.67	57 12 35.67	0	57 12 35.67	384.861	*EG*
	a_5	49 19 03	1.67	49 19 4.67	−2.93	49 19 1.74	347.169	*FG*

三角点坐标计算表(沿传距边计算)　表 3-22

三角形编号	角点	*X*	*Y*
I	*A*	3052.036(已知)	6995.137(已知)
	B	3179.668	7317.993
	C	2775.707	7423.835
II	*D*	3091.625	7681.640
III	*E*	2740.314	7925.465
IV	*F*	3150.735	8080.971
V	*G*	2871.511	8287.273

二、大地四边形平差计算程序

1. 用途与功能

大地四边形,常用于比较短的桥梁平面控制测量。大地四边形的近似平差计算,就是通过外业测量的数据计算出桥梁轴线长及各控制点坐标。桥梁轴线长,一般布置为四边形的某一边长或对角线长度。

2. 已知的条件

(1)大地四边形中四个小三角形的 8 个内角观测值以及某一边长(即基线长度)。

(2)基线坐标方位角及基线起算点坐标。

3. 计算公式

如图 3-17 所示,四边形 *ABCD* 角点按顺时针标注。a_1、b_1、a_2、b_2、a_3、b_3、a_4、b_4 是按顺时针顺序的各个小三角形的内角观测值。其中 a_1、b_1 为基线 *AB* 所在三角形的内角观测值。

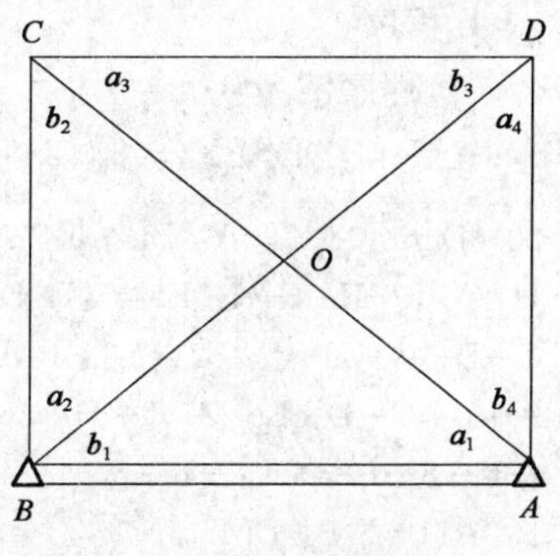

图 3-17　大地四边形

(1)第一次角度闭合差的计算与调整

根据三个图形条件，角度闭合差 f_1、f_2、f_3 为：

$$\left.\begin{aligned}f_1 &= a_1 + b_1 - a_3 - b_3 \\ f_2 &= a_2 + b_2 - a_4 - b_4 \\ f_3 &= a_1 + b_1 + a_2 + b_2 + a_3 + b_3 + a_4 + b_4 - 360^\circ\end{aligned}\right\} \tag{3-38}$$

观测角度的第一次改正值为：

$$\left.\begin{aligned}V_{a1} &= V_{b1} = -\frac{f_3}{8} - \frac{f_1}{4} \\ V_{a2} &= V_{b2} = -\frac{f_3}{8} - \frac{f_2}{4} \\ V_{a3} &= V_{b3} = -\frac{f_3}{8} + \frac{f_1}{4} \\ V_{a4} &= V_{b4} = -\frac{f_3}{8} + \frac{f_2}{4}\end{aligned}\right\} \tag{3-39}$$

第一次改正后的角值为：$a'_1 = a_1 + V_{a1}$，$b'_1 = b_1 + V_{b1}$；$a'_2 = a_2 + V_{a2}$，$b'_2 = b_2 + V_{b2}$；$a'_3 = a_3 + V_{a3}$，$b'_3 = b_3 + V_{b3}$；$a'_4 = a_4 + V_{a4}$，$b'_4 = b_4 + V_{b4}$。

(2)边长闭合差的计算与调整(第二次角度改正)

基线闭合差：

$$W_{基} = \frac{\prod \sin b'_i}{\prod \sin a'_i} - 1 \tag{3-40}$$

第二次角度改正值 V'_{ai}、V'_{bi} 为：

$$V'_{ai} = -V'_{bi} = \frac{W_{基}}{\sum \mathrm{ctan} a'_i + \sum \mathrm{ctan} b'_i} \times \rho \quad (其中\ \rho = 206265'') \tag{3-41}$$

第二次改正后的角值为：

$$\left.\begin{aligned}A_i &= a'_i + V'_{ai} \\ B_i &= b'_i + V'_{bi}\end{aligned}\right\} \tag{3-42}$$

边长与角点坐标计算方法同小三角锁，此略。

4. 程序

(1)程序清单

程序名：DDSBX(大地四边形平差计算)

```
20→DimZ:"A1"? A:"B1"? B:"A2"? C:"B2"? D:"A3"? E:"B3"? F:"A4"? G:"B4"?
H:A+B−E−F→I:"F1=":I▶DMS◢
C+D−G−H→J:"F2=":J▶DMS◢
A+B+C+D+E+F+G+H−360→K:"F3=":K▶DMS◢
−K÷8−I÷4→L:−K÷8−J÷4→M:−K÷8+I÷4→N:−K÷8+J÷4→O:A+L→
P:"A11=":P▶DMS◢
B+L→Q:"B11=":Q▶DMS◢
```

```
C+M→R:"A21=":R▶DMS◢
D+M→S:"B21=":S▶DMS◢
E+N→T:"A31=":T▶DMS◢
F+N→U:"B31=":U▶DMS◢
G+O→V:"A41=":V▶DMS◢
H+O→W:"B41=":W▶DMS◢
sin(Q)sin(S)sin(U)sin(W)÷sin(P)÷sin(R)÷sin(T)÷sin(V)-1→Z:
"W[D]=":Z▶DMS◢
206265×Z÷3600÷(1÷tan(P)+1÷tan(R)+1÷tan(T)+1÷tan(V)+1÷tan(Q)+1
÷tan(S)+1÷tan(U)+1÷tan(W))→Z[1]:"V[A]=":Z[1]▶DMS◢
"V[B]=":-Z[1]▶DMS◢
P+Z[1]→Z[2]:"A12=":Z[2]▶DMS◢
Q-Z[1]→Z[3]:"B12=":Z[3]▶DMS◢
R+Z[1]→Z[4]:"A22=":Z[4]▶DMS◢
S-Z[1]→Z[5]:"B22=":Z[5]▶DMS◢
T+Z[1]→Z[6]:"A32=":Z[6]▶DMS◢
U-Z[1]→Z[7]:"B32=":Z[7]▶DMS◢
V+Z[1]→Z[8]:"A42=":Z[8]▶DMS◢
W-Z[1]→Z[9]:"B42=":Z[9]▶DMS◢
"AB"? →Z[10]:"XA"? →Z[11]:"YA"? →Z[12]:"FWJ0"? →Z[13]:Z[10]×sin(A)
÷sin(D)→Z[14]:"BC=":Z[14]◢
"CD=":Z[14]sin(Z[4])÷sin(Z[7])◢
Z[10]sin(B)÷sin(G)→Z[15]:"AD=":Z[15]◢
"BD=":Z[14]sin(Z[5]+Z[6])÷sin(Z[7])◢
"AC=":Z[10]sin(Z[3]+Z[4])÷sin(Z[5])◢
Z[11]+Z[15]cos(Z[13]+Z[2]+Z[9])→Z[16]:"XD=":Z[16]◢
Z[12]+Z[15]sin(Z[13]+Z[2]+Z[9])→Z[17]:"YD=":Z[17]◢
Z[11]+Z[10]cos(Z[13])→Z[11]:"XB=":Z[11]◢
Z[12]+Z[10]sin(Z[13])→Z[12]:"YB=":Z[12]◢
"XC=":Z[11]+Z[14]cos(Z[13]+180-Z[3]-Z[4])◢
"YC=":Z[12]+Z[14]sin(Z[13]+180-Z[3]-Z[4])◢
"END"↵
```

(2)屏幕所显示字母含义

A1、B1、A2、B2、A3、B3、A4、B4——按顺时针顺序的各个小三角形的内角观测值，其中 A1、B1 为基线 AB 所在三角形的内角观测值；

F1、F2、F3——三个角度闭合差；

A11、B11、A21、B21、A31、B31、A41、B41——第一次角度改正后的内角值；
W[D]——基线闭合差；
V[A]——a_i 角的第二次角度改正值；
V[B]——b_i 角的第二次角度改正值；
A12、B12、A22、B22、A32、B32、A42、B42——第二次角度改正后的内角值；
AB——基线长度；
XA、YA——按顺时针方向基线起点的坐标；
FWJ0——基线坐标方位角；
BC、CD、AD——大地四边形的另外三条边长(按顺时针顺序)；
BD、AC——四边形的对角线长度；
XD、YD——角点 D 的坐标；
XB、YB——角点 B 的坐标；
XC、YC——角点 C 的坐标。

案例 3-10 为测定桥轴线 AB 的长度，在桥轴线的一侧布置了如图 3-18 所示的大地四边形 $ABCD$，量测得基线 AD=249.040m，角度观测值见表 3-23。已知基线 DA 起算点坐标为：$X_D=500$、$Y_D=500$，DA 坐标方位角＝250°20′36″，试求桥轴线 AB 的长度以及控制点坐标。

角度观测值 表 3-23

角度编号	角度观测值(° ′ ″)	角度编号	角度观测值(° ′ ″)
a_1	25 50 06	a_3	28 45 24
b_1	51 50 32	b_3	48 56 18
a_2	64 22 00	a_4	72 40 06
b_2	37 57 06	b_4	29 38 36

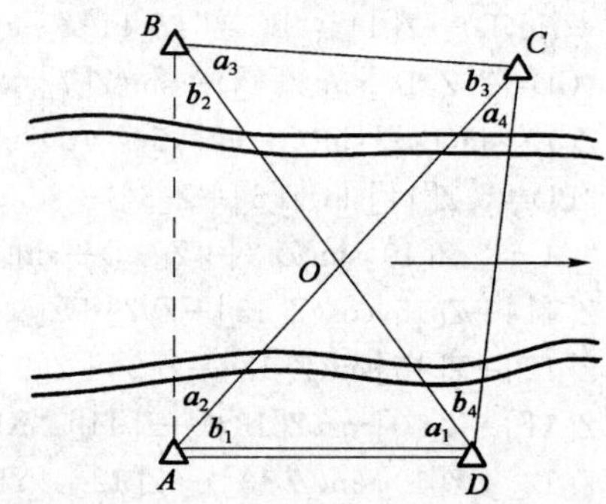

图 3-18 案例 3-10 图

分析：本题的基线 AD 相当于程序中的 AB，控制点对应关系如表 3-24 所示。

控制点的对应关系 表 3-24

本题控制点编号	A	B	C	D
程序控制点编号	B	C	D	A

按动 AC/ON 键，打开卡西欧 fx-5800P 计算器，按 MODE 5 2 及关于字母 D 键，再按▼或▲键，使黑色光标棒选中“DDSBX”。程序操作步骤及屏幕提示见表 3-25。

最后计算结果，见表 3-26 和表 3-27。

fx-5800P 大地四边形计算程序操作示范 表 3-25

步骤	执行运行	屏幕显示	输入	说明
1	EXE	A1?	25°50′06″	依次输入各个内角观测值
2	EXE	B1?	51°50′32″	
3	EXE	A2?	64°22′00″	
4	EXE	B2?	37°57′06″	
5	EXE	……	……	
6	EXE	F1=−64″		三个图形条件的角度闭合差
7	EXE	F1=24″		
8	EXE	F1=8″		
9	EXE	A11=25°50′21″		依次显示第一次改正后的角度值
10	EXE	B11=51°50′47″		
11	EXE	A21=64°21′53″		
12	EXE	B21=37°56′59″		
13	EXE	……	……	
14	EXE	W[D]=−0°0′1.89″		边长闭合差
15	EXE	V[A]=−0°0′11.57″		观测角 a_i 的第二次角度改正值
16	EXE	V[B]=0°0′11.57″		观测角 b_i 的第二次角度改正值
17	EXE	A12=25°50′9.43″		依次显示第二次改正后的角度值
18	EXE	B12=51°50′58.57″		
19	EXE	A22=64°21′41.43″		
20	EXE	B22=37°57′10.57″		
21	EXE	……	……	
22	EXE	AB?	249.040	输入基线长
23	EXE	XA?	500	输入按顺时针方向的基线起点坐标，即 D 点坐标
24	EXE	YA?	500	
25	EXE	FWJ0?	250°20′36″	输入基线坐标方位角
26	EXE	BC=176.468		相当于本题 AB 的值
27	EXE	CD=211.003		相当于本题 BC 的值
28	EXE	AD=205.137		相当于本题 CD 的值
29	EXE	BD=214.962		相当于本题对角线 AC 的值
30	EXE	AC=363.296		相当于本题对角线 BD 的值

续上表

步骤	执行运行	屏幕显示	输入	说明
31	EXE	XD=620.076		本例 *C* 点坐标
32	EXE	YD=333.678		
33	EXE	XB=416.227		本例 *A* 点坐标
34	EXE	YB=265.473		
35	EXE	XC=539.104		本例 *B* 点坐标
36	EXE	YC=138.816		
37	EXE	END		提示程序运行结束

大地四边形近似平差计算表 表 3-26

角度编号	观测角	角度编号	第一次改正后的角值	角度编号	平差后的角值
A_1	25°50′06″	A_{11}	25°50′21″	A_{12}	25°50′9.43″
B_1	51°50′32″	B_{11}	51°50′47″	B_{12}	51°50′58.57″
A_2	64°22′00″	A_{21}	64°21′53″	A_{22}	64°21′41.43″
B_2	37°57′06″	B_{21}	37°56′59″	B_{22}	37°57′10.57″
A_3	28°45′24″	A_{31}	28°45′07″	A_{32}	28°44′55.43″
B_3	48°56′18″	B_{31}	48°56′01″	B_{32}	48°56′12.57″
A_4	72°40′06″	A_{41}	72°40′11″	A_{42}	72°39′59.43″
B_4	29°38′36″	B_{41}	29°38′41″	B_{42}	29°38′52.57″
备注	$f_1=64''$, $f_2=24''$, $f_3=8''$, $W_D=-1.89''$, $V'_{ai}=-11.57''$, $V'_{bi}=11.57''$				

边长及三角点坐标计算 表 3-27

点号	边长	坐标 X	坐标 Y
D		500	500
	249.040		
A		416.227	265.473
	176.468		
B		539.104	138.816
	211.003		
C		620.076	333.678
	205.137		
D		500	500
备注	对角线 *AC*=214.962；*BD*=363.296		

第四节　水准测量平差计算程序

在水准点复测与加密计算中,会经常遇到水准点高程平差计算的问题。水准点的平差,是根据水准测量的方法进行的。

根据测量路径的不同,水准测量方法通常有附合水准路线、闭合水准路线和复测支水准路线(即往返水准测量)三种。

各等级高程控制测量的精度不同,由一等到五等精度要求依次降低。水准测量各等级的主要技术要求,应符合表 3-28 的规定。

水准测量的主要技术要求　　表 3-28

测量等级	往返较差、附合或环线闭合差(mm)		检测已测测段高差之差(mm)
	平原、微丘	山岭、重丘	
二等	$\leqslant 4\sqrt{L}$	$\leqslant 4\sqrt{L}$	$\leqslant 6\sqrt{L_i}$
三等	$\leqslant 12\sqrt{L}$	$\leqslant 3.5\sqrt{n}$ 或 $\leqslant 15\sqrt{L}$	$\leqslant 20\sqrt{L_i}$
四等	$\leqslant 20\sqrt{L}$	$\leqslant 6.0\sqrt{n}$ 或 $25\sqrt{L}$	$\leqslant 30\sqrt{L_i}$
五等	$\leqslant 30\sqrt{L}$	$\leqslant 45\sqrt{L}$	$\leqslant 40\sqrt{L_i}$

注:计算往返较差时,l 为水准点间的路线长度(km);计算附合或环线闭合差时,l 为附合或环线的路线长度(km);n 为测站数。L_i 为检测测段长度(km),小于 1km 时按 1km 计算。

一、往返水准测量高程计算程序

往返水准测量就是利用已知起点高程,通过往返高程测量平差,测量计算终点高程。

1. 程序功能与用途

(1)功能:计算终点高程。

(2)用途:

①在公路外业勘测设计中测量沿线水准点高程;

②在施工准备阶段用于水准点的复测与加密测量。

2. 程序运行已知的条件

(1)给定起始水准点的高程;

(2)往返测量的前后视原始数据;

(3)测量路径长。

3. 程序涉及的计算公式

$$\Delta H_{往} = 往测后视和 - 往测前视和 \tag{3-43}$$

$$\Delta H_{返} = 返测后视和 - 返测前视和 \tag{3-44}$$

$$实测闭合差\ f_{h实} = \Delta H_{往} + \Delta H_{返} \tag{3-45}$$

容许误差 $f_{h容} = \pm 20\sqrt{L}$(mm)(高速公路、一级公路),或 $f_{h容} = \pm 30\sqrt{L}$(mm)(二、三、四级公路),其中 L 指测量路径长,单位为 km。

若 $|f_{h实}| < |f_{h容}|$,则高差 $\Delta H = \dfrac{\Delta H_{往} - \Delta H_{返}}{2}$,$H_{BM终} = H_{BM始} + \Delta H$,否则重测。

4. 程序

(1)程序清单

程序名:WFSZCL

```
Prog"GCJS":E→U:"GAOCHA[W]=":U◢
Prog"GCJS":E→V:"GAOCHA[F]=":V◢
Abs(U+V)→K:"F[S]=":K◢
"L"? L:"H[QD]"? Q:20 √(L)÷1000→N:"F[R]=":N◢
If K>N:Then "WRONG":Goto 0:Else (U-V)÷2→W:"GH=":W◢
"H[ED]=":Q+W◢
IfEnd:Lbl 0:"END"↵
```

子程序:GCJS(程序名)

```
0→S:0→T:Lbl 0:"HOUSHI"? A:A+S→S:If A=0:Then "HOUSHIHE=":S◢
Goto 1:Else Goto 0:IfEnd ↵
Lbl 1:"QIANSHI"? B:B+T→T:If B=0:Then "QIANSHIHE=":T◢
Else Goto 1:IfEnd:S-T→E:Return ↵
```

(2)屏幕所显示字母含义

HOUSHI——输入后视读数,输0时表示后视读数输入结束;

HOUSHIHE——后视和;

QIANSHI——输入前视读数,输0时表示前视读数输入结束;

QIANSHIHE——前视和;

GAOCHA[W]——往测高差;

GAOCHA[F]——返测高差;

F[S]——计算得到的实际闭合差;

L——水准测量路径长,km;

H[QD]——起点的高程;

F[R]——容许误差;

WRONG——表示测量误差超出要求,需返工重测;

GH——平差后的正确高差值;

H[ED]——计算得到的终点高程值;

END——提示计算结束。

注:本程序容许误差按高等级公路 $20\sqrt{L}$mm,如用于其他等级公路,可将容许误差值作相应替换。

(3)计算程序的运行流程

计算程序的运行流程,如图 3-19 所示。

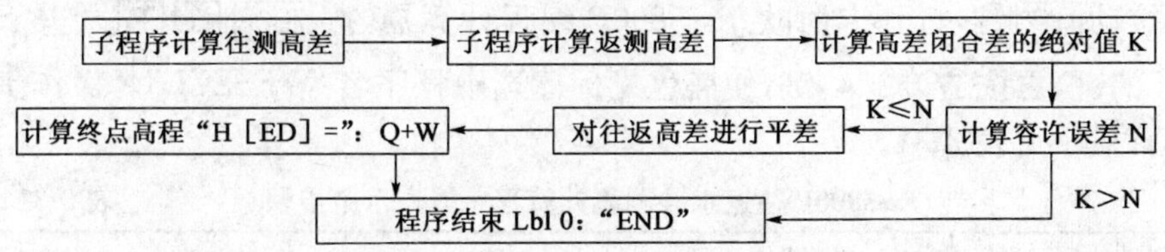

图 3-19 往返测量高程计算程序的运行流程

案例 3-11 某一往返水准测量,测量路径长 650m,试根据表 3-29 与表 3-30 的往返测量记录用 fx-5800P 程序计算终点 B 的高程,已知起点 A 的高程 H_A=132.815m,容许误差按高等级公路考虑。表 3-29 和表 3-30 中已给出手工计算得到的往返高差值,以供与程序计算结果相对比。

水准测量记录表(往测) 表 3-29

测站	测点	水准尺读数(m)		高差(m)		高程(m)
		后视读数	前视读数	+	−	
I	A	1.453		0.580		132.815
II	ZD_1	2.532	0.873	1.770		
III	ZD_2	1.372	0.762	0.637		
IV	ZD_3	1.503	0.735	1.029		
V	ZD_4	1.020	0.474		1.564	
	B		2.584			
计算检核	Σ	7.880	5.428	4.016	1.564	
	$\sum a-\sum b=+2.452$			$\sum h=4.016+(-1.564)=+2.452$		

水准测量记录表(返测)　　表 3-30

测站	测点	水准尺读数(m)		高差(m)		高程(m)
		后视读数	前视读数	+	−	
I	B	1.787		0.231		
II	ZD_1	1.072	1.556		0.562	
III	ZD_2	0.825	1.634		1.106	
IV	ZD_3	0.799	1.931		1.009	
计算	A		1.808			
检核	$\sum$	4.483	6.929	0.231	2.677	
	$\sum c-\sum d=-2.446$			$\sum h=0.231+(-2.677)=-2.446$		

按动[AC/ON]键,打开卡西欧 fx-5800P 编程计算器,按[MODE][5][2]及关于字母 W 的键,再按▼或▲键,使黑色光标棒选中程序名“WFSZCL”。操作步骤及屏幕显示见表 3-31。

***fx*-5800P 往返水准测量计算程序操作示范步骤**　　表 3-31

步骤	执行运行	屏幕显示	输入	说明
1	EXE	HOUSHI?	1.453	依次输入往测后视读数
2	EXE	HOUSHI?	2.532	
3	EXE	HOUSHI?	1.372	
4	EXE	HOUSHI?	1.503	
5	EXE	HOUSHI?	1.020	
6	EXE	HOUSHI?	0	
7	EXE	HOUSHIHE=7.880		显示往测后视和
8	EXE	QIANSHI?	0.873	依次输入往测前视读数
9	EXE	QIANSHI?	0.762	
10	EXE	QIANSHI?	0.735	
11	EXE	QIANSHI?	0.474	
12	EXE	QIANSHI?	2.584	
13	EXE	QIANSHI?	0	
14	EXE	QIANSHIHE=5.428		显示往测前视和
15	EXE	GAOCHA[W]=2.452		显示往测高差值
16	EXE	HOUSHI?	1.787	依次输入返测后视读数
17	EXE	HOUSHI?	1.072	
18	EXE	HOUSHI?	0.825	
19	EXE	HOUSHI?	0.799	
20	EXE	HOUSHI?	0	

续上表

步骤	执行运行	屏幕显示	输　入	说　明
21	EXE	HOUSHIHE＝4.483		显示返测后视和
22	EXE	QIANSHI?	1.556	依次输入返测前视读数
23	EXE	QIANSHI?	1.634	
24	EXE	QIANSHI?	1.931	
25	EXE	QIANSHI?	1.808	
26	EXE	QIANSHI?	6.929	
27	EXE	QIANSHIHE＝6.929		显示返测前视和
28	EXE	GAOCHA[F]＝－2.446		显示返测高差值
29	EXE	F[S]＝0.006		显示实测误差值
30	EXE	L＝?	0.65	输入测量路径长
31	EXE	H[QD]?	132.815	输入起点高程
32	EXE	F[R]＝0.016		显示容许误差值
33	EXE	GH＝2.449		平均高差
34	EXE	H[ED]＝135.264		终点高程
35	EXE	END		表示程序运行结束

二、水准点加密测量高程平差计算程序

在刚进入工地时，由于设计院提供的水准点是为路线的初测、定测服务，一般都比较稀，而且有些点可能已被破坏或在路线施工范围之内，远远不能满足施工需要，因此施工单位在施工前必须进行水准点的加密埋设和联测，将加密的水准点高程测量出来，以供施工放样使用，我们把加密的水准点叫施工水准点，或称临时水准点。

1. 程序运行已知的条件

(1)总的测站数或测量路径总长；

(2)欲加密计算的未知点数；

(3)起算水准点高程与终点闭合水准点高程；

(4)分段观测的高差；

(5)分段观测的测站数或分段测量长度。

2. 程序涉及的计算公式

$$v_i = -\frac{f_{h实}}{\sum n} \times n_i \tag{3-46}$$

或

$$v_i = -\frac{f_{h实}}{\sum L} \times L_i \tag{3-47}$$

式中：v_i ——高差的改正数；

$f_{h实}$——实测高差闭合差；

n_i——分段测量的测站；

L_i——分段测量长度；

n——总测站数；

L——测量总长。

3. 程序

(1)程序清单

程序名：SZPC(水准平差)

```
"L"? L:"N"? N:2(N+2)→DimZ:"A"? A:"B"? B:N+1→N:0→F:0→M:For 1→I
To N Step 1:"GAOCHA"? C:"K"? K:C→Z[2I-1]:F+C→F:K→Z[2I]:M+K→M:
Next ↵
0.02 √(L)→W:F+A-B→F:"F=":F◢
If Abs(F)>W:Then Goto E:Else-F÷M→F:IfEnd:A→H:For 1→I To N Step 1:"I
=":I◢
H+Z[2I-1]+FZ[2I]→H:"H=":H◢
Next ↵
Lbl E:"END"↵
```

(2)屏幕所显示字母含义

L——总的测站数或测量路径总长；

N——欲加密计算的未知点数；

A——起算已知水准点高程；

B——终点闭合水准点高程；

GAOCHA——汉语拼音提示，输入分段观测的高差；

K——分段观测的测站数或分段测量长度；

F——测量闭合差；

I——水准点高程计算顺序号。

H——平差计算得到的水准点高程。

(3)程序说明

①程序的第一个"For～Next"结构嵌套累加语句，计算起点到终点的实测高差 F 与测量总站数(或测量总长度)M；

②本程序按四等水准测量误差要求编写，若为其他等级测量将程序中画线部分作相应修改便可。

③若为闭合水准测量，程序运行时将终点高程输为起点高程。

(4)计算程序的运行流程

计算程序的运行流程,如图 3-20 所示。

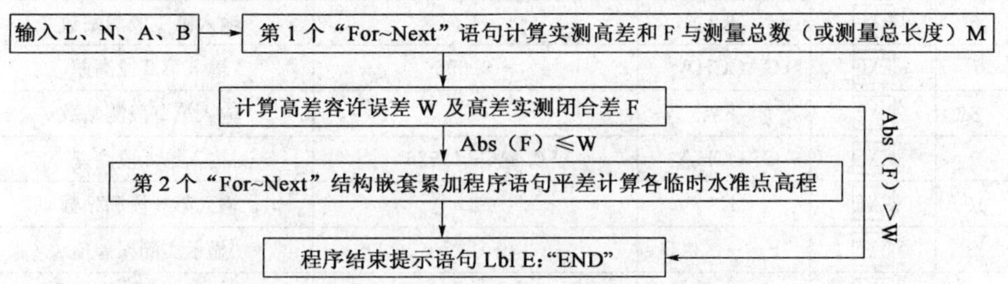

图 3-20 水准点加密测量高程平差计算程序的运行流程

案例 3-12 在如图 3-21 所示的闭合水准测量中,K56-1 和 K56-2 为选定的两施工水准点,测量路线总长度 503m,公路等级为高速公路,试计算它们的高程。

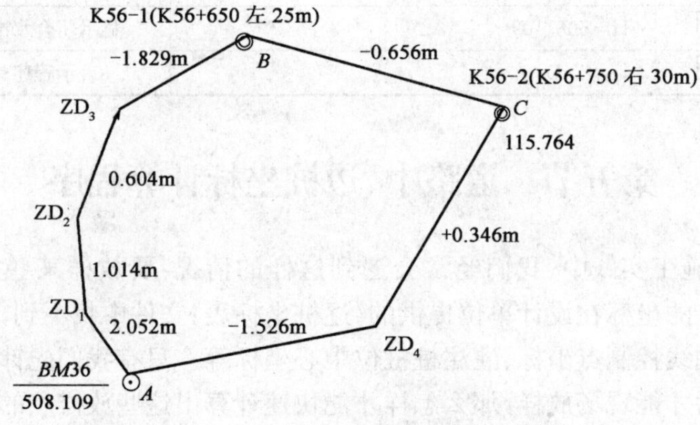

图 3-21 闭合水准路线加密施工水准点

按动 AC/ON 键,打开卡西欧 fx-5800P 编程计算器,按 MODE 5 2 及关于字母 S 的键,再按▼或▲键,使黑色光标棒选中程序名"SZPC"。操作步骤及屏幕显示见表 3-32。

fx-5800P 计算加密水准点高程操作示范步骤 表 3-32

步骤	执行运行	屏幕显示	输 入	说 明
1	EXE	L?	0.503	输入测量路径总长
2	EXE	N?	2	输入欲加密的未知水准点数目
3	EXE	A?	508.109	输入起始水准点高程
4	EXE	B?	508.109	输入闭合水准点高程
5	EXE	GAOCHA?	2.052+1.014+0.604−1.829	输入第 1 段高差

续上表

步骤	执行运行	屏幕显示	输　入	说　明
6	EXE	K?	4	输入第1段测站数
7	EXE	GAOCHA?	－0.656	输入第2段高差
8	EXE	K?	1	输入第2段测站数
9	EXE	GAOCHA?	0.346－1.526	输入第3段高差
10	EXE	K?	2	输入第3段测站数
11	EXE	F＝－0.005		显示实测误差值
12	EXE	I＝1		显示高程计算顺序号
13	EXE	H＝509.947		显示第1个加密水准点的高程
14	EXE	I＝2		显示高程计算顺序号
15	EXE	H＝509.290		显示第2个加密水准点的高程
16	EXE	I＝3		显示高程计算顺序号
17	EXE	H＝508.109		显示闭合水准点的高程
18	EXE	END		表示程序运行结束

第五节　道路中、边桩坐标计算程序

在公路施工实践中，我们经常会遇到这样的情况：要放样某些点的平面位置，但这些点的坐标在设计单位提供的《逐桩坐标表》文件中找不到，如中线加桩坐标、桥涵轴线控制点坐标、灌注桩桩位中心坐标等。只有我们先计算出这些点的坐标，然后才能现场放样，那么怎样才能快速计算出这些放样点的坐标呢？

下面我们给大家提供几种中、边桩坐标计算程序，供大家根据情况选用。

一、基本型对称曲线中、边桩坐标计算程序

基本型对称曲线指一般的缓和曲线长度相等的带缓圆曲线，是公路最常见的一种线型。

1. 程序功能、用途及特点

(1)功能及计算范围：计算从前一交点曲线的终点到下一交点曲线起点间的任意桩号里程的中、边点坐标。如欲计算的基本型对称曲线的交点是JD6，那么本程序可以计算出从JD5曲线的终点HZ(或YZ)至JD7曲线的起点ZH(或ZY)间所有里程桩的中、边点坐标，包括直线和曲线。

(2)用途：

①在路基路面施工放样时计算中、边桩放样坐标；

②在桥涵施工放样时，计算桥涵轴线控制点坐标和墩台或其他构造物特征点的放样坐标。

(3)特点：通过交点(JD)坐标，计算本曲线及前后直线上的中桩和边点坐标。

2. 程序运行已知的条件

(1)曲线的交点坐标及交点桩号；

(2)起始边方位角、曲线偏转角值与转向；

(3)圆曲线半径及缓和曲线长；

(4)如需计算边点坐标时，还需已知边点与中桩连线同中桩切线方向的左(或右)偏角。

3. 计算原理

(1)计算曲线要素：

$$p = \frac{l_s^2}{24R} - \frac{l_s^4}{2688R^3} + \frac{l_s^6}{506880R^5} \tag{3-48}$$

$$q = \frac{l_s}{2} - \frac{l_s^3}{240R^2} + \frac{l_s^5}{34560R^4} \tag{3-49}$$

式中，l_s 为缓和段长；R 为圆曲线半径。其余曲线要素的计算公式省略。

(2)计算曲线主点桩号。

(3)计算点 P 位于曲线不同区段时 L 值的计算。

输入任意点里程桩号，根据其所在路线段落范围进行计算。程序根据计算情况的不同分为 6 个区间计算，即 ZH 以前的直线段，第一缓和段，HY 至 QZ 的圆曲线段，QZ 至 YH 圆曲线段，第二缓和段，HZ 后的直线段。设计算点桩号里程为 Z，切线长为 T，ZH 里程为 Z[1]，HZ 里程为 Z[5]。曲线段 P 点至 ZH(或 HZ)的曲线长 L：当 P 点位于前半个曲线时，L=Z−Z[1]；当 P 点位于后半个曲线时，L= Z[5]−Z。

(4)平曲线段支距计算公式。

①缓和段支距计算公式：

$$\left.\begin{aligned} Z[6] &= l - \frac{l^5}{40R^2 l_s^2} + \frac{l^9}{3456R^4 l_s^4} \\ Z[7] &= \frac{l^3}{6Rl_s} - \frac{l^7}{336R^3 l_s^3} + \frac{l^{11}}{42240R^5 l_s^5} \end{aligned}\right\} \tag{3-50}$$

其中，Z[6]、Z[7]为两个支距；l 为 P 点至 ZH(或 HZ)的曲线长。这个公式在程序中编成名为“HHQX”的子程序。

②圆曲线段支距计算公式：

$$\left.\begin{aligned} Z[6] &= R\sin\left[\frac{\left(l-\frac{l_s}{2}\right)}{R}\times\frac{180^\circ}{\pi}\right]+q \\ Z[7] &= R\left\{1-\cos\left[\frac{\left(l-\frac{l_s}{2}\right)}{R}\times\frac{180^\circ}{\pi}\right]\right\}+p \end{aligned}\right\} \tag{3-51}$$

其中，Z[6]、Z[7]为两个支距；l 为 P 点至 ZH(或 HZ)的曲线长。这个公式在程序中编成名为"HYQX"的子程序。

(5)曲线段坐标转换公式。

P 点在前半个曲线时的坐标转换关系式：

$$\left.\begin{aligned} X &= G+Z[6]\cos(C)+Z[7]\cos(C+90W) \\ Y &= H+Z[6]\sin(C)+Z[7]\sin(C+90W) \end{aligned}\right\} \tag{3-52}$$

这个公式在程序中，被编成名为"ZBZH1"的第二层嵌套子程序。

P 点在前半个曲线时的坐标转换关系式：

$$\left.\begin{aligned} X &= M+Z[6]\cos(C+WE+180)+Z[7]\cos(C+WE+180-90W) \\ Y &= N+Z[6]\sin(C+WE+180)+Z[7]\sin(C+WE+180-90W) \end{aligned}\right\} \tag{3-53}$$

其中，G、H 为 ZH 点的纵横坐标；M、N 为 HZ 点的纵横坐标；C 为起始边方位角；W 转向参数，左转输入值为-1；右转输入值为$+1$；E 为曲线偏转角度值。这个公式在程序中，被编成名为"ZBZH2"的第二层嵌套子程序。

(6)曲线前后直线段坐标计算关系式。

①P 点在前一曲线的 HZ(或 YZ)后直线上时的坐标计算关系式：

$$\left.\begin{aligned} X &= A+(Z[1]-Z+T)\cos(C+180) \\ Y &= B+(Z[1]-Z+T)\sin(C+180) \end{aligned}\right\} \tag{3-54}$$

其中，A、B 为交点(JD)的纵横坐标；Z 为计算点桩号里程。其余字母含义同前。

②P 点在下一曲线的 ZH(或 ZY)前直线上时的坐标计算关系式：

$$\left.\begin{aligned} X &= A+(Z-Z[5]+T)\cos(C+WE) \\ Y &= B+(Z-Z[5]+T)\sin(C+WE) \end{aligned}\right\} \tag{3-55}$$

式中，各字母意义同前。

(7)P 点在曲线上时的切线方位角计算：

①P 点在第一缓和段上时，如图 3-22a)所示，P 点方位角：

$$\mathrm{FWJ(P)} = C+\frac{90Wl^2}{\pi R l_s} \tag{3-56}$$

②P 点在 HY 至曲中(QZ)的圆曲线上时，如图 3-22b)所示，P 点方位角：

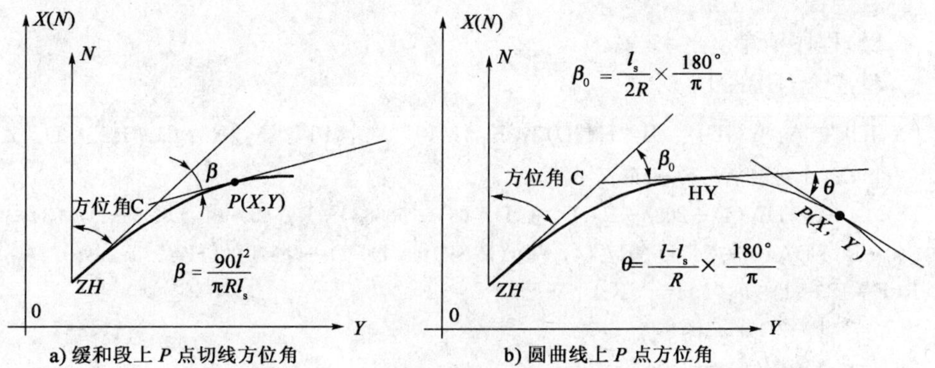

a) 缓和段上 P 点切线方位角　　b) 圆曲线上 P 点方位角

图 3-22　平曲线上任意点切线方位角推算

$$\mathrm{FWJ(P)}=C+\frac{l_s}{2R}\times\frac{180}{\pi}W+\frac{l-l_s}{R}\times\frac{180}{\pi}W=C+\frac{180W}{\pi R}\left(l-\frac{l_s}{2}\right)$$

即：

$$\mathrm{FWJ(P)}=C+\frac{180W}{\pi R}\left(l-\frac{l_s}{2}\right) \tag{3-57}$$

③P 点在曲中(QZ)至 YH 的圆曲线上时：

$$\mathrm{FWJ(P)}=C+WE-\frac{180W}{\pi R}\left(l-\frac{l_s}{2}\right) \tag{3-58}$$

④P 点在第二缓和段上时，P 点切线方位角：

$$\mathrm{FWJ(P)}=C+WE-\frac{90Wl^2}{\pi Rl_s} \tag{3-59}$$

各式中，字母含义同前。

(8)边桩坐标的计算公式。

如图 3-23，中桩 P 的左右边桩 M 和 N 的坐标公式为：

$$\left.\begin{aligned}X_N&=X_P+S_2\cos(C+\varphi)\\Y_N&=Y_P+S_2\sin(C+\varphi)\end{aligned}\right\} \tag{3-60}$$

$$\left.\begin{aligned}X_M&=X_P+S_1\cos[C-(180°-\varphi)]\\Y_M&=Y_P+S_1\sin[C-(180°-\varphi)]\end{aligned}\right\} \tag{3-61}$$

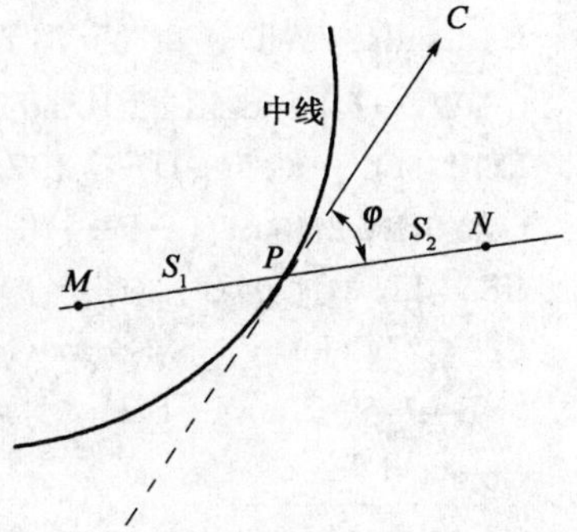

其中，S_1、S_2 为左、右偏距；C 为路线上 P 点的切线方位角；X_P，Y_P 为 P 点坐标；φ 为直线 MN 相对 P 点切线的右偏角；X_M，Y_M 为左边点 M 的坐标；X_N，Y_N 为右边点 N 的坐标。

图 3-23　边点坐标计算

当 $\varphi=90°$时，上述公式成为正交边桩的坐标计算公式。

4. 程序

(1)程序清单

程序名:JIBENX

```
"X(JD)"? A:"Y(JD)"? B:"K(JD)"? K:"FWJ"? C:"PJ"? E:"R"? R:"LS"? D:"Z(−1),Y(+1)"? W:10→DimZ ↵
D²÷24÷R−D∧(4)÷2688÷R∧(3)+D∧(6)÷506880÷R∧(5)→P:D÷2−D∧(3)÷240÷R²+D∧(5)÷34560÷R∧(4)→Q:(R+P)tan(E÷2)+Q→T:"TH=":T◢
RπE÷180+D→F:"LH=":F◢
"LY=":F−2D◢
"EH=":(R+P)÷cos(E÷2)−R◢
K−T→Z[1]:"ZH=":Z[1]◢
Z[1]+D→Z[2]:"HY=":Z[2]◢
Z[2]+(F−2D)÷2→Z[3]:"QZ=":Z[3]◢
Z[2]+F−2D→Z[4]:"YH=":Z[4]◢
Z[4]+D→Z[5]:"HZ=":Z[5]◢
A+Tcos(C+180)→G:B+Tsin(C+180)→H:A+Tcos(C+WE)→M:B+Tsin(C+WE)→N:Lbl 0:"ZHUANGHAO"? Z:If Z<Z[1]:Then Z[1]−Z+T→L:A+Lcos(C+180)→X:"X=":X◢
B+Lsin(C+180)→Y:"Y=":Y◢
"FWJ(P)=":C▸DMS◢
C→J:Goto 4:Else If Z≤Z[2]:Then Z−Z[1]→L:Prog"HHQX":Goto 1:Else If Z≤Z[3]:Then Z−Z[1]→L:Prog"HYQX":Goto 2:Else If Z<Z[4]:Then Z[5]−Z→L:Prog"HYQX":Goto 2:Else If Z≤Z[5]:Then Z[5]−Z→L:Prog"HHQX":Goto 1:Else Z−Z[5]+T→L:
A+Lcos(C+WE)→X:"X=":X◢
B+Lsin(C+WE)→Y:"Y=":Y◢
C+WE→J:IfEnd:IfEnd:IfEnd:IfEnd:IfEnd:Goto 3:Goto 0 ↵
Lbl 1:90L²÷π÷R÷D→U:If Z≤Z[3]:Then C+WU→J:Else C+WE−WU→J:IfEnd:Goto 3:Lbl 2:180W(L−D÷2)÷π÷R→V:If Z≤Z[3]:Then C+V→J:Else C+WE−V→J:IfEnd:Lbl 3:J<0⇒J+360→J:J>360⇒J−360→J:"FWJ(P)=":J▸DMS◢
Lbl 4:"DL(R)="? S:S=0⇒Goto 0:"ZJ="? I:"XB=":X+Scos(J+I)◢
"YB=":Y+Ssin(J+I)◢
Goto 4 ↵
```

第一层子程序:HHQX(程序名)

```
L−L∧(5)÷40÷R²÷D²+L∧(9)÷3456÷R∧(4)÷D∧(4)→Z[6]:L∧(3)÷6÷R÷D−L∧(7)÷336÷R∧(3)÷D∧(3)+L∧(11)÷42240÷R∧(5)÷D∧(5)→Z[7]:If Z≤Z[3]:Then Prog"ZBZH1":Else Prog"ZBZH2":IfEnd:Return ↵
```

第一层子程序：HYQX(程序名)

```
Rsin((L-D÷2)×180÷R÷π)+Q→Z[6]:R(1-cos((L-D÷2)×180÷R÷π))+P→
Z[7]:If Z≤Z[3]:Then Prog"ZBZH1":Else Prog"ZBZH2":IfEnd:Return ↵
```

第二层子程序：ZBZH1(程序名)

```
G+Z[6]cos(C)+ Z[7]cos (C+90W)→X:"X=":X◢
H+Z[6]sin(C)+ Z[7]sin(C+90W)→Y:"Y=":Y◢
Return ↵
```

第二层子程序：ZBZH2(程序名)

```
M+Z[6]cos(C+WE+180)+Z[7]cos (C+WE+180-90W)→X:"X=":X◢
N+Z[6]sin(C+WE+180)+Z[7]sin(C+WE+180-90W)→Y:"Y=":Y◢
Return ↵
```

(2)屏幕所显示字母的含义

X(JD)——输入曲线交点的纵坐标；

Y(JD)——输入曲线交点的横坐标；

K(JD)——输入交点桩号；

FWJ——输入前一交点与本交点连线的方位角；

PJ——输入曲线偏转角值；

R——输入圆曲线半径；

LS——输入缓和曲线长；

Z(-1),Y(+1)——汉语拼音提示,输入曲线转向系数,左转输入-1;右转输入+1;

TH——曲线切线长；

LH——带缓圆曲线总长度；

LY——圆曲线长；

EH——曲线外距长；

ZH——直缓点桩号；

HY——缓圆点桩号；

QZ——曲中点桩号；

YH——圆缓点桩号；

HZ——缓直点桩号；

ZHUANGHAO——欲求坐标的中桩桩号；

X——所求中桩的纵坐标；

Y——所求中桩的横坐标；

FWJ(P)——中桩的切线方位角；

DL(R)——输入中线左(或右)外一点与中桩的偏距，输入 0 时表示放弃计算边点坐标，程序返回重新计算下一里程桩号的中、边桩坐标；

ZJ——中线外一点与中桩连线同中桩切线方向的左(或右)偏角：左偏角输负值，右偏角输正值；

XB——中线外一点纵坐标；

YB——中线外一点横坐标；

(3)计算程序的运行流程

计算程序的运行流程，如图 3-24 所示。

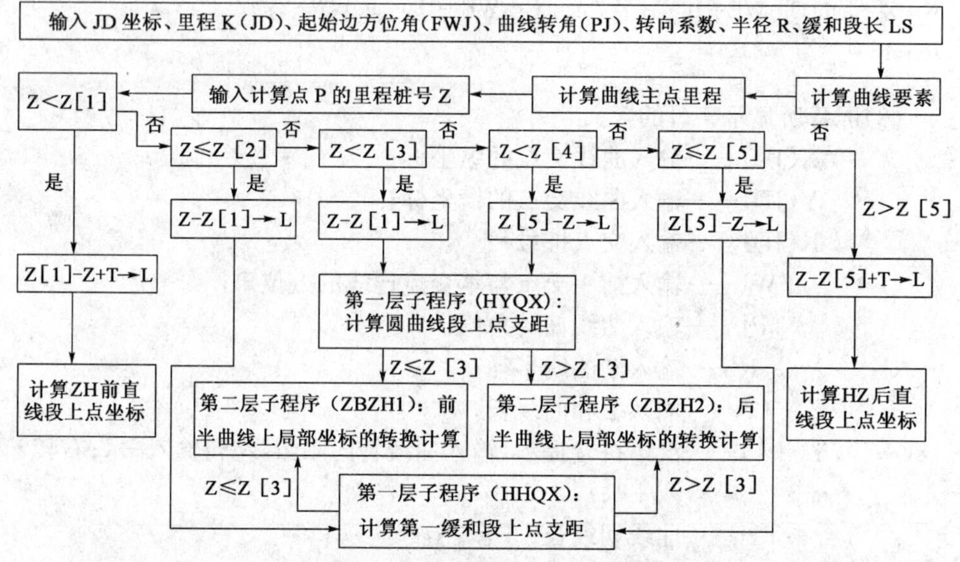

图 3-24　基本型曲线点坐标计算程序的运行流程

流程图补充说明：由于版面所限，所以中桩 P 点切线方位角及中线边点坐标的计算未在图框中列出。结合计算原理，从程序中大家可以看出，在子程序计算完测点坐标后，由 Goto 转移语句分别转入到 Lbl 1 与 Lbl 2 循环语句，Lbl 1 计算缓和段上点切线方位角；Lbl 2 计算圆曲线上点的切线方位角。Lbl 1，Lbl 2和 Lbl 3 语句计算完曲线上方位角并输出显示后，又转入 Lbl 4 语句计算边点坐标。当“DL(R)”输入 0 时，放弃边点坐标计算，程序又返回至 Lbl 0，循环计算下一个中桩点的坐标、切线方位角以及边点坐标。

案例 3-13　图 3-25 所示为两个基本型曲线，它们转弯方向相反，交点坐标和各曲线要素如图所示。试用上述程序计算曲线中桩坐标及 12.25m 边桩的坐标。

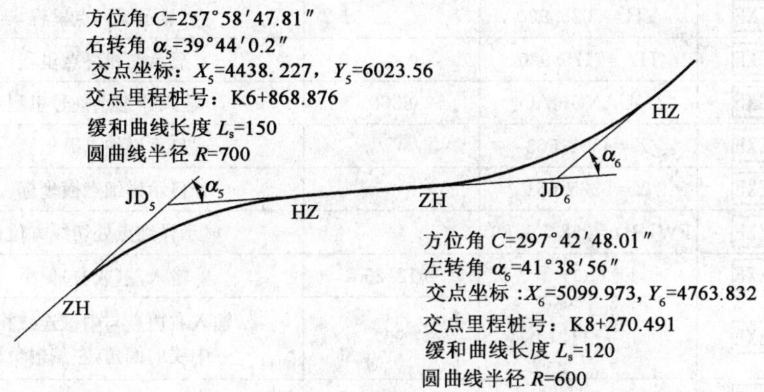

图 3-25　基本型曲线要素示意图

按动 AC/ON 键打开卡西欧 *fx*-5800P 计算器，按 MODE 5 2 及关于字母 J 键，再按▼或▲键，使黑色光标棒选中“JIBENX”。操作步骤及屏幕提示见表 3-33。

***fx*-5800P 计算基本型曲线中、边桩坐标示范步骤**　　表 3-33

步骤	按　键	屏幕显示	输　　入	说　　明
1	EXE	X(JD)?	4438.227	输入交点纵坐标
2	EXE	Y(JD)?	6023.560	输入交点横坐标
3	EXE	K(JD)?	6868.876	输入交点(JD)里程
4	EXE	FWJ?	257°58′47.81″	输入 ZH(或 ZY)→JD 直线的方位角
5	EXE	PJ?	39°44′0.2″	输入曲线转角
6	EXE	R?	700	输入圆曲线半径
7	EXE	LS?	150	输入缓和曲线长
8	EXE	Z(−1)，Y(+1)?	1	输入曲线转向系数
9	EXE	TH=328.391		显示曲线切线长
10	EXE	LH=635.435		显示曲线总长
11	EXE	LY=335.435		显示圆曲线长
12	EXE	EH=45.720		显示外距
13	EXE	ZH=6540.485		显示曲线起点里程
14	EXE	HY=6690.485		显示缓圆点里程
15	EXE	QZ=6858.202		显示曲中点里程

续上表

步骤	按 键	屏幕显示	输 入	说 明
16	EXE	YH=7025.920		显示缓圆点里程
17	EXE	HZ=7175.920		显示曲线终点里程
18	EXE	ZHUANGHAO?	6560	输入详细点桩号里程
19	EXE	X=4502.563		显示详细点纵坐标
20	EXE	Y=6325.661		显示详细点横坐标
21	EXE	FWJ(P)=258°5′1.89″		显示详细点处切线方位角
22	EXE	DL(R)=?	12.25	输入左(或右)偏距
23	EXE	ZJ?	90°	输入右边点与中桩连线相对中线的偏角(左偏输负)
24	EXE	XB=4514.549		显示右边点纵坐标
25	EXE	YB=6323.132		显示右边点横坐标
26	EXE	DL(R)=?	12.25	输入左(或右)偏距
27	EXE	ZJ?	−90°	输入左边点与中桩连线相对中线的偏角(左偏输负)
28	EXE	XB=4490.577		显示左边点纵坐标
29	EXE	YB=6328.191		显示左边点横坐标
30	EXE	DL(R)=?	0	输入偏距为0,表示放弃边点计算返回下一中桩的坐标计算
屏幕又显示 ZHUANGHAO?,提示输入下一个详细点桩号,重复步骤 17～29,继续计算其他桩号的中、边桩坐标,……				

计算完第一个基本型曲线中、边桩坐标后,按键 AC/ON EXIT EXIT 退回到程序运行主菜单界面,选中程序名“JIBENX”,再按上述步骤可以计算出第二个基本型曲线的中、边桩坐标。关于第 2 个曲线范围的中、边桩坐标计算的详细步骤在此不再重复,读者可以自己操作计算一遍。

注:如要计算与路线斜交直线上点坐标时,左侧边点坐标计算当屏幕出现“ZJ?”时,一定要输入负值,并且为边点与中桩连线相对于中线的左偏角值。例如一直线与中线斜交角为 φ 值,若 φ 为右侧的斜交角,则计算左边点坐标时,“ZJ?”应输入 $-(180°-\varphi)$。

二、辛普森(SIMPSON)中、边桩坐标计算程序

除基本型线形外,在工程实际中我们还会遇到其他各种线形的坐标计算问题。下面就向大家介绍一个常用的中、边桩坐标计算程序,它可用于公路上任意线形(包括各种复合线型)的中桩和边桩坐标计算。由于本程序是根据辛普森复化公式编制而成的形,所以我们不妨叫它“辛普森放样计算程序”。辛普森

(Simpson)是英国著名数学家，根据他发明的复化公式编写的坐标计算程序适用面很广。

1. 辛普森放样计算程序需输入的已知条件

要利用此程序计算某线形的中、边桩坐标，需输入的已知条件有：某线形起算点坐标，起始直线的方位角、各个线元起、终点桩号及其曲率半径、曲线转向、边桩距中桩的距离。

2. 程序运行特点

①可以计算各种复合曲线坐标，当相邻线元的曲率相互连续时，可以跨线元连续计算。

②整个坐标计算，是通过线元上起点坐标逐步推算完成的。

3. 计算原理

(1)任意线形上点的切线方位角计算

以缓和曲线为例，缓和曲线即为回旋线。如图 3-26，设回旋曲线起点 A 的曲率为 ρ_A，其里程为 DK_A；回旋曲线终点 B 的曲率为 ρ_B，其里程为 DK_B，$Ax'y'$ 为以 A 为坐标原点，以 A 点切线为 x' 轴的局部坐标系；AXY 为线路坐标系。设 P 为回旋线上任意一点，其里程桩号为 DK_i，$DK_i-DK_A=l_i$，$DK_B-DK_A=L$，则 P 点曲率为：

$$\rho_i=\rho_A+\frac{\rho_B-\rho_A}{L}l_i \tag{3-62}$$

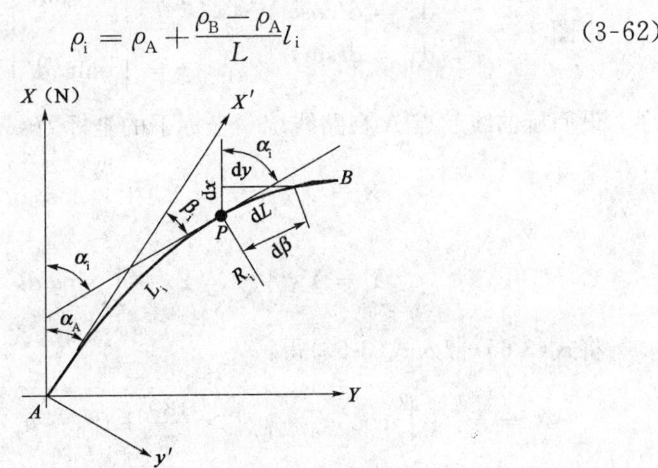

图 3-26　曲线元在局部坐标系与线路坐标系中的关系

当曲线右偏时，ρ_A、ρ_B取正；当曲线左偏时，ρ_A、ρ_B取负。由图 3-26 有：

$$\left.\begin{aligned} d\beta &= \frac{1}{R_i}dl=\rho_i dl \\ \beta_i &= \int_0^{l_i}\rho_i dl \end{aligned}\right\} \tag{3-63}$$

由(3-62)代入(3-63)得：$\beta_i=\rho_A l_i+(\rho_B-\rho_A)\times\frac{l_i{}^2}{2L}$，此式计算的 β_i 值为弧度，将其变为度数，则：

$$\beta_i=\rho_A l_i\times\frac{180}{\pi}+(\rho_B-\rho_A)\times\frac{l_i^2}{2L}\times\frac{180}{\pi} \tag{3-64}$$

设 P 点切线在坐标系 AXY 的方位角用 α_i 来表示，则：

$$\alpha_i=\alpha_A+\beta_i=\alpha_A+\rho_A l_i\times\frac{180}{\pi}+(\rho_B-\rho_A)\times\frac{l_i^2}{2L}\times\frac{180}{\pi} \tag{3-65}$$

其中，α_A 为起点 A 的切线在坐标系 AXY 中的方位角。

由于回旋上任一点的曲率 $\rho_i=\frac{1}{R_i}$，所以，对于直线，$\rho_A=\rho_B=\rho_i=0$，那么 $\alpha_i=\alpha_A$；对于圆曲线，$\rho_A=\rho_B=\rho_i=\frac{1}{R}$，则：$\alpha_i=\alpha_A+\beta_i=\alpha_A+\frac{DK_i-DK_A}{R}\times\frac{180°}{\pi}$，由于任何复合线形都是由直线、圆和缓和曲线这三种基本线元组合而成的，因此看来，公式(3-65)可以计算任意线形上点的切线方位角。

(2)任意线形上点的坐标计算

由图 3-26 得：$\left.\begin{aligned}dx&=dl\cos\alpha_i\\dy&=dl\sin\alpha_i\end{aligned}\right\}$，则：$\left.\begin{aligned}x&=\int_0^{l_i}\cos\alpha_i\,dl\\y&=\int_0^{l_i}\sin\alpha_i\,dl\end{aligned}\right\}$

设回旋曲线起点 A 在路线统一坐标下的坐标为(X_A,Y_A)，则：

$$\left.\begin{aligned}X&=X_A+x=X_A+\int_0^{l_i}\cos\alpha_i\,dl\\Y&=Y_A+y=Y_A+\int_0^{l_i}\sin\alpha_i\,dl\end{aligned}\right\} \tag{3-66}$$

将式(3-65)带入式(3-66)得：

$$\left.\begin{aligned}X&=X_A+\int_0^{l_i}\cos\left[\alpha_A+\rho_A l_i\times\frac{180}{\pi}+(\rho_B-\rho_A)\times\frac{l_i^2}{2L}\times\frac{180}{\pi}\right]\\Y&=Y_A+\int_0^{l_i}\sin\left[\alpha_A+\rho_A l_i\times\frac{180}{\pi}+(\rho_B-\rho_A)\times\frac{l_i^2}{2L}\times\frac{180}{\pi}\right]\end{aligned}\right\} \tag{3-67}$$

虽然式(3-67)是由回旋线导出的，但通过设置对应的 ρ_A、ρ_B 值，它同样也适用于直线和圆曲线的坐标计算。由于式(3-67)的后半部分为定积分，所以我们可以引入复化辛普森公式对其进行计算。

首先将积分区间(0，l_i)划分为 n 等分，步长 $h=\frac{l_i}{n}$。式中 $l_i=DK_i-$

DK_A，则分点里程为 $DK_k = DK_A + kh, k = 0,1,2,\cdots,n$，设子区间$[DK_k, DK_{k+1}]$的中点里程为 $DK_{k+\frac{1}{2}}$，则：$DK_{k+\frac{1}{2}} = (DK_k + DK_{k+1})/2, k = 0,1,2,\cdots,n-1$。

由此，式(3-67)可用复化辛普森公式表示为：

$$\left.\begin{aligned} X &= X_A + \frac{h}{6} \times (\cos\alpha_A + 4 \times \sum_{k=0}^{n-1} \cos\alpha_{k+1/2} + 2 \times \sum_{k=1}^{n-1} \cos\alpha_k + \cos\alpha_i) \\ Y &= Y_A + \frac{h}{6} \times (\sin\alpha_A + 4 \times \sum_{k=0}^{n-1} \sin\alpha_{k+1/2} + 2 \times \sum_{k=1}^{n-1} \sin\alpha_k + \sin\alpha_i) \end{aligned}\right\} \quad (3\text{-}68)$$

式中：α_A ——回旋曲线起点 A 的切线方位角；

$\alpha_{k+1/2}$ ——等分区间中点切线方位角，对应里程为 $DK_{k+\frac{1}{2}}$；

α_k ——里程为 DK_k 的分点切线方位角；

α_i ——曲线上任意一点(即坐标求算点)的切线方位角，对应里程为 DK_i。

为满足一般路线点位坐标计算精度，经验算取 $n=2$，无论是直线段、圆曲线段、回旋曲线段，只要将各曲线段中的起点、终点的曲率和里程以及解算点里程 DK_i 和各分点里程代入式(3-65)和式(3-68)，便可获得待求点 DK_i 的方位角与坐标。在计算时，要注意曲线的转向。

4. 辛普森放样计算程序

由上述计算式(3-65)和式(3-68)，程序编制如下：

(1)程序清单

程序名：SIMPSON1

```
Lbl 0:"XA"? A:"YA"? B:"CA"? C: "1÷RA"? D:"DKA"? F ↵
Lbl 1:"1÷RB"? E:"DKB"? G: Lbl 2:"DKI"? H:"DL"? O:"DR"? R:If H>G:Then
X→A:Y→B:E→D:G→F:J→C:Goto 1:IfEnd:(E−D)÷Abs(G−F)→P:Abs(H−F)→
Q:P×Q→I:D+I→T:C+(I+2D)Q×90÷π→J:If J<0:Then J+360→J:Else If J>
360:Then J−360→J:Else J→J:IfEnd:IfEnd:"FWJ=":J▸DMS◢
C+(I÷4+2D)Q×45÷2÷π→M:C+(3I÷4+2D)Q×135÷2÷π→N:C+(I÷2+2D)
Q×45÷π→K:A+Q÷12×(cos(C)+4(cos(M)+cos(N))+2cos(K)+cos(J))→X:
"X=":X◢
B+Q÷12×(sin(C)+4(sin(M)+sin(N))+2sin(K)+sin(J))→Y:"Y=":Y◢
X+Ocos(J−90)→U:"XL=":U◢
Y+Osin(J−90)→V:"YL=":V◢
X+Rcos(J+90)→W:"XR=":W◢
Y+Rsin(J+90)→Z:"YR=":Z◢
Goto 2 ↵
Goto 0 ↵
```

(2)程序使用说明

①屏幕所显示字母的含义：

XA——起点X坐标；

YA——起点Y坐标；

CA——起算直线(或切线)方位角；

1÷RA——起点曲率，左偏时按“－”值输入，右偏时按“＋”值输入；

1÷RB——终点曲率，左偏时按“－”值输入，右偏时按“＋”值输入；

DKA——起点里程；

DKB——终点里程；

DKI——计算点里程；

DL——左转90°边桩至中桩的距离；

DR——右转90°边桩至中桩的距离，曲率左偏为“－”、右偏为“＋”；

XL，YL——左转90°边桩的纵、横坐标；

XR，YR——右转90°边桩的纵、横坐标。

②程序运行注意事项：

a. 相邻线元曲率连续时，程序可连续运行计算；然而当相邻线元曲率不连续时，则不能连续运行程序，需分别启动程序计算单个线元。例如，当直线与单圆曲线直接连接时曲率就不连续，曲率在直圆点(ZY)断开，因直线终点半径无穷大，而圆的半径是一个具体的有限值。

b. 在对多个相互连接的线元进行连续计算时，每个线元的终点必须是本线元的最后一个计算点；如不进行相邻线元的连续计算，而只对单个线元计算时，最后一个计算点是哪个桩号均无妨。

(3)计算程序的运行流程

计算程序的运行流程，如图3-27所示。

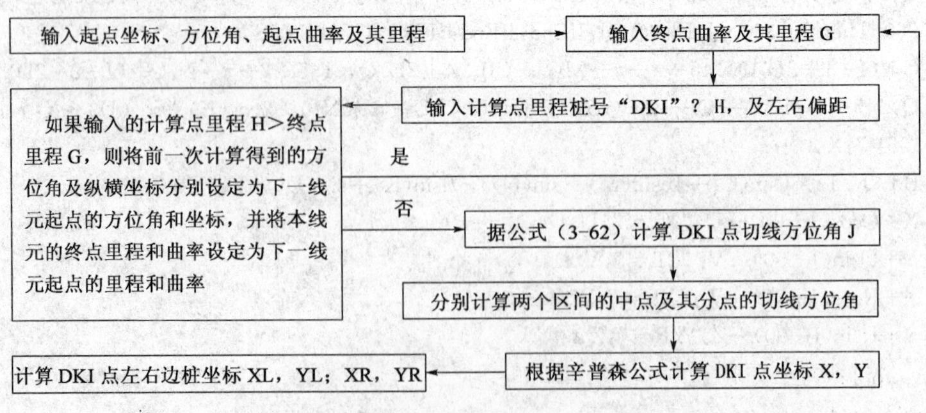

图3-27　辛普森放样计算程序的运行流程

5. 辛普森放样计算程序的运用

(1)计算路线中、边桩坐标

案例 3-14 在图 3-28 所示的曲线中,已知计算数据如图所示,试求中、边桩的坐标。

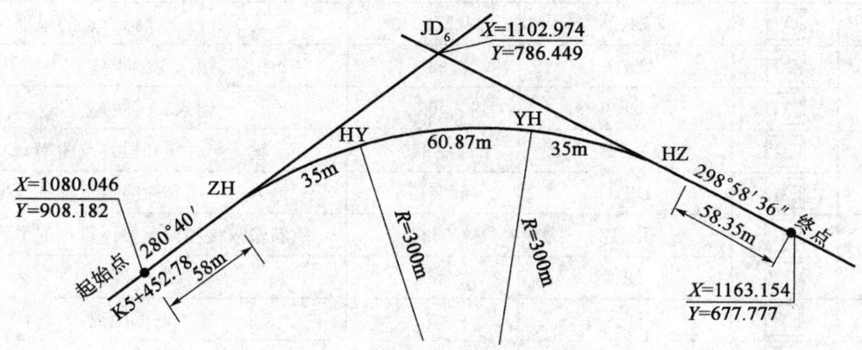

图 3-28 路线基本线形数据示例

按动[AC/ON]键打开卡西欧 fx-5800P 计算器,按[MODE] [5] [2]及关于字母 S 键,再按▼或▲键,使黑色光标棒选中“SIMPSON1”。操作步骤及屏幕提示见表 3-34。

fx-5800P 计算直线、曲线中、边桩坐标示范步骤 表 3-34

步骤	按 键	屏 幕 显 示	输 入	说 明
1	EXE	XA?	1080.046	输入起始点纵坐标
2	EXE	YA?	908.182	输入起始点横坐标
3	EXE	CA?	280°40′	输入 ZD→ZH 直线的方位角
4	EXE	1÷RA?	0	直线起点曲率为 0
5	EXE	DKA?	5452.78	输入起点的桩号
6	EXE	1÷RB?	0	直线终点曲率为 0
7	EXE	DKB?	5510.78	输入直线终点(即 ZH 点)里程
8	EXE	DKI?	5510.78	输入要计算的直线上点的里程
9	EXE	DL?	6	输入边桩左偏距离
10	EXE	DR?	6	输入边桩右偏距离
11	EXE	FWJ=280°40′		显示 ZH 点切线方位角
12	EXE	X= 1090.782		显示 ZH 点纵坐标
13	EXE	Y=851.184		显示 ZH 点横坐标
14	EXE	XL=1084.885		显示 ZH 点左偏 6m 点的纵坐标
15	EXE	YL=850.074		显示 ZH 点左偏 6m 点的横坐标

续上表

步骤	按 键	屏幕显示	输 入	说 明
16	EXE	XR=1096.678		显示 ZH 点右偏 6m 点的纵坐标
17	EXE	YR=852.295		显示 ZH 点右偏 6m 点的横坐标
18	EXE	DKI?	5520	输入缓和段上要计算点的里程
19	EXE	DL?	6	输入左偏距离
20	EXE	DR?	6	输入右偏距离
21	EXE	1÷RB?	1÷300	输入第一缓和段终点曲率
22	EXE	DKB?	5545.78	输入第一缓和段终点里程桩号
23	EXE	DKI?	5520	重新输入缓和段上要计算点的里程
24	EXE	DL?	6	输入左偏距离
25	EXE	DR?	6	输入右偏距离
26	EXE	FWJ=280°53′55″		显示 K5+520 切线方位角
27	EXE	X=1092.500		显示 K5+520 纵坐标
28	EXE	Y=842.126		显示 K5+520 横坐标
29	EXE	XL=1086.609		显示 K5+520 左偏 6m 点纵坐标
30	EXE	YL= 840.991		显示 K5+520 左偏 6m 点横坐标
31	EXE	XR=1098.392		显示 K5+520 右偏 6m 点纵坐标
32	EXE	YR=843.260		显示 K5+520 右偏 6m 点横坐标
33	EXE	DKI?	5545.78	输入 HY 点桩号
34	EXE	DL?	6	输入左偏距离
35	EXE	DR?	6	输入右偏距离
36	EXE	FWJ=284°0′32″		显示 HY 点切线方位角
37	EXE	X=1097.926		显示 HY 点纵坐标
38	EXE	Y=816.927		显示 HY 点横坐标
39	EXE	XL=1092.105		显示 HY 点左偏 6m 点纵坐标
40	EXE	YL=815.474		显示 HY 点左偏 6m 点横坐标
41	EXE	XR=1103.748		显示 HY 点右偏 6m 点纵坐标
42	EXE	YR=818.379		显示 HY 点右偏 6m 点横坐标
43	EXE	DKI?	5560	输入圆曲线段欲计算点里程桩号
44	EXE	DL?	6	输入左偏距离
45	EXE	DR?	6	输入右偏距离
46	EXE	1÷RB?	1÷300	输入圆曲线段终点 YH 曲率
47	EXE	DKB?	5606.65	输入圆曲线段终点 YH 里程桩号
输入圆曲线段详细点桩号计算中、边桩坐标 ……				

续上表

步骤	按 键	屏幕显示	输 入	说 明
48	EXE	DKI?	5606.65	输入 YH 点里程
49	EXE	DL?	6	输入左偏距离
50	EXE	DR?	6	输入右偏距离
51	EXE	FWJ=295°38′03″		显示 YH 点切线方位角
52	EXE	X=1118.531		显示 YH 点纵坐标
53	EXE	Y=759.761		显示 YH 点横坐标
54	EXE	XL=1113.122		显示 YH 左偏 6m 点纵坐标
55	EXE	YL=757.165		显示 YH 左偏 6m 点横坐标
56	EXE	XR=1123.941		显示 YH 右偏 6m 点纵坐标
57	EXE	YR=762.357		显示 YH 右偏 6m 点横坐标
以此类推，输入第二缓和段任一点里程，再按提示输入第二缓和段终点曲率和桩号，然后开始计算第二缓和段详细点中、边桩坐标，直到计算至 HZ 点 ……				

本例只列举了几个有代表性点的坐标计算，其他中、边桩坐标计算可以自己来完成。

由上述计算操作过程可以看出，程序分段计算坐标，每段线形的起终点是非常重要的点，必须输入它们的里程与曲率，并计算出它们的坐标。当你计算完本段曲线输入下一段曲线里程桩号时，程序会自动判断出你输入的里程超出了本段范围，并提示你输入下段终点曲率“1÷RB”与终点里程“DKB”，输完这两个元素后，屏幕提示你重新输入里程进行计算，最后得所输里程桩号的中、边桩坐标。

这个程序简便好用，适用范围很广。

(2)计算灌注桩桩位及构造物特征点坐标

案例 3-15 图 3-29 为某桥墩基础承台及灌注桩的尺寸示意图，各桩中心距离为3.3m，桩距承台边缘的距离为 1.2m，桥墩中心坐标(6812.879,3579.296)，中线方向的方位角为 225°30′25″，试计算各桩中心的坐标及承台四角的坐标。

我们可以将 *OK*、*OL* 看作中线；*A*、*B*、*C*、*D*、*E*、*F*、*G*、*H* 点看作是中线的边桩，而后利用卡西欧 *fx*-5800P 辛普森放样程序计算中、边桩坐标。

①先将有向直线 *OK* 看作中线。

已知 *OK* 方位角为 225°30′25″，起点 *O* 的坐标为(6812.879,3579.296)，假定 *O* 点里程为 K0+000，则终点 *K* 的里程为 K0+002.85，*A*、*D* 为它的边桩；桩位 *I* 为直线上一点，其里程=5.7/2−1.2=1.65m，*H*、*E* 为它的边桩。

按动[AC/ON]键打开卡西欧 fx-5800P 计算器，按[MODE] [5] [2] 及关于字母 S 键，再按▼或▲键，使黑色光标棒选中“SIMPSON1”，操作步骤及屏幕提示见表 3-35。

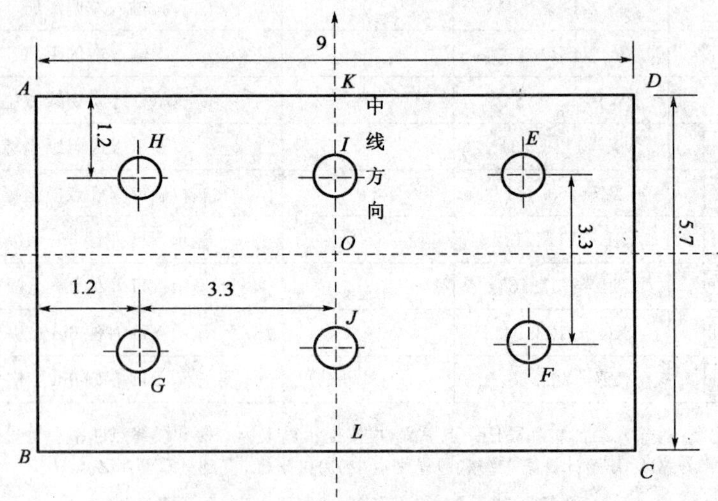

图 3-29 灌注桩位和承台尺寸的放样(尺寸单位:m)

辛普森程序计算灌注桩桩位坐标　　表 3-35

步骤	按 键	屏幕显示	输 入	说 明
1	EXE	XA?	6812.879	输入起算点 O 纵坐标
2	EXE	YA?	3579.296	输入起算点 O 横坐标
3	EXE	CA?	225°30′25″	输入起算直线方位角
4	EXE	1÷RA?	0	输入起算点曲率
5	EXE	DKA?	0	输入起点桩号
6	EXE	1÷RB?	0	输入终点曲率
7	EXE	DKB?	2.85	输入终点 K 桩号
8	EXE	DKI?	1.65	输入 I 点桩号
9	EXE	DL?	3.3	输入 H 点偏距
10	EXE	DR?	3.3	输入 E 点偏距
11	EXE	FWJ= 225°30′25″		显示 I 点切线方位角
12	EXE	X=6811.723		显示 I 点纵坐标
13	EXE	Y=3578.119		显示 I 点横坐标
14	EXE	XL=6809.369		显示 H 点纵坐标
15	EXE	YL=3580.432		显示 H 点横坐标
16	EXE	XR=6814.077		显示 E 点纵坐标
17	EXE	YR=3575.806		显示 E 点横坐标

同理：输入 K 点里程和左右边桩距离（4.5m）计算出 K 点和 A、D 点坐标，此略。

②再将有向直线 OL 看作中线。

OL 方位角 $=225°30'25''-180°=45°30'25''$，同样假定 O 点里程为 K0+000，则 L 点里程为 K0+002.85，J 点里程为 K0+001.65。按与（1）相同的步骤可算出 J、F、G、C、B 点坐标，只是左右方向与（1）的情况正好相反，请读者自己计算一下。

（3）计算涵轴线放样桩坐标

用此程序还可以计算正交涵洞涵轴线放样坐标，如为斜交涵洞，需将上述程序修改一下，插入一个斜交角度输入变量，并将边桩坐标计算式中的 90°改作任意斜交角值。根据式（3-60）、式（3-61）的边点坐标计算公式，修改后的计算斜交涵洞涵轴线放样控制桩坐标的程序如下：

①程序清单：

程序名：SIMPSON2

```
Lbl 0:"XA"? A:"YA"? B:"CA"? C:"1÷RA"? D:"DKA"? F ↵
Lbl 1:"1÷RB"? E:"DKB"? G: Lbl 2:"DKI"? H:"DL"? O:"DR"? R:"YPJ"? S: If
H>G: Then X→A: Y→B: E→D: G→F: J→C: Goto 1: IfEnd: (E-D)÷Abs(G-F)→P:
Abs(H-F)→Q: P×Q→I: D+I→T: C+(I+2D)Q×90÷π→J: If J<0: Then J+360→J:
Else If J>360: Then J-360→J: Else J→J: IfEnd: IfEnd: "FWJ=": J ▶DMS ◢
C+(I÷4+2D)Q×45÷2÷π→M: C+(3I÷4+2D)Q×135÷2÷π→N: C+(I÷2+2D)
Q×45÷π→K: A+Q÷12×(cos(C)+4(cos(M)+cos(N))+2cos(K)+cos(J))→X:
"X=": X ◢
B+Q÷12×(sin(C)+4(sin(M)+sin(N))+2sin(K)+sin(J))→Y: "Y=": Y ◢
X+Ocos(J-(180-S))→U: "XL=": U ◢
Y+Osin(J-(180-S))→V: "YL=": V ◢
X+Rcos(J+S)→W: "XR=": W ◢
Y+Rsin(J+S)→Z: "YR=": Z ◢
Goto 2 ↵
Goto 0 ↵
```

②说明：a. 程序中画横线部分为修改内容；b. 屏幕所显示字母 YPJ 指涵轴线相对于中线的右偏角值，在程序运行中以字母变量 S 来代替运算。XL，YL；XR，YR——分别表示偏转任意角度的左右边桩坐标，屏幕所显示的其他字母含义同前。

案例 3-16 已知一斜交涵洞，涵位中心桩位于 A 点，A 点距起算点 JD_{13} 距离为360.394m，涵轴线斜交角度为45°，起算点坐标、起始直线方位角以及涵轴线上各段尺寸如图3-29所示。试计算轴线上B、C点的坐标。

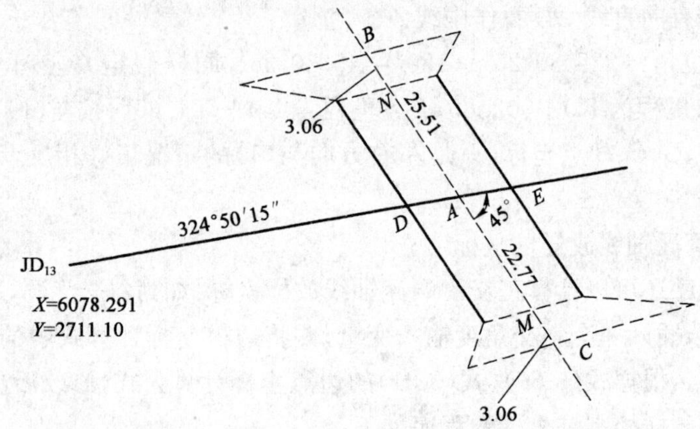

图3-29 某斜交涵洞放样草图(尺寸单位：m)

操作步骤如下：

打开5800P计算器，按MODE 5 2及关于字母S键，再按▼或▲键，使黑色光标棒选中"SIMPSON2"，操作步骤及屏幕提示见表3-36。

斜交涵洞涵轴线控制桩放样坐标计算步骤 表3-36

步骤	按键	屏幕显示	输入	说明
1	EXE	XA?	6078.291	输入起算点JD_{13}纵坐标
2	EXE	YA?	2711.10	输入起算点JD_{13}横坐标
3	EXE	CA?	324°50′15″	输入起始直线方位角
4	EXE	1÷RA?	0	输入起点曲率
5	EXE	DKA?	0	输入起点桩号
6	EXE	1÷RB?	0	输入终点曲率
7	EXE	DKB?	360.394	输入终点桩号
8	EXE	DKI?	360.394	输入计算点A的桩号
9	EXE	DL?	25.51	输入B点偏距
10	EXE	DR?	22.77	输入C点偏距
11	EXE	YPJ?	45°	输入涵轴线右偏角
12	EXE	FWJ=324°50′15″		显示涵位桩A点切线方位角
13	EXE	X=6372.921		显示涵位桩A点纵坐标

续上表

步骤	按键	屏幕显示	输入	说明
14	EXE	Y=2503.550		显示涵位桩 A 点横坐标
15	EXE	XL=6347.786		显示涵轴线控制桩 B 点纵坐标
16	EXE	YL=2499.192		显示涵轴线控制桩 B 点横坐标
17	EXE	XR=6395.356		显示涵轴线控制桩 C 点纵坐标
18	EXE	YR=2507.440		显示涵轴线控制桩 C 点横坐标

三、积木型匝道等复合型曲线的中、边桩计算程序

前述辛普森放样计算程序是在取分段数 $n=2$ 的情况下编写而成的，所以在计算小半径复合曲线时，其精度有一定的局限性。为了提高计算精度，我们可以采用下列积木型(JIMUXING)复合曲线计算程序，所谓积木型就是将各种线元的计算程序组合在一起，构成一种能够根据计算点里程桩号智能判别所在线元类型，自动进行中、边桩坐标计算的组合程序。下面我们先了解一下各种线元的坐标及坐标方位角计算方法。

1. 积木型程序各种线元计算原理

(1)缓和段上高精度支距计算公式

在一些需要高精度的坐标计算时，按以往教材上介绍的缓和曲线支距公式往往难以满足要求，这是因为缓和曲线支距公式是按三角级数展开得到的，而一般教材上介绍的缓和曲线支距公式只取前三项积分而得。为提高精度，我们可以取前七项积分得如下的缓和曲线支距公式：

$$x = l - \frac{l^5}{40R^2 l_s^2} + \frac{l^9}{3456R^4 l_s^4} - \frac{l^{13}}{599040R^6 l_s^6} + \frac{l^{17}}{175472640R^8 l_s^8} - \frac{l^{21}}{7.80337152\times10^{10}R^{10} l_s^{10}} + \frac{l^{25}}{4.904976384\times10^{13}R^{12} l_s^{12}} \quad (3\text{-}69)$$

$$y = \frac{l^3}{6Rl} - \frac{l^7}{336R^3 l_s^3} + \frac{l^{11}}{42240R^5 l_s^5} - \frac{l^{15}}{9676800R^7 l_s^7} + \frac{l^{19}}{3530096640R^9 l_s^9} - \frac{l^{23}}{1.880240947\times10^{12}R^{11} l_s^{11}} + \frac{l^{27}}{1.37731738\times10^{15}R^{13} l_s^{13}} \quad (3\text{-}70)$$

经增加项处理后的支距公式其坐标计算精度可以大大提高。

已知直线起点(QD)的坐标(X_0, Y_0)，方位角为 C。起点半径 R_1，终点半径 R_2。

(2)直线线元坐标计算

如图 3-30，P 为直线上任意一点，通过 P 的里程与起点里程相减可得 P 至起点距离 S，则 P 点坐标：

$$\left.\begin{aligned}X &= X_0 + S\cos C \\ Y &= Y_0 + S\sin C\end{aligned}\right\} \tag{3-71}$$

(3)线元为圆的坐标计算

如图 3-31，P 为圆上任意一点，其支距为(M,N)，设曲线转向系数为 W，当曲线右转时 $W=1$，左转时 $W=-1$，则 P 点坐标(X,Y)为：

$$\left.\begin{aligned}X &= X_0 + M\cos C + N\cos(C+90W) \\ Y &= Y_0 + M\sin C + N\sin(C+90W)\end{aligned}\right\} \tag{3-72}$$

P 点切线与 QD 切线夹角 $\alpha = \dfrac{180°L}{\pi R}$，则 P 点切线方位角：

$$\mathrm{FWJ}(P) = C + W\alpha = C + \frac{180°WL}{\pi R} \tag{3-73}$$

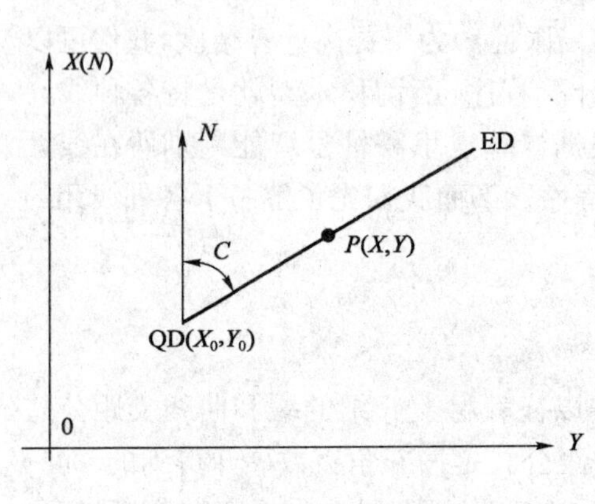

图 3-30　直线线元坐标计算

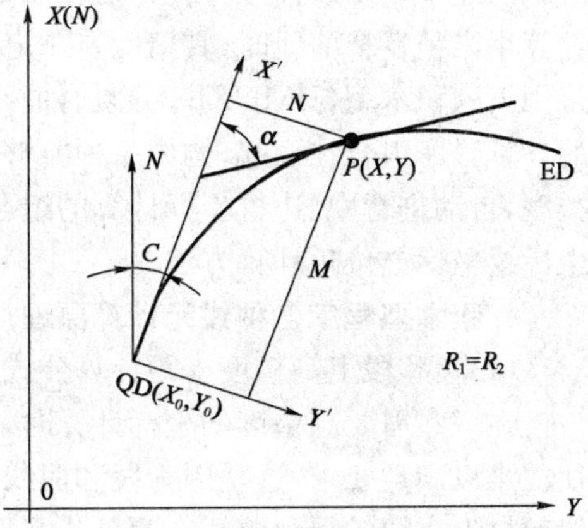

图 3-31　圆上点的统一坐标计算

(4)正向完整缓和曲线坐标计算

如图 3-32，P 为缓和曲线上任意一点，其支距为(M,N)，设曲线转向系数为 W，当曲线右转时 $W=1$，左转时 $W=-1$，则 P 点坐标(X,Y)为：$X=X_0+M\cos C+N\cos(C+90W)$；$Y=Y_0+M\sin C+N\sin(C+90W)$。$P$ 点切线与 QD 切线夹角 $\alpha = \dfrac{90L^2}{\pi SR_2}$，其中 S 为缓和曲线长，则 P 点切线方位角：

$$\mathrm{FWJ}(P) = C + W\alpha = C + \frac{90WL^2}{\pi SR_2} \tag{3-74}$$

(5)逆向完整缓和曲线坐标计算

如图 3-33，P 为缓和曲线上任意一点，其到 ED(HZ)点曲线长为 L，缓和曲线长度为 S。$\alpha_1 = \dfrac{90S}{\pi R_1}$，$\alpha_2 = \dfrac{90L^2}{\pi R_1 S}$，$\alpha_3 = \dfrac{60S}{\pi R_1}$，起点(QD)相对于 HZ 点切线偏角$\alpha_4 = \dfrac{30S}{\pi R_1}$，设曲线转向系数为 W，当曲线右转时 $W=1$，左转时 $W=-1$。起点(QD)的支距 x'：

$$x' = S - \frac{S^3}{40R_1^2} + \frac{S^5}{3456R_1^4} - \frac{S^7}{599040R_1^6} + \frac{S^9}{175472640R_1^8} - \frac{S^{11}}{7.80337152 \times 10^{10} R_1^{10}} + \frac{S^{13}}{4.904976384 \times 10^{13} R_1^{12}} \tag{3-75}$$

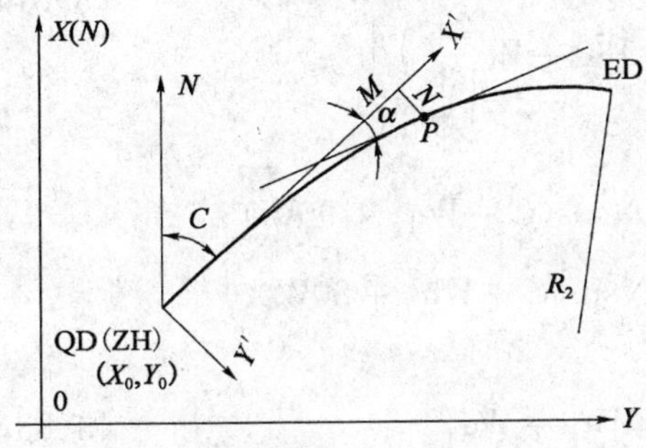

图 3-32　正向完整缓和曲线坐标计算

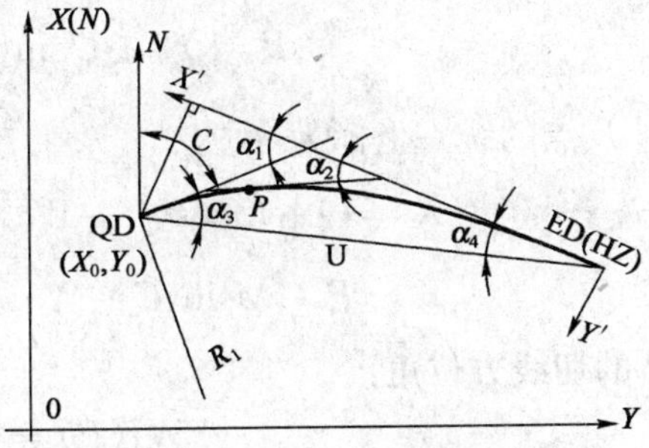

图 3-33　逆向完整缓和曲线的坐标计算

起点(QD)至终点(ED)的弦长：

$$U = x' \div \cos\alpha_4 \tag{3-76}$$

终点(ED)的坐标(O,P)为：

$$\left.\begin{aligned} O &= X_0 + U\cos(C + W\alpha_3) \\ P &= Y_0 + U\sin(C + W\alpha_3) \end{aligned}\right\} \tag{3-77}$$

由上述公式计算出 P 点支距M,N。HZ 切线方位角 $J=C+W\alpha_1+180°$，则 P 点坐标为：

$$\left\{\begin{aligned} X &= O + M\cos J + N\cos(J - 90W) \\ Y &= P + M\sin J + N\sin(J - 90W) \end{aligned}\right. \tag{3-78}$$

P 点切线方位角：

$$\text{FWJ}(P) = J - W\alpha_2 + 180° \tag{3-79}$$

(6)非完整正向缓和曲线坐标的计算

如图 3-34，P 为非完整正向缓和曲线上任意一点，$R_1 > R_2$，从起点(QD)开始，顺着大半径方向补充缓和曲线到半径无穷大处，即 ZH 点。设原不完整缓和曲线长为 T，补充的缓和段长为 I，则缓和曲线参数 $A^2 = \dfrac{T}{\dfrac{1}{R_2} - \dfrac{1}{R_1}}$，$I = \dfrac{A^2}{R_1}$。$P$ 点曲线长 L 为 $I+P$ 与起点(QD)的里程差，则 $\alpha_1 = \dfrac{90L^2}{\pi R_2(T+I)}$，$\alpha_2 = \dfrac{90I}{\pi R_1}$。起点(QD)的支距 x' 为：

$$x' = I - \frac{I^3}{40R_1^2} + \frac{I^5}{3456R_1^4} - \frac{I^7}{599040R_1^6} + \frac{I^9}{175472640R_1^8} - \frac{I^{11}}{7.80337152 \times 10^{10} R_1^{10}} + \frac{I^{13}}{4.904976384 \times 10^{13} R_1^{12}} \tag{3-80}$$

$U = x' \div \cos\left(\frac{\alpha_2}{3}\right)$，ZH 点坐标$(O,P)$为：

$$\left.\begin{aligned} O &= X_0 + U\cos\left(C + 180 - W\frac{2\alpha_2}{3}\right) \\ P &= Y_0 + U\sin\left(C + 180 - W\frac{2\alpha_2}{3}\right) \end{aligned}\right\} \tag{3-81}$$

则 P 点的统一坐标为：

$$\left.\begin{aligned} X &= O + M\cos(C - W\alpha_2) + N\cos(C - W\alpha_2 + 90W) \\ Y &= P + M\sin(C - W\alpha_2) + N\sin(C - W\alpha_2 + 90W) \end{aligned}\right\} \tag{3-82}$$

P 的切线方位角：

$$\mathrm{FWJ}(P) = C - W\alpha_2 + W\alpha_1 \tag{3-83}$$

(7)非完整逆向缓和曲线坐标的计算

如图 3-35，P 为非完整逆向缓和曲线上任意一点，$R_1 < R_2$，从终点(ED)开始，顺着大半径方向补充缓和曲线到半径无穷大处，即 HZ 点。设原不完整缓和曲线长为 S，补充的缓和段长为 I，则缓和曲线参数 $A^2 = \dfrac{S}{\dfrac{1}{R_2} - \dfrac{1}{R_1}}$，$I = \dfrac{A^2}{R_2}$。$P$ 点至 HZ 点曲线长 L 为 I＋终点(ED)与 P 的里程差，则 $\alpha_1 = \dfrac{90(I+S)}{\pi R_1}$，$\alpha_2 = \dfrac{90L^2}{\pi R_1(S+I)}$。起点(QD)的支距 x' 为：

$$\begin{aligned} x' = {} & S + I - \frac{(S+I)^3}{40R_1^2} + \frac{(S+I)^5}{3456R_1^4} - \frac{(S+I)^7}{599040R_1^6} + \frac{(S+I)^9}{175472640R_1^8} \\ & - \frac{(S+I)^{11}}{7.80337152\times 10^{10}R_1^{10}} + \frac{(S+I)^{13}}{4.904976384\times 10^{13}R_1^{12}} \end{aligned} \tag{3-84}$$

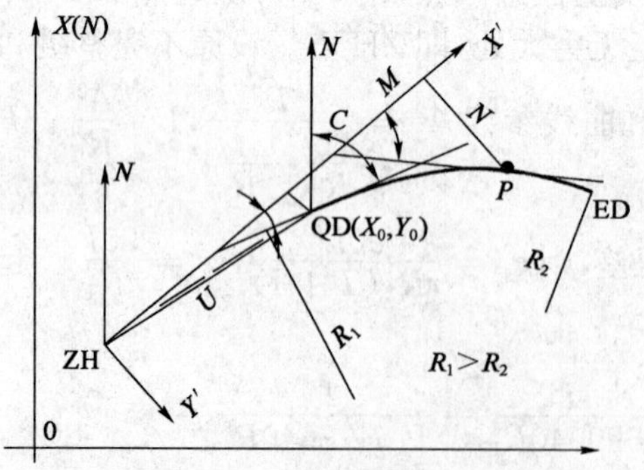

图 3-34　非完整正向缓和曲线坐标的计算

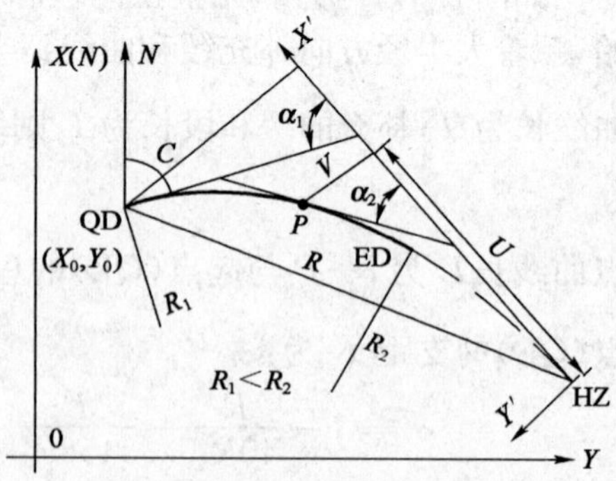

图 3-35　非完整逆向缓和曲线坐标的计算

起点(QD)到 HZ 点的弦长 $R = x' \div \cos\left(\frac{\alpha_1}{3}\right)$，HZ 点坐标$(O,P)$为：

$$\left.\begin{aligned} O &= X_0 + R\cos\left(C + W\frac{2\alpha_1}{3}\right) \\ P &= Y_0 + R\sin\left(C + W\frac{2\alpha_1}{3}\right) \end{aligned}\right\} \tag{3-85}$$

则 P 点的统一坐标为：

$$\left.\begin{aligned} X &= O + U\cos(C + W\alpha_1 + 180) + V\cos(C + W\alpha_1 + 180 - 90W) \\ Y &= P + U\sin(C + W\alpha_1 + 180) + V\sin(C + W\alpha_1 + 180 - 90W) \end{aligned}\right\} \tag{3-86}$$

P 点的切线方位角

$$\mathrm{FWJ}(P) = C + W\alpha_1 - W\alpha_2 \tag{3-87}$$

2. 程序

(1)程序清单

主程序:JIMUXING(程序名)

```
Fix 6:10→DimZ:"X0"? A:"Y0"? B:"FWJ"? C:"QD"? D:"R1"? F:Lbl 0:
"ED"? E:"R2"? G:"TURN"? W:If F=0 And G=0:Then Prog"LINE":Goto 0:
IfEnd:If F=G:Then Prog"ARCH":Goto 0:IfEnd:If F=0:Then Prog"ZHY":Goto
0:IfEnd:If G=0:Then Prog"YHZ":Goto 0:IfEnd:If F<G:Then Prog"FXHQ":
Goto 0:IfEnd:Lbl 1:"ZHUANGHAO"? Z:If Z>E:Then X→A:Y→B:Z[2]→C:
E→D:G→F:Goto 0:IfEnd:E-D→T:T÷(1÷G-1÷F)→H:H÷F→I:C+180
-60WI÷π÷F→J:I-I∧(3)÷40÷F²+I∧(5)÷3456÷F∧(4)-I∧(7)÷
599040÷F∧(6)+I∧(9)÷175472640÷F∧(8)-I∧(11)÷7.80337152÷10∧
(10)÷F∧(10)+I∧(13)÷4.904976384÷10∧(13)÷F∧(12)→K:K÷cos
(30I÷F÷π)→U:A+Ucos(J)→O:B+Usin(J)→P:Z-D+I→L:I+T→V:V→Z
[3]:G→Z[4]:Prog"HQXZJ":C-90WI÷π÷F→Z[1]:O+Mcos(Z[1])+Ncos(Z
[1]+90W)→X:"X=":X◢
P+Msin(Z[1])+Nsin(Z[1]+90W)→Y:"Y=":Y◢
C-90WI÷π÷F+90WL²÷π÷G÷V→Z[2]:If Z[2]>360:Then Z[2]-360→Z
[2]:IfEnd:If Z[2]<0:Then Z[2]+360→Z[2]:IfEnd:"FWJ(P)=":Z[2]
▶DMS◢
Lbl 2:"DL(R)"? R:If R=0:Then Goto 1:IfEnd:"PJ"? Q:"XB=":X+Rcos(Z
[2]+Q)◢
"YB=":Y+ Rsin(Z[2]+Q)◢
Goto 2↵
```

子程序:"LINE"(直线元)

```
Lbl 0:"ZHUANGHAO"? Z:If Z>E:Then X→A:Y→B:E→D:G→F:Return:IfEnd:
Z−D→S:A+Scos(C)→X:"X=":X◢
B+Ssin(C)→Y:"Y=":Y◢
"FWJ(P)=":C▶DMS◢
Lbl 1:"DL(R)"? M:If M=0:Then Goto 0:IfEnd:"PJ"? Q:"XB=":X+Mcos
(C+Q)◢
"YB=":Y+Msin(C+Q)◢
Goto 1↵
```

子程序:ARCH(圆)

```
Lbl 0:"ZHUANGHAO"? Z:If Z>E:Then X→A:Y→B:J→C:E→D:G→F:Return:If-
End:Z−D→L:Fsin(180L÷π÷F)→M:F(1−cos(180L÷π÷F))→N:A+Mcos(C)+
Ncos(C+90W)→X:"X=":X◢
B+Msin(C)+Nsin(C+90W)→Y:"Y=":Y◢
C+180WL÷F÷π→J:If J>360:Then J−360→J:IfEnd:If J<0:Then J+360→J:IfEnd:
"FWJ(P)=":J▶DMS◢
Lbl 1:"DL(R)"? U:If U=0:Then Goto 0:IfEnd:"PJ"? V:"XB=":X+Ucos(J+
V)◢
"YB=":Y+Usin(J+V)◢
Goto 1↵
```

子程序:"ZHY"(完整正向缓和曲线)

```
Lbl 0:"ZHUANGHAO"? Z:If Z>E:Then X→A:Y→B:J→C:E→D:G→F:
Return:IfEnd:
Z−D→L:E−D→S:S→Z[3]:G→Z[4]:Prog"HQXZJ":A+Mcos(C)+Ncos(C+90W)
→X:
"X=":X◢
B+Msin(C)+Nsin(C+90W)→Y:"Y=":Y◢
C+90WL²÷S÷π÷G→J:If J>360:Then J−360→J:IfEnd:If J<0:Then J+360→J:If-
End:"FWJ(P)=":J▶DMS◢
Lbl 1:"DL(R)"? U:If U=0:Then Goto 0:IfEnd:"PJ"? Q:"XB=":X+Ucos(J+
Q)◢
"YB=":Y+Usin(J+Q)◢
Goto 1↵
```

子程序:"YHZ"(完整逆向缓和曲线)

```
Lbl 0:"ZHUANGHAO"? Z:If Z>E:Then X→A:Y→B:V→C:E→D:G→F:
Return:IfEnd:
E-Z→L:E-D→S:C+60WS÷π÷F→K:S-S∧(3)÷40÷F²+S∧(5)÷3456÷F
∧(4)-S∧(7)÷599040÷F∧(6)+S∧(9)÷175472640÷F∧(8)-S∧(11)÷
7.80337152÷10∧(10)÷F∧(10)+S∧(13)÷4.904976384÷10∧(13)÷F∧
(12)→T:T÷cos(30S÷F÷π)→U:A+Ucos(K)→O:B+Usin(K)→P:C+90WS÷
F÷π+180→J:S→Z[3]:F→Z[4]:Prog"HQXZJ":O+Mcos(J)+Ncos(J-90W)→
X:"X=":X◢
P+Msin(J)+Nsin(J-90W)→Y:"Y=":Y◢
J-90WL²÷S÷π÷F+180→V:If V>360:Then V-360→V:IfEnd:If V<0:Then
V+360→V:IfEnd:"FWJ(P)=":V▶DMS◢
Lbl 1:"DL(R)"? H:If H=0:Then Goto 0:IfEnd:"PJ"? I:"XB=":X+Hcos
(V+I)◢
"YB=":Y+Hsin(V+I)◢
Goto 1↵
```

子程序:"FXHQ"(非完整逆向缓和曲线)

```
Lbl 0:"ZHUANGHAO"? Z:If Z>E:Then X→A:Y→B:Z[2]→C:E→D:G→F:
Return:IfEnd:E-D→S:S÷Abs(1÷G-1÷F)→H:H÷G→I:I+S→Z[5]:60Z
[5]÷F÷π→M:C+MW→J:Z[5]-Z[5]∧(3)÷40÷F²+Z[5]∧(5)÷3456÷F
∧(4)-Z[5]∧(7)÷599040÷F∧(6)+Z[5]∧(9)÷175472640÷F∧(8)-Z
[5]∧(11)÷7.80337152÷10∧(10)÷F∧(10)+ Z[5]∧(13)÷4.904976384
÷10∧(13)÷F∧(12)→K:K÷cos(30 Z[5]÷F÷π)→R:A+Rcos(J)→O:B+
Rsin(J)→P:I+E-Z→L:Z[5]→Z[3]:F→Z[4]:Prog"HQXZJ":M→U:N→V:C
+90W×Z[5]÷π÷F+180→Z[1]:O+Ucos(Z[1])+Vcos(Z[1]-90W)→
X:"X=":X◢
P+Usin(Z[1])+Vsin(Z[1]-90W)→Y:"Y=":Y◢
Z[1]-90WL²÷Z[5]÷π÷F-180→Z[2]:If Z[2]>360:Then Z[2]-360→Z
[2]:IfEnd:If Z[2]<0:Then Z[2]+360→Z[2]:IfEnd:"FWJ(P)=":Z[2]
▶DMS◢
Lbl 1:"DL(R)"? T:If T=0:Then Goto 0:IfEnd:"PJ"? Q:"XB=":X+Tcos(Z
[2]+Q)◢
"YB=":Y+Tsin(Z[2]+Q)◢
Goto 1↵
```

子程序："HQXZJ"(缓和曲线支距)

```
L－L∧(5)÷40÷Z[4]²÷Z[3]²＋L∧(9)÷3456÷Z[4]∧(4)÷Z[3]∧(4)－L∧
(13)÷599040÷Z[4]∧(6)÷Z[3]∧(6)＋L∧(17)÷175472640÷Z[4]∧(8)÷Z
[3]∧(8)－L∧(21)÷7.80337152÷10∧(10)÷Z[4]∧(10)÷Z[3]∧(10)＋L∧
(25)÷4.904976384÷10∧(13)÷Z[4]∧(12)÷Z[3]∧(12)→M:L∧(3)÷6÷Z
[4]÷Z[3]－L∧(7)÷336÷Z[4]∧(3)÷Z[3]∧(3)＋L∧(11)÷42240÷Z[4]∧
(5)÷Z[3]∧(5)－L∧(15)÷9676800÷Z[4]∧(7)÷Z[3]∧(7)＋L∧(19)÷
3530096640÷Z[4]∧(9)÷Z[3]∧(9)－L∧(23)÷1.880240947÷10∧(12)÷Z
[4]∧(11)÷Z[3]∧(11)＋L∧(27)÷1.37731738÷10∧(15)÷Z[4]∧(13)÷Z
[3]∧(13)→N:Return ↵
```

(2)屏幕所显示字母含义

X0——起点纵坐标；

Y0——起点横坐标；

FWJ——起点方位角；

QD——线元起点桩号；

R1——线元起点半径，半径无穷大时输入 0；

ED——线元终点桩号；

R2——线元终点半径，半径无穷大时输入 0；

TURN——线元转向，右转输入＋1，左转输入－1；

ZHUANGHAO——汉语拼音提示，输入计算点桩号；

X——计算点纵坐标；

Y——计算点横坐标；

FWJ(P)——计算点切线方位角；

DL(R)——左(或右)偏距；

PJ——边点与中桩连线同中桩切线间的夹角，左偏输负值；右偏输正值；

XB——边点纵坐标；

YB——边点横坐标。

(3)程序使用说明

①由于本程序是用各线元的计算块组合而成，在计算块组合过程中，相邻两线元的前一个线元的终点是下一个线元的起点，因此在相邻线元连续计算时，每个线元的最后一个计算点必须是相邻线元的连接点，即 ZH、HY、YH、HZ 等点，否则会导致下一个线元的坐标计算出错。

②与 SIMPSON 程序类似，在连续计算时，相邻线元的半径必须是连续的，

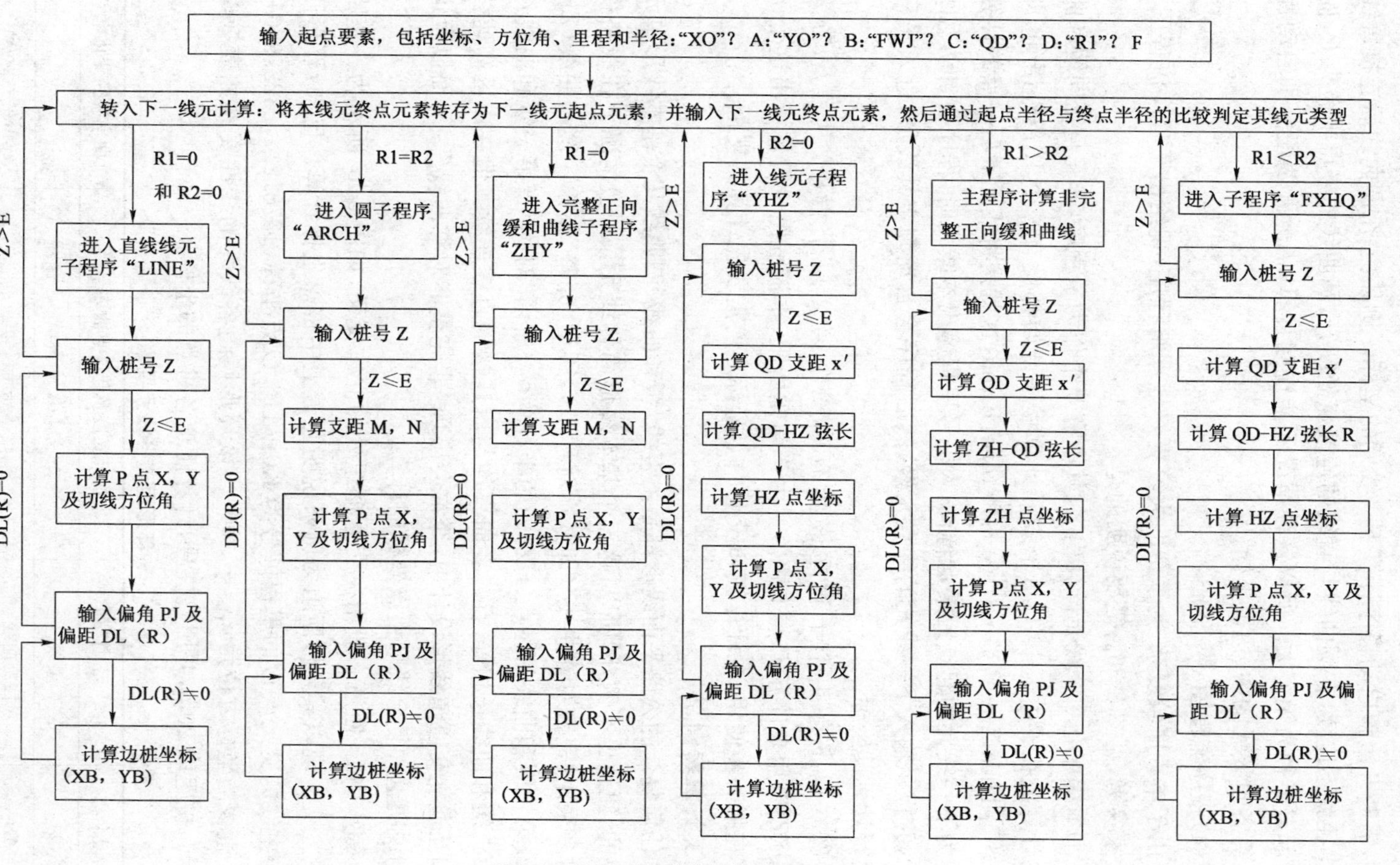

图 3-36　积木型复合曲线程序运行流程图

否则，需断开重新启动程序计算下一线元的坐标。例如：一个圆曲线后连接直线时，半径就不连续，在圆曲线与直线的连接点处断开，圆曲线的终点半径为 R，而直线起点半径为无穷大。所以这种情况不能连续计算，需分开两段分别启动程序计算各自线元的中、边桩坐标。

(4)程序流程图

由于本程序较复杂，为了帮助大家更好地理解程序，现给出了程序流程图，供大家参考，见图 3-36。需要说明的是：

①本程序有 6 个线元计算程序，其中有 5 个作为子程序，非完整正向缓和曲线的计算放在了主程序中，每个线元计算程序开始都设有一个 If 条件语句，即 If Z>E：Then X→A：Y→B：……：Return：IfEnd，这就是将线元最后一点的计算值作为下一线元的起点元素，当新输入桩号里程超出本线元时，程序会自动返回开始，并提示输入下一线元的终点元素，然后程序会自动判定其线形，进入子程序运行计算其坐标。

②本程序有 4 个子程序嵌套有同一个第 2 层子程序，其程序名为“HQXZJ”，用来计算 P 点支距值。由于篇幅所限，本流程图没具体标出这个子程序在哪一步使用，在计算缓和段上 P 点坐标之前需要先计算其支距。

3. 计算案例

任何复杂的公路平面线形都是由直线、缓和曲线、圆曲线几个基本线形单元组成的，匝道也不例外，所以，这三个基本线形简称线元。一般情况下在线路拐弯时多采用“完整对称曲线”(即基本对称型)，所谓“完整”指第一缓和曲线(ZH 点)或第二缓和曲线的终点(HZ)处的半径为∞，所谓“对称”指第一缓和曲线长和第二缓和曲线长相等，且二者曲率均与所连接的直线连续。但在山区高速公路和互通立交匝道线形设计中，经常会出现“非完整非对称曲线”。下面以匝道为例说明这种复合线形上点坐标的计算。

案例 3-17 匝道一般用在交通枢纽处的立体交叉，如图 3-37 所示为一座喇叭形立交。现以其环形匝道为例来说明匝道上中桩点坐标计算。已知：环形匝道与主线的交叉点 O 的里程桩号为 K0＋116，O 点坐标(1378.214，2822.950)，MA 直线的坐标方位角 $\alpha_{OA}=200°$。该环形匝道各线元的线性要素如表 3-37 所示。桩距取 20m，并用整桩号，计算匝道各桩点的坐标。

环形匝道各线元要素 表 3-37

路段名称	线元性质	线元长度及起终点曲率半径	曲率半径变化率
OA	直线	$L_{OA}=34\text{m}$	
AB	回旋曲线	$L_{AB}=74\text{m}$	$A_{AB}=9176$

续上表

路段名称	线 元 性 质	线元长度及起终点曲率半径	曲率半径变化率
BC	圆曲线	$L_{BC}=117.840\text{m}, R_{BC}=124\text{m}$	
CD	回旋曲线	$L_{CD}=65.81\text{m}$	$A_{CD}=7650.41$
DE	圆曲线	$L_{DE}=88.176\text{m}, R_{DE}=60\text{m}$	
EF	回旋曲线	$L_{EF}=81.667\text{m}$	$A_{EF}=4900.02$
FG	直线	$L_{FG}=62.507\text{m}$	

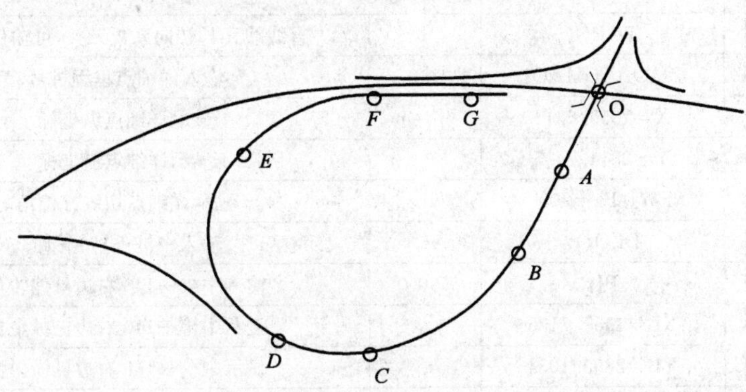

图 3-37 喇叭形立交

(1)首先推算各线元连接点里程

如图 3-37,匝道由七段线元组成,按照程序要求,先推算出相邻两段的连接点里程。各曲线元端点里程桩号如下:

O 点:$S_O=\text{K}0+116$

A 点:$S_A=S_O+L_{OA}=\text{K}0+116+34=\text{K}0+150$

B 点:$S_B=S_A+L_{AB}=\text{K}0+150+74=\text{K}0+224$

C 点:$S_C=S_B+L_{BC}=\text{K}0+224+117.840=\text{K}0+341.84$

D 点:$S_D=S_C+L_{CD}=\text{K}0+341.84+65.81=\text{K}0+407.65$

E 点:$S_E=S_D+L_{DE}=\text{K}0+407.6+88.176=\text{K}0+495.826$

F 点:$S_F=S_E+L_{EF}=\text{K}0+495.826+81.667=\text{K}0+577.493$

G 点:$S_G=S_F+L_{FG}=\text{K}0+577.493+62.507=\text{K}0+640$

(2)运行程序

按动 AC/ON 键打开卡西欧 *fx*-5800P 计算器,按 MODE 5 2 及关于字母 J 的键,再按▼或▲键,使黑色光标棒选中“JIMUXING”,操作步骤及屏幕提示如表 3-38。

***fx*-5800P 计算环形匝道坐标操作示范步骤**　　表 3-38

步骤	按键	屏幕显示	输入	说明
1	EXE	X0?	1378.214	输入起点纵坐标
2	EXE	Y0?	2822.950	输入起点横坐标
3	EXE	FWJ?	200°	输入起点切线方位角
4	EXE	QD?	116	输入起点里程桩号
5	EXE	R1?	0	输入起点半径
6	EXE	ED?	150	输入终点里程桩号
7	EXE	R2?	0	输入终点半径
8	EXE	TURN?	1	直线线元与转向系数无关，可输任意数
9	EXE	ZHUANGHAO?	140	输入详细点里程桩号
10	EXE	X=1355.6614		显示详细点纵坐标
11	EXE	Y=2814.7415		显示详细点横坐标
12	EXE	FWJ(P)=200°		显示详细点切线方位角
13	EXE	DL(R)?	6	输入中桩+140 偏距
14	EXE	PJ?	90°	输入中桩+140 右边桩偏转角
15	EXE	XB=1357.7135		显示中桩+140 右边桩纵坐标
16	EXE	YB=2809.1034		显示中桩+140 右边桩横坐标
17	EXE	DL(R)?	6	输入中桩+140 左偏距
18	EXE	PJ?	−90°	输入中桩+140 左边桩偏转角
19	EXE	XB=1353.6093		显示中桩+140 左边桩纵坐标
20	EXE	YB=2820.3797		显示中桩+140 左边桩横坐标
21	EXE	DL(R)?	0	偏距输为 0 表示放弃边桩计算，返回中桩坐标计算
22	EXE	ZHUANGHAO?	150	输入下一中桩里程桩号
23	EXE	X=1346.2645		显示中桩+150 纵坐标
24	EXE	Y=2811.3213		显示中桩+150 横坐标
25	EXE	FWJ(P)=200°		显示中桩+150 切线方位角
26	EXE	DL(R)?	0	放弃边桩计算，返回计算中桩坐标
27	EXE	ZHUANGHAO?	160	输入下一中桩里程桩号
28	EXE	ED?	224	说明中桩+160 已进入下一线元，提示输入下一线元终点里程
29	EXE	R2	124	输入下一线元终点半径
30	EXE	TURN	1	输入下一线元转向系数
31	EXE	ZHUANGHAO?	160	输入下一线元中桩里程
32	EXE	X=1336.8738		显示中桩+160 纵坐标
33	EXE	Y=2807.8841		显示中桩+160 横坐标

续上表

步骤	按键	屏幕显示	输入	说明
34	EXE	FWJ(P)＝200°18′43.94″		显示中桩＋160 切线方位角
35	EXE	DL(R)?	0	放弃边桩计算，返回计算中桩坐标
36	EXE	ZHUANGHAO?	224	输入第 2 个线元终点里程
37	EXE	X＝1279.8452		显示中桩＋224 的纵坐标
38	EXE	Y＝2779.3638		显示中桩＋224 的横坐标
39	EXE	FWJ(P)＝217°5′46.76″		显示中桩＋224 的切线方位角
40	EXE	DL(R)?	0	放弃边桩计算，返回计算中桩坐标
41	EXE	ZHUANGHAO?	240	输入下一中桩里程桩号
42	EXE	ED?	341.84	表示＋240 已超出第 2 线元，提示输入第 3 线元终点里程
43	EXE	R2?	124	输入第 3 线元终点半径
44	EXE	TURN?	1	输入第 3 线元转向系数
45	EXE	ZHUANGHAO?	240	输入第 3 线元中桩里程
46	EXE	X＝1267.7403		显示中桩＋240 的纵坐标
47	EXE	Y＝2768.9178		显示中桩＋240 的横坐标
48	EXE	FWJ(P)＝224°29′21.57″		显示中桩＋240 的切线方位角

按照上述方法依次输入圆曲线上点的里程桩号计算其坐标，直至圆曲线线元终点 C，计算完圆曲线线元后，输入下一线元上任意一点里程，程序随即提示输入下一线元的终点里程、终点半径及线元转向。输完线元终点线性要素后，程序便又提示输入桩号计算下一线元上点的中、边桩坐标，此略。

与 SIMPSON 程序类似，逐步分段输入终点里程、半径和曲线转向计算本段中桩/边桩坐标，当桩号超出本段线元时，必须根据屏幕提示输入下一段线元终点里程桩号、半径及曲线转向。以此类推，直至计算结束

环形匝道各详细点的中、边桩坐标计算结果见表 3-39（切线方位角省略）。

环形匝道各详细点的中、边桩坐标计算结果 表 3-39

桩号	中桩坐标		左边桩坐标(6m)		右边桩坐标(6m)	
	X	Y	X_B	Y_B	X_B	Y_B
O 点：K0＋116	1378.214	2822.950	1376.162	2828.588	1380.266	2817.312
＋120	1374.455	2821.582	1372.403	2827.220	1376.507	2815.944
＋140	1355.661	2814.742	1353.609	2820.380	1357.714	2809.103
A 点：K0＋150	1346.265	2811.321	1344.212	2816.960	1348.317	2805.683
＋160	1336.874	2807.884	1334.791	2813.511	1338.957	2802.257
＋180	1318.248	2800.602	1315.922	2806.133	1320.574	2795.072
＋200	1300.142	2792.121	1297.344	2797.429	1302.941	2786.814

续上表

桩　　号	中桩坐标		左边桩坐标(6m)		右边桩坐标(6m)	
	X	Y	X_B	Y_B	X_B	Y_B
+220	1283.073	2781.726	1279.606	2786.622	1286.540	2776.829
B点:K0+224	1279.845	2779.364	1276.226	2784.150	1283.464	2774.578
+240	1267.740	2768.918	1263.536	2773.198	1271.945	2764.638
+260	1254.662	2753.815	1249.825	2757.364	1259.500	2750.265
+280	1244.180	2736.808	1238.835	2739.534	1249.524	2734.081
+300	1236.564	2718.338	1230.851	2720.171	1242.277	2716.505
+320	1232.013	2698.885	1226.080	2699.776	1237.947	2697.993
C点:K0+341.84	1230.682	2677.114	1224.684	2676.952	1236.680	2677.275
+360	1232.623	2659.080	1226.737	2657.918	1238.510	2660.243
+380	1238.674	2640.065	1233.220	2637.565	1244.128	2642.566
+400	1249.415	2623.276	1244.892	2619.333	1253.937	2627.219
D点:K0+407.65	1254.782	2617.832	1250.781	2613.361	1258.783	2622.303
+420	1264.764	2610.597	1261.761	2605.403	1267.768	2615.792
+440	1283.413	2603.630	1282.275	2597.739	1284.551	2609.521
+460	1303.315	2603.148	1304.167	2597.209	1302.463	2609.088
+480	1322.279	2609.205	1325.027	2603.871	1319.530	2614.538
E点:K0+495.826	1335.234	2618.215	1339.278	2613.782	1331.190	2622.647
+500	1338.292	2621.120	1342.627	2616.972	1333.957	2625.269
+520	1349.858	2637.359	1355.158	2634.546	1344.558	2640.172
+540	1357.343	2655.872	1363.085	2654.132	1351.601	2657.611
+560	1361.924	2675.329	1367.825	2674.244	1356.023	2676.414
F点:K0+577.493	1364.729	2692.595	1370.661	2691.694	1358.797	2693.495
+600	1368.108	2714.847	1374.040	2713.946	1362.176	2715.747
+620	1371.110	2734.620	1377.042	2733.720	1365.178	2735.521
G点:K0+640	1374.112	2754.394	1380.044	2753.493	1368.180	2755.294

欲计算斜交直线上点的坐标，当屏幕出现提示字符“PJ?”时，输入斜交角度。

四、积分法计算匝道等复合曲线的坐标

前述辛普森放样程序是在取分段数 $n=2$ 的情况下编写而成的，所以其计算精度有一定的局限性，为了提高计算精度，我们还可以利用公式(3-67)的积分形

式坐标计算公式来计算小半径匝道曲线的坐标，利用公式(3-65)及公式(3-67)编写的 fx-5800P 匝道及其他任意线形坐标计算程序如下：

1. 程序

(1)程序清单

程序名：ZADAO(匝道坐标计算)

```
"X0"? A:"Y0"? B:"FWJ"? C:"QD"? D:"R1"? R:If R=0:Then 0→M:Else 1÷R→M:IfEnd:Lbl 0:"ED"? E:E-D→F:"R2"? T:If T=0:Then 0→N:Else 1÷T→N:IfEnd ↵
Lbl 1:"ZHUANGHAO"? Z:If Z>E:Then X→A:Y→B:J→C:E→D:N→M:Goto 0:IfEnd:
Z-D→L:A+∫(cos(C+180MX÷π+90(N-M)X²÷F÷π),0,L)→X:"X=":X◢
B+∫(sin(C+180MX÷π+90(N-M)X²÷F÷π),0,L)→Y:"Y=":Y◢
C+180ML÷π+90(N-M)L²÷F÷π→J:If J<0:Then J+360→J:Else If J>360:Then J-360→J:Else J→J:IfEnd:IfEnd:"FWJ(P)=":J▸DMS◢
Lbl 2:"DL(R)"? S:If S=0:Then Goto 1:IfEnd:"ZJ"? V:"XB=":X+Scos(J+V)◢
"YB=":Y+Ssin(J+V)◢
Goto 2 ↵
```

(2)屏幕所显示字母的含义：

X0——线元起点纵坐标；

YO——线元起点横坐标；

FWJ——线元起点切线方位角；

QD——线元起点桩号；

R1——线元起点半径，左转为负，右转为正，无穷大输 0；

ED——线元终点桩号；

R2——线元终点半径，左转为负，右转为正，无穷大输 0；

ZHUANGHAO——输入计算点桩号里程；

X——计算点纵坐标；

Y——计算点横坐标；

FWJ(P)——计算点切线方位角；

DL(R)——路线外一点的左(或右)偏距，当输入 0 时表示放弃计算边点坐标，返回继续计算中桩坐标；

ZJ——路线外一点的转角。左偏时输入左偏角应为负值，右偏时输入右偏角为正值；

XB——路线外一点的纵坐标；

YB——路线外一点的横坐标。

(3)程序使用说明

本程序的使用同前面的“SIMPSON”程序和“JIMUXING”程序类似，如线元之间要连续计算时，则线元之间的曲率必须是连续的，并且在运行程序时还应特别注意：每个线元的终点是本线元的最后一个计算点。这是为了将本线元的终点计算数据传递给下一线元的起点。因为当相邻线元曲率连续时，前一个线元的终点就是下一个线元的起点。计算完本线元的终点坐标及方位角后，程序自动将这些计算好的数值连同终点里程和曲率半径转到了下一个线元的起点上，那么在计算下一个线元时，只需输入下一线元的终点里程、终点半径及曲线转向即可。

当相邻线元的曲率不连续时，则不能跨线元连续运行程序计算，要计算下一线元中、边桩坐标，必须按[AC/ON] [EXIT] [EXIT]退回至程序运行主菜单，重新启动程序计算。

(4)程序运行流程

本程序整体结构类似于“SIMPSON”程序，只是本程序的中桩坐标计算引用了积分形式的公式，且边点坐标计算为任意偏角的情况，故程序流程图省略。

案例 3-18 我们仍以案例 3-17 的环形匝道中、边桩坐标计算为例。

按动[AC/ON]键打开卡西欧 *fx*-5800P 计算器，按[MODE][5][2]及关于字母 Z 键，再按▼或▲键，使黑色光标棒选中“ZADAO”，操作步骤及屏幕提示见表 3-40。

***fx*-5800P“ZADAO”程序计算环形匝道坐标操作示范步骤** 表 3-40

步骤	按键	屏幕显示	输入	说明
1	EXE	X0?	1378.214	输入直线线元起点纵坐标
2	EXE	Y0?	2822.950	输入直线线元起点横坐标
3	EXE	FWJ?	200°	输入起点切线方位角
4	EXE	QD?	116	输入线元起点里程桩号
5	EXE	R1?	0	输入线元起点半径
6	EXE	ED?	150	输入线元终点里程桩号
7	EXE	R2?	0	输入线元终点半径
8	EXE	ZHUANGHAO?	150	这里略去了前几个桩号，直接计算本线元终点坐标
9	EXE	X=1346.265		显示中桩+150 纵坐标

续上表

步骤	按键	屏幕显示	输入	说明
10	EXE	Y=2811.321		显示中桩+150横坐标
11	EXE	FWJ(P)=200°		显示中桩+150切线方位角
12	EXE	DL(R)?	6	输入+150左边桩偏距
13	EXE	ZJ?	−90°	输入+150左边桩偏角
14	EXE	XB=1344.212		显示左边桩纵坐标
15	EXE	YB=2816.960		显示左边桩横坐标
16	EXE	DL(R)?	6	输入+150右边桩偏距
17	EXE	ZJ?	90°	输入+150右边桩偏角
18	EXE	XB=1348.317		显示右边桩纵坐标
19	EXE	YB=2805.683		显示右边桩横坐标
20	EXE	DL(R)?	0	表示放弃边点坐标计算，返回中桩计算
21	EXE	ZHUANGHAO?	160	输入下一线元任一里程
22	EXE	ED?	224	输入下一线元终点里程桩号
23	EXE	R2?	124	输入下一线元终点半径
24	EXE	ZHUANGHAO?	160	输入下一线元计算点里程桩号
25	EXE	X=1336.874		显示中桩+160纵坐标
26	EXE	Y=2807.884		显示中桩+160横坐标
27	EXE	FWJ(P)=200°18′43.94″		显示中桩+160切线方位角
28	EXE	DL(R)?	6	输入+160左边桩偏距
29	EXE	ZJ?	−90°	输入+160左边桩偏角
30	EXE	XB=1334.791		显示左边桩纵坐标
31	EXE	YB=2813.511		显示左边桩横坐标
32	EXE	DL(R)?	6	输入+160右边桩偏距
33	EXE	ZJ?	90°	输入+160右边桩偏角
34	EXE	XB=1338.957		显示右边桩纵坐标
35	EXE	YB=2802.257		显示右边桩横坐标
36	EXE	DL(R)?	0	放弃边桩计算，返回计算中桩坐标
重复24～35步骤，直至计算至本线元终点。计算完本线元后，重复20～23的步骤，输入下一线元终点里程及半径(左转时半径输负值)，然后再重复24～35步骤计算详细点坐标与方位角。依次反复，直到全部线元计算完毕				

计算完后，按[AC/ON] [EXIT] [EXIT]键，退出程序运行状态。

五、"逐点趋近法" 放样路堑坡顶桩和路堤坡脚桩的试测点坐标计算程序

在路基填筑或开挖之前，得首先在原地面上确定每个横断面的填筑或开挖边界，以为施工提供指导。在原地面上填方路基的填筑边界点叫坡脚桩，挖方路基的开挖边界点叫堑顶桩或坡顶桩。坡脚桩和坡顶桩的常用放样方法有图解法和逐点趋近法。图解法就是按照"路基横断面图"上尺寸距离放样，并通过高程测量进行桩位调整的放样方法。下面我们主要介绍"逐点趋近法"放样路基坡脚桩或坡顶桩的方法，并给出计算试测点坐标的应用程序。

1. 利用"逐点趋近法"放样路基坡脚桩和坡顶桩的原理

实际放样中，当路基横断面图与实地有出入，或实际原地面地形比较复杂时，常采用 "逐点趋近法"标定堑顶桩或坡脚桩位置。

中桩坐标我们可以采用路线程序计算而出，关键是求出边桩至中桩的距离，有了这个距离我们便可根据边桩坐标计算公式求出路堑坡顶桩或路堤坡脚桩的平面坐标，然后用全站仪放出其位置（也可根据距离量出其位置）。逐点趋近法就是利用高程逐步计算边桩试测点至中桩距离，进而计算边桩试测点坐标，直至找到真正的路堑坡顶桩或路堤坡脚桩位置。

(1)路堑坡顶桩放样

如图 3-38，现以某路堑的左坡顶桩放样为例，以详细说明原地面倾斜不平时采用"逐点趋近法"的操作方法。

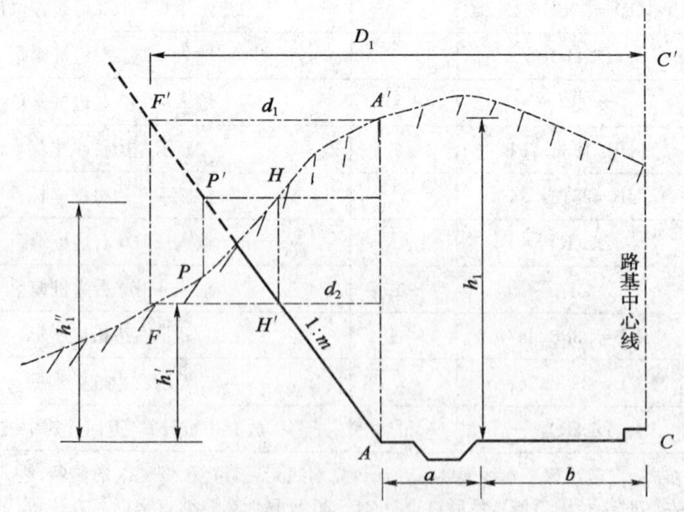

图 3-38 "逐点趋近法"放样路堑坡顶桩示意图

①先测出坡脚原地面位置 A' 的实测高程，然后减去坡脚 A 的设计高程得 h_1。根据 $D_1=a+b+h_1\times m$ 计算出第一试测点 F 的原地面位置。

②用全站仪测出 F 点的高程，并减去 A 点设计高程得 h'_1，则第二试测点 H 至中桩的平距 $D'_1=a+b+mh'_1$。

③通过平距 D'_1 用边桩坐标计算公式计算出 H 点的平面坐标，并放出 H 点的位置。

④测出 H 点的地面高程，再减去 A 点设计高程得 h''_1，则第三试测点 P 至中桩的平距 $D''_1=a+b+mh''_1$。

⑤通过 D''_1 再用边桩坐标计算公式计算出 P 点的平面坐标，并放出 P 点的位置。

⑥依此类推，直到最后两个试测点高程接近相等为止。

注：对于有平台的横断面，如测得试测点实测高程 $H_{实}$ 减去坡脚设计高程 H_A（如图 3-39 中的 h_1 与 h'_1）大于一个平台高度 H_1 时，则计算坡顶桩至中桩水平距离：

$$D=H_1\times m+d+(H_{实}-H_A-H_1)\times n+a+b \tag{3-88}$$

其中 d 为平台宽度，第一边坡度为 $1:m$，第二边坡度为 $1:n$。

如测得的点位实测高程减去坡脚设计高程（如图 3-39 中的 h_1 与 h'_1）小于一个平台高度 H_1 时，坡顶桩至中桩水平距离仍按原式计算。

如果路堑设有多层平台，则应按各层的高度和边坡度计算路堑坡顶至中桩的距离。各层的高度与边坡度由设计横断面图给出。

(2)路堤坡脚桩放样（图 3-40）

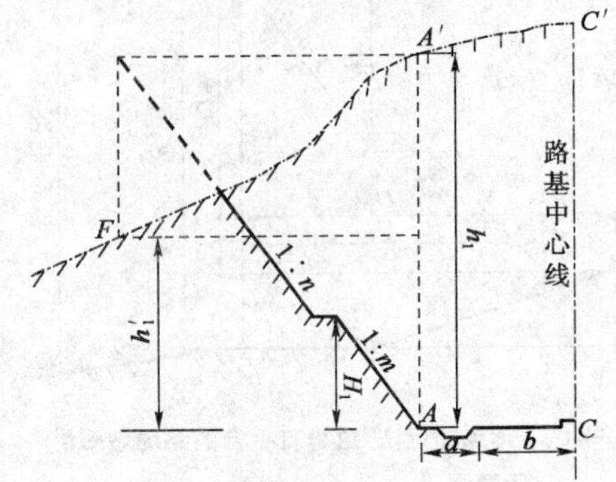

图 3-39　有平台时的堑顶桩放样

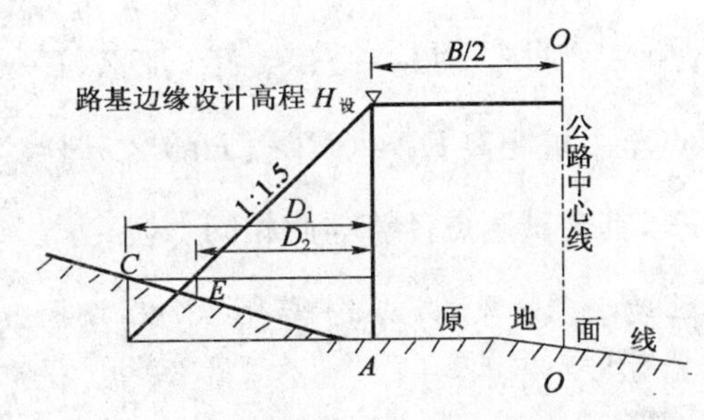

图 3-40　"逐点趋近法"放样路堤坡脚桩示意图

①如为路堤，$D_2=(H_{设}-H_C)\times m+\dfrac{B}{2}$。先找出路基边缘点在原地面的位置 A，然后测出其高程 H_A，则坡脚桩至中桩水平距离：

$$D_1=(H_{设}-H_A)\times m+\frac{B}{2}$$

式中：$H_{设}$——路基边缘设计高程；

B——路基宽度。

②根据距离 D_1 再用边桩坐标计算公式算出第一试测点 C 的坐标，并根据坐标放出其位置。

③放出 C 点位置的同时，全站仪测出 C 点高程 H_C，并计算坡脚桩第二试测点 E 至中桩的水平距离 $D_2=(H_{设}-H_C)\times m+\dfrac{B}{2}$。其中 $1:m$ 为路堤边坡度，图中 $m=1.5$，土质路堤边坡度一般采用 $1:1.5$。

④根据距离 D_2 计算出 E 点坐标，并用全站仪放出 E 点的位置，同时测出 E 点的高程。

⑤依此类推，直到最后两试测点的高程接近相等为止，那么最后一点便为坡脚桩位置。

用同样方法可测出右坡脚桩位置。

在高路堤中，如设有边坡平台（护坡道），如图 3-41 所示，边坡度 $1:m$ 的高度为 H_1，护坡道宽为 d。则在第一试测点 C 时，如果 $h_1=H_{设}-H_A>H_1$，那么，C 点至中桩距离

$$D_1=H_1m+(H_{设}-H_A-H_1)\times n+d+\frac{B}{2} \tag{3-89}$$

同样：如 $h_2=H_{设}-H_C>H_1$，那么，试测坡脚第二位置 E 点至中桩距离 $D_2=H_1m+(H_{设}-H_C-H_1)\times n+d+\dfrac{B}{2}$；如 $h_2=H_{设}-H_C<H_1$，那么，E 点至中桩距离 $D_2=(H_{设}-H_C)\times m+\dfrac{B}{2}$，其余试测点计算与此相同。

注：无论采用哪种方法放样路堤坡脚桩，为保证碾压到位，在施工时每边坡脚应加宽30～50cm。

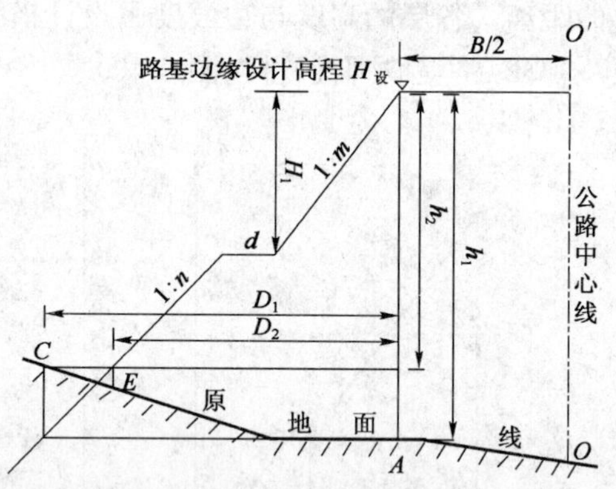

图 3-41 “逐点趋近法”放样有平台的路堤坡脚桩示意图

由上述可知，无论对于路堤还是路堑，“逐点趋近法”的放样原理实际上就是通过前一试测点的实测高程计算下一试测点的位置，这样逐步逼近，直至最后两个试测点的高程或偏距接近相等为止。而确定试测点位置的方法是：首先通过前一试测点的高程计算出下一试测点的偏距，然后再利用偏距通过边桩坐标计算公式计算出试测点的坐标，最后用全站仪放出试测点位置。

2. 程序用途

由上述放样原理我们已经知道，在利用“逐点趋近法”进行边桩放样中，我们需反复计算试测点坐标。为提高工作效率，可以编制程序，从而利用实测高程快速计算出试测点坐标。

3. 程序运行需已知的条件

(1)起算点坐标及其切线方位角。

(2)线元起终点里程、对应曲率半径及曲线转向。

(3)对于路堤需查知路基设计高程；对于路堑需获知坡脚设计高程。

(4)路基横断面数据：路基宽度、边坡度、平台宽度、碎落台宽度、边沟宽度、不同边坡度的对应高度。

4. 程序

(1)程序清单：

程序名：BZFY

```
"X0"? A:"Y0"? B:"FWJ"? C:"QD"? D:"R1"? R:If R=0:Then 0→M:Else 1÷R→M:IfEnd:Lbl 0:"ED"? E:E−D→F:"R2"? T:If T=0:Then 0→N:Else 1÷T→N:IfEnd ↵
Lbl 1:"ZHUANGHAO"? Z:If Z>E:Then X→A:Y→B:J→C:E→D:N→M:Goto 0:IfEnd:Z−D→L:A+∫(cos(C+180MX÷π+90(N−M)X²÷F÷π),0,L)→X:"X=":X◢
B+∫(sin(C+180MX÷π+90(N−M)X²÷F÷π),0,L)→Y:"Y=":Y◢
C+180ML÷π+90(N−M)L²÷F÷π→J:If J<0:Then J+360→J:Else If J>360:Then J−360→J:Else J→J:IfEnd:IfEnd:"FWJ(P)=":J▶DMS◢
"PJ=90°OR(−90°)"? H:H=0⇒Goto 1:"B÷2"? I:"XA=":X+Icos(J+H)◢
"YA=":Y+Isin(J+H)◢
"H0"? K:"H1"? U:"H2"? V:If U=0 And V=0:Then Goto 2:Else If U≠0 And V=0:Then Goto 3:Else If U≠0 And V≠0:Then Goto 4:IfEnd:IfEnd:IfEnd:Lbl 2:"H"? Q:"M"? P:P=0⇒Goto 1:I+Abs(P(Q−K))→G:Prog "BZZB":Goto 2:Lbl 3:"H"? Q:"M"? P:P=0⇒Goto 1:"N"? S:"PINGTAI"? W:If Abs(K−Q)>U:Then(Abs(K−Q)−U)S+UP+W+I→G:Else Abs(K−Q)S+I→G:IfEnd:Prog "BZZB":Goto 3:Lbl 4:"H"? Q:"M"? P:P=0⇒Goto 1:"N"? S:"S"? O:"PINGTAI"? W:If Abs(K−Q)>U+V:Then(Abs(K−Q)−U−V)O+UP+VS+2W+I→G:Else If Abs(K−Q)>U And Abs(K−Q)<U+V:Then (Abs(K−Q)−U)S+UP+W+I→G:Else Abs(K−Q)P+I→G:IfEnd:IfEnd:Prog "BZZB":Goto 4 ↵
```

子程序名:BZZB(边桩坐标)

```
"XB=":X+Gcos(J+H)◢
"YB=":Y+Gsin(J+H)◢
Return ↲
```

(2)屏幕所显示字母的含义:

X0——线元起点纵坐标;

Y0——线元起点横坐标;

FWJ——线元起点切线方位角;

QD——线元起点桩号;

ED——线元终点桩号;

R1——线元起点半径,曲线左转为负,右转为正,无穷大输 0;

R2——线元终点半径,曲线左转为负,右转为正,无穷大输 0;

ZHUANGHAO——输入计算点桩号里程;

X——计算点纵坐标;

Y——计算点横坐标;

FWJ(P)——计算点切线方位角;

PJ=90°OR(-90°)——"PJ"是汉语拼音"偏转"的打头字母,指边桩偏转角度的意思,这里用来进行左右边桩放样选择,当放样左边桩时,输入-90°;当放样右边桩时,输入 90°;当输入 0 时放弃边点坐标计算,返回继续计算中桩坐标;

B÷2——在路堤中,指路基宽度的一半;在路堑中,指路基宽度的一半+边沟上口宽+边沟外碎落台宽;

XA,YA——对于路堤指路基边缘点纵横坐标,对于路堑指坡脚点纵横坐标;

H0——在填方路基中,指路基的设计标高;挖方路基中,指挖方边坡坡脚处的设计高程;

H1——在填方路基中,指从路基顶向下的第一边坡(坡度为 1∶M)的高度;挖方路基中,指从挖方边坡坡脚向上的第一边坡(坡度为 1∶M)的高度;

H2——在填方路基中,指从路基顶向下的第二边坡(坡度为 1∶N)的高度;挖方路基中,指从挖方边坡坡脚向上的第二边坡(坡度为 1∶N)的高度;

H——试测点的实测高程;

M——第一边坡坡度(1∶M)的分母,在填方路基中,坡度的顺序从路基顶往下数;挖方路基中,坡度的顺序从坡脚往上数。当 M 输入 0 时放弃本桩号边点坐标计算，返回计算下一断面的中、边桩坐标；

N——第二边坡坡度（1∶N）的分母，在填方路基中，坡度的顺序从路基顶往下数；挖方路基中，坡度的顺序从坡脚往上数；

S——第三边坡坡度（1∶S）的分母，在填方路基中，坡度的顺序从路基顶往下数；挖方路基中，坡度的顺序从坡脚往上数；

PINGTAI——汉语拼音提示，指平台宽（m）；

XB，YB——试测点的纵横坐标。

（3）程序对具有平台和多个边坡的控制说明

如图 3-42 所示，如 $H_1=0$，$H_2=0$，则只有一个边坡，边坡坡度为 1∶M；如 $H_1\neq0$，$H_2=0$，则为两个边坡，第一边坡 1∶M，第二边坡 1∶N；如 $H_1\neq0$，$H_2\neq0$，则为三个边坡，第一边坡 1∶M，第二边坡 1∶N，第三边坡 1∶S；路堤的情况与此类似，只是边坡次序为从上至下。

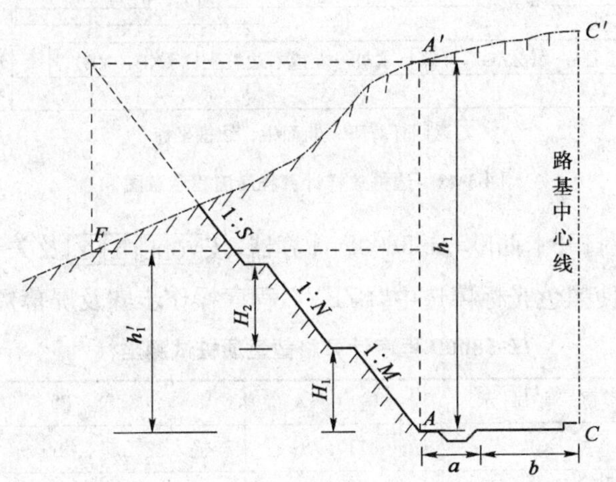

图 3-42　有两个平台的情况

（4）程序流程图（图 3-43）

案例 3-19　某高速公路里程桩号 K14+700 的横断面为挖方，其坡脚设计高程为 1114.433，边坡度为 1∶0.75，无平台，路基宽度 24.5m，矩形边沟宽 1.10m，碎落台宽 2m。如中桩在缓和曲线上，缓和曲线起点里程 K14+620，起点坐标为（6717.731，2263.920），起点切线方位角为 120°25′30″，终点里程 K14+760，终点半径 600m。在放样路堑左侧堑顶桩过程中，先放出坡脚点在原地面的平面位置，然后测其原地面高程为 1118.368，据此找出堑顶桩第一试测点的平面位置，测第一试测点高程为 $H_1=1119.892$，依此类推，分别找出第二、三试测点平面位置，测得第二、第三试测点高程分别为 $H_2=1120.368$，$H_3=1120.380$，试分别求算各试测点的平面坐标。

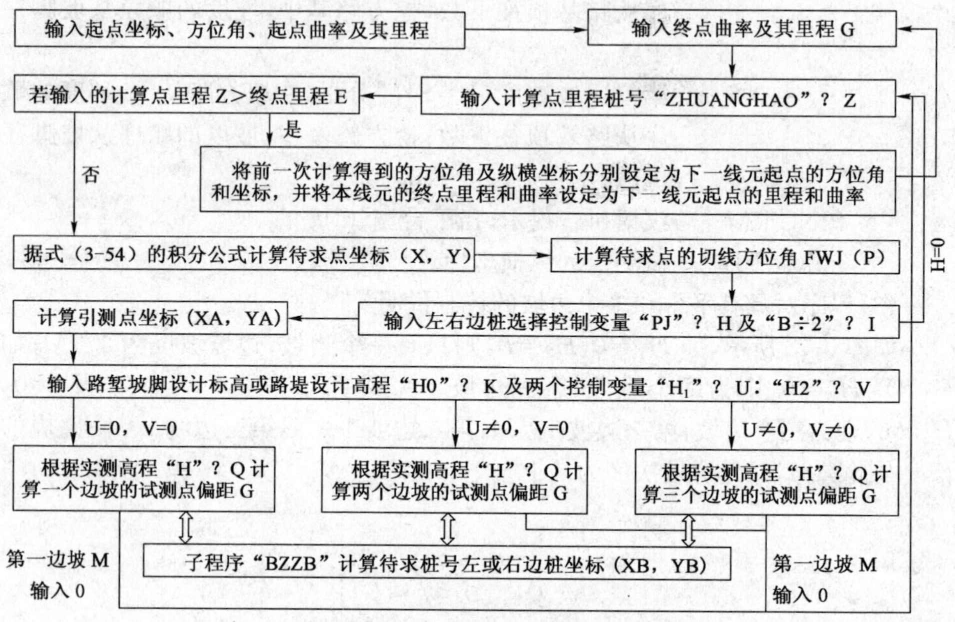

图 3-43　边桩放样计算程序流程示意图

按动 AC/ON 键打开卡西欧 *fx*-5800P 计算器，按 MODE 5 2 及关于字母 B 键，再按▼或▲键，使黑色光标棒选中“BZFY”，程序操作步骤及屏幕提示见表 3-41。

***fx*-5800P 程序计算路堑堑顶桩试测坐标**　　表 3-41

步骤	按键	屏幕显示	输　入	说　明
1	EXE	X0?	6717.731	输入线元起点纵坐标
2	EXE	Y0?	2263.920	输入线元起点横坐标
3	EXE	FWJ?	120°25′30″	输入线元起点切线方位角
4	EXE	QD?	14620	输入线元起点里程
5	EXE	R1?	0	输入线元起点半径
6	EXE	ED?	14760	输入线元终点里程
7	EXE	R2?	600	输入线元终点半径
8	EXE	ZHUANGHAO?	14700	输入放样横断面中桩里程
9	EXE	X=6676.348		显示中桩纵坐标

续上表

步骤	按键	屏幕显示	输入	说明
10	EXE	Y=2332.379		显示中桩横坐标
11	EXE	FWJ(P)=122°36′28″		显示中桩切线方位角
12	EXE	PJ=90°OR (−90°)?	−90°	输入左侧边桩的转向角
13	EXE	B÷2?	12.25+1.1+2	输入路堑坡脚至中桩的距离
14	EXE	XA=6689.279		显示坡脚点纵坐标
15	EXE	YA=2340.651		显示坡脚点横坐标
16	EXE	H0?	1114.433	输入坡脚设计高程
17	EXE	H1?	0	输入 $H_1=0$，$H_2=0$ 为一个边坡的情况；输入 $H_1\neq0$，$H_2=0$ 为两个边坡的情况，H_1 为第一边坡的高度；输入 $H_1\neq0$，$H_2\neq0$ 为三个边坡的情况，H_1、H_2 分别为第一、第二边坡的高度
18	EXE	H2?	0	
19	EXE	H?	1118.368	输入坡脚点原地面实测高程
20	EXE	M?	0.75	输入边坡坡度的分母
21	EXE	XB=6691.765		显示第一试测点纵坐标
22	EXE	YB=2342.241		显示第一试测点横坐标
23	EXE	H?	1119.892	输入第一试测点的原地面实测高程
24	EXE	M?	0.75	输入边坡坡度的分母
25	EXE	XB=6692.728		显示第二试测点纵坐标
26	EXE	YB=2342.857		显示第二试测点横坐标
27	EXE	H?	1120.368	输入第二试测点的原地面实测高程
28	EXE	M?	0.75	输入边坡坡度的分母
29	EXE	XB=6693.028		显示第三试测点纵坐标
30	EXE	YB=2343.050		显示第三试测点横坐标
31	EXE	H?	1120.380	输入第三试测点的原地面实测高程
32	EXE	M?	0.75	输入边坡坡度的分母
33	EXE	XB=6693.036		显示第四试测点纵坐标

续上表

步骤	按键	屏幕显示	输入	说明
34	EXE	YB=2343.054		显示第四试测点横坐标
由27～34步可以看出，第三试测点原地面高程与第二试测点原地面高程接近相等，所以将第三试测点原地面位置作为左堑顶桩位置即可，不需再继续试测。大家也可以看出，由第三试测点高程引测得到的第四试测点坐标与第三试测点坐标几乎相等				
35	EXE	H?	1	随便输入任意数
36	EXE	M?	0	表示放弃本断面计算，返回计算下一断面中、边桩坐标
37	EXE	ZHUANGHAO?	14720	输入下一中桩K14+720的里程
从步骤9重复计算下一里程桩号的中、边桩坐标，如计算里程超出本线元范围时，则程序会提示你先输入下一线元的终点里程与半径之后再计算				

程序使用注意事项：

(1)如要跨线元连续运行程序计算，那么相邻线元曲率必须是连续的，否则，须分线元单个运行程序计算。

(2)为方便大多数情况的计算，本程序只提供了最多有三个边坡的试测点坐标计算。对超过三个边坡的情况，我们可以将路堑第四个边坡坡脚或路堤第四个边坡坡顶当作第一个边坡坡脚或坡顶，也就是说将推算得到的第四个边坡坡脚或坡顶距中桩的距离看作程序的“B÷2”，高程当作程序中的“H0”，将第四个边坡当作程序的第一个边坡，第五个边坡当做第二个边坡，第六个边坡当作第三个边坡，放样方法不变，代入程序进行试测点坐标计算。

(3)当坐标计算完毕后，如想退出程序运行状态，按 AC/ON EXIT EXIT 终止程序运行，并退出程序。

六、反算中线外某点所对应中桩里程及偏距的程序

随着全站仪、RTK技术的应用，在公路和铁路测量中，我们常常需要通过实测中线外某点坐标，从而推知其所对应的中桩里程及与中线的偏距，这种计算过程就是我们所定义的线路测量的反算问题。

1. 反算程序的用途

(1)用于中线测量中的加桩、移桩测量

按照中桩桩号里程计算的坐标采用全站仪放样或RTK直角坐标法放样是线路测设的主要内容。但是在实际路线测设中，常常需要根据地形条件现场测

定一些重要地物或地形变化点的里程及其到线路中线的垂距，从而测设出其在线路中的位置，这一过程称为加桩。由于放样现场通视条件或障碍物的影响，设计放样的桩号不得不移动位置，而改为放样与之邻近的桩号代替，这一过程称为线路的移桩。显然，加桩和移桩是线路测设中经常遇到的。

(2)用于道路施工前确定拆迁位置

通过测定某建筑物边缘的坐标，进而得知其与中线的垂距，以判定建筑物是否需要拆迁。

(3)用于道路开挖边坡桩的实时测设

高速公路在途经山岭区施工时，首先需进行土方开挖，根据道路设计的宽度、横坡比、开挖边坡度等参数实时放样出道路边桩，以指导土方开挖或填充，这是道路施工测量中一项经常性和工作量很大的工作。由于开挖边线到中线的距离与开挖线的高超密切相关，因此，实时测定边坡桩，根据所测的三维坐标(X, Y, H)，按反算程序可迅速求出施工边坡点距中线的偏距，据此与以 H 为引数计算出的设计偏距值相比较，便可知道设计边坡线的位置。

(4)用于确定地面点与线路中线的相对位置和道路工程的检测验收

在道路设计阶段，常需测定某些重要地物点与初步设计的线路中线之间的相对关系。在道路竣工阶段，通过测定中线或边线上若干点，确定建成公路相对设计公路的偏差，作为道路工程验收的一个重要指标。

2. 程序运行需已知的条件

(1)中线外某点实测坐标；

(2)附近线路的曲线要素(同辛普森程序)，包括起点、终点曲线要素以及曲线转向。

3. 计算原理

(1)公式推导

如图 3-44，AB 为一曲线元，点 P 为一地面点，点 P 的坐标为已知或可用仪器测得。过点 P 作垂线 PP'，l_P 为垂足点 P' 到起点 A 之间的曲线长，D_P 为点 P 与线路中线的垂距。由图可知，点 P 与线路中线相对位置可由 2 个唯一的量 l_P 和 D_P 确定，由于点 P 可能位于中线的左边或右边，所以为了区分，D_P 也分正负，当 P 点位于线路左边时取负值，反之取正值。

由此，根据 D_P 的符号，可以确定点 P 相对于线路的边向，而 D_P 的值则确定了点 P 与中线的垂距，点 P 相对于线路的里程 L_P 可由曲线元起点的里程 L_A 和曲线长 l_P 计算得：$L_P = L_A + l_P$，因此，确定地面点与线路中线的

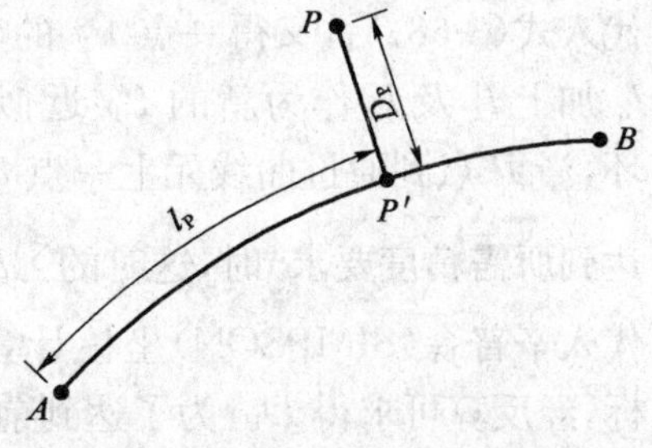

图 3-44 地面点与曲线元相对位置关系

相对位置关系就转化为求 D_P 和 l_P，直接求解 D_P 和 l_P 十分困难，在此采用趋近原理来达到计算目的。

如图 3-45，已知曲线元起点 A 的坐标（X_A,Y_A），过点 A 的切线方位角 α_A，起点 A 和终点 B 的曲率 K_A 和 K_B，曲线元的长度 L，地面点 P 的坐标（X_P,Y_P），现求 l_P 和 D_P。

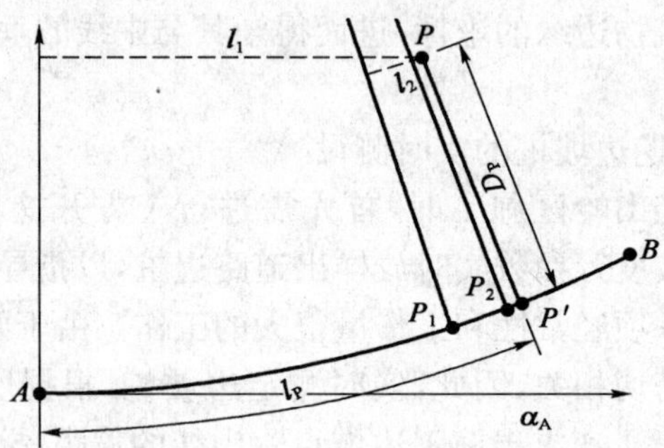

图 3-45　D_P 与 L_P 的趋近计算原理

在 l_P 和 D_P 两个量中，如果求得 l_P，即可由辛普森（SIMPSON）坐标计算公式求得 P' 的坐标，由此可方便求出 D_P。因此问题的关键在于求 l_P，在此趋近也就是指 l_P 趋近。由图可知，曲线元的法线有无穷条，但通过点 P 的法线却只有一条（点 P 为圆心时除外），即 PP'，因此，只要求得 P 点到曲线元的某一法线的距离为 0，则问题得解。

取点 P 到起点 A 法线的垂距 l_1 的绝对值作为 l_P 的近似值，代入辛普森坐标计算公式(3-68)可求得曲线元上一点 P_1 的坐标，再以 P 点到通过 P_1 点法线的垂距 l_2 加上 l_1 作为新的 l_P 的近似值代入式(3-68)。为了确保循环收敛，l_2 的符号必须满足：当 P_1 点位于 P' 点后（$l_1 < l_P$）时，l_2 取正值；当 P_1 点位于 P' 点前（$l_1 > l_P$）时，l_2 取负值。根据点到直线的垂距公式得：

$$l_2 = (Y_P - Y_{P_1})\cos\alpha_{P_1法} - (X_P - X_{P_1})\sin\alpha_{P_1法} \quad (3\text{-}90)$$

当通过曲线元上点的法线方位角 $\alpha_{法}$ 指向左边桩时，l_2 的符号正好满足以上要求，因此，规定 $\alpha_{法}$ 指向左边桩，即 $\alpha_{法} = \alpha_{切} - 90°$。如此，用新的 l_P 的近似值代入式(3-68)后，又得一点 P_2 的坐标。同理，用 P 点到过 P_2 点的法线的垂距 l_3 加上 l_1 及 l_2 作为新的 L_P 近似值，代入式(3-68)，求得一点 P_3……，如此循环，当 P 点到通过曲线元上一点 P_n 的法线的垂距为 0 或小于某一微小值 ε（即达到所需精度要求）时，这时的 $\sum_1^n l_i = l_1 + l_2 + l_3 + \cdots + l_n$ 即为所求的 l_P 值，用 l_P 代入辛普森（SIMPSON）坐标计算公式(3-68)求出 P' 坐标。根据 P' 和 P 的坐标，经反算可求得 D_P，为了达到前面所说的当 P 点位于线路左边时 D_P 取负值，反之取正值的目的，D_P 值用如下公式计算：

$$D_P = \frac{Y_{P'} - Y_P}{\sin\alpha_{法}} \tag{3-91}$$

如此就能保证 D_P 的符号"左负右正",同时,也可根据 D_P 的符号判断 P 点是位于线路的左侧还是右侧。

(2)计算步骤

①用下式求得点 P 到通过 A 点的法线的垂距的绝对值 l_1:

$$l_1 = |(Y_P - Y_A)\cos(\alpha_A - 90°) - (X_P - X_A)\sin(\alpha_A - 90°)|$$

②以 l_1 作为 l_P 的近似值,代入辛普森(SIMPSON)坐标计算公式,求得曲线元上一点 P_1 的坐标(X_{P1},Y_{P1})。

③将 P_1 点的坐标代入式(3-90)求得 P 点到过 P_1 点的法线的垂距 l_2,式中 $\alpha_{法}$ 可用式(3-65)求得 $\alpha_{切}$ 后减 90°得到。

④以(l_1+l_2)作为新的 l_P 的近似值代入辛普森(SIMPSON)坐标计算公式,可求得曲线元上一点 P_2 的坐标(X_{P2},Y_{P2})。

⑤用求得的 P_2 的坐标和 $\alpha_{法}$ 代替 P_1 的坐标和 $\alpha_{法}$ 代入式(3-90),求得点 P 到过 P_2 点的法线的垂距 l_3。

⑥如果 l_3 的绝对值为 0 或小于某一微小值 ε(即达到所需精度要求),则 $\sum_1^n l_i$ 即为所求的 l_P 值,如果 l_3 的绝对值不能满足精度要求,则重复④~⑤步直到 l_n 的绝对值满足精度要求,最终得:$l_P=\sum_1^n l_i$。

⑦用 l_P 代入切线方位角计算公式(3-65)和坐标计算公式(3-68),求得曲线元上点 P' 的切线方位角 $\alpha_{切}$ 和坐标($X_{P'}$,$Y_{P'}$),由 $\alpha_{切}$ 减 90°得法线方位角 $\alpha_{法}$。

⑧将 P' 的坐标和法线方位角代入式(3-91)得 D_P,按 D_P 的符号"左负右正"的规律判断 P 点相对于线路中线的边向,而 P 点相对于线路中线的桩号$=L_A+l_P$。

结合前面介绍过的 SIMPSON(辛普森)坐标计算程序,得下列反算程序。

4. 程序

(1)程序清单

主程序名:ANTI-PRG(反算程序)

```
"XA"? A:"YA"? B:"CA"? C: "1÷RA"? D:"DKA"? F ↵
Lbl 1:"1÷RB"? E:"DKB"? G: Lbl 2:"X(P)"? U:"Y(P)"? V: Abs((V−B)cos(C−
90)−(U−A)sin(C−90)) →L:Lbl 3:F+L→H:If H>G:Then G→H:Prog"COORD":
X→A:Y→B:E→D:G→F:J→C:Goto 1:IfEnd:Prog"COORD":(V−Y)cos(J−90)−(U
−X)sin(J−90)→R:If Abs(R)≤0.001: Then "LICHENG=":H ◢
"D(P)=":(Y−V)÷sin(J−90)◢
Goto 2:Else L+R→L: Goto 3:IfEnd ↵
```

子程序名：COORD(坐标计算)

```
(E−D)÷Abs(G−F)→P:Abs(H−F)→Q:P×Q→I:D+I→T:C+(I+2D)Q×90÷π→J:
C+(I÷4+2D)Q×45÷2÷π→M:C+(3I÷4+2D)Q×135÷2÷π→N:C+(I÷2+2D)
Q×45÷π→K:A+Q÷12×(cos(C)+4(cos(M)+cos(N))+2cos(K)+cos(J))→X:
B+Q÷12×(sin(C)+4(sin(M)+sin(N))+2sin(K)+sin(J))→Y:Return ↵
```

(2)程序使用说明

①屏幕所显示字母的含义

XA——起点X坐标；YA——起点Y坐标；CA——起算直线(或切线)方位角；1÷RA——起点曲率，曲线左偏时按“－”值输入，右偏时按“＋”值输入；DKA——起点里程；1÷RB——终点曲率，曲线左偏时按“－”值输入，右偏时按“＋”值输入；DKB——终点里程；X(P)——实测地面点的X坐标；Y(P)——实测地面点的Y坐标；LICHENG——汉语拼音提示，指曲线外点所对应中线里程桩号；D(P)——曲线外点距中线的垂距，左侧为负、右侧为正。

②程序运行说明

本程序可用于路线为任意线形的反算。程序运行时，首先输入第一个线元起、终点要素，当再输入中线外地面点实测坐标后，程序便判定此地面点所对应中桩里程桩号是否在这个线元上。如在，程序计算出对应里程桩号和偏距D(P)；如不在，程序自动计算出第一线元终点坐标，并将此坐标用作第二线元的起点坐标，并提示你输入第二线元的终点里程和曲率半径。继续运行程序，如程序判定地面点对应里程桩号也不在第二线元上，则程序自动计算出第二线元的终点坐标作为第三线元的起点坐标，并提示输入第三线元的终点里程和曲率半径。依此类推，直至找到地面点所对应的线元，并计算出对应里程桩号及与中线的垂距。由此看来，本程序运行过程与辛普森(SIMPSON)程序类似，只是本程序可根据需要自动计算相邻线元的结点坐标，使程序操作变得更加简便易行。

另外读者应注意，在遇到曲线时，由于本程序涉及到垂足点至曲线起点曲线长的循环趋近计算，所以结果显示需延迟4秒。

案例3-20 图3-46为某公路一卵形曲线线路，ZH点里程为K0＋153.323，ZH坐标为(7970.566,2853.126)，ZH点切线方位角为77°36′53.2″，其他主点里程桩号及各线元曲率半径见图所示。表3-42给出了地面点P1～P5的实测坐标，试计算确定P1～P5各点所对应中线里程桩号及其至中线的垂距。

地面点实测坐标 表3-42

点　　号	所测地面点坐标(m)	
P1	7967.930	2889.968
P2	7955.109	2959.009

续上表

点　　号	所测地面点坐标(m)	
P3	7884.155	2957.918
P4	7839.711	2936.732
P5	7869.340	2882.443

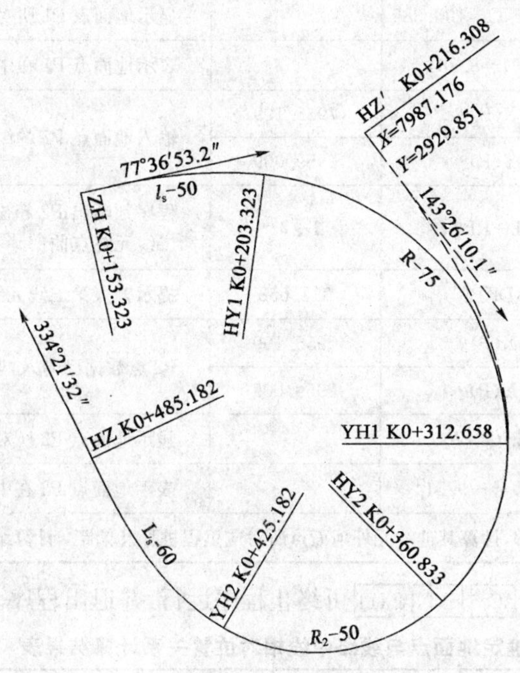

图 3-46　某公路线路图

按动 AC/ON 键打开卡西欧 *fx*-5800P 计算器，按 MODE 5 2 及关于字母 A 键，再按▼或▲键，使黑色光标棒选中“ANTI-PRG”，操作步骤及屏幕提示如表 3-43。

_fx_-5800P 反算地面点对应中桩里程及与中线偏距　　表 3-43

步骤	按键	屏幕显示	输　入	说　明
1	EXE	XA?	7970.566	输入第一线元起点纵、横坐标
2	EXE	YA?	2853.126	
3	EXE	CA?	77°36′53.2″	输入第一线元起点方位角
4	EXE	1÷RA?	0	输入第一线元起点曲率
5	EXE	DKA?	153.323	输入第一线元起点里程
6	EXE	1÷RB?	1÷75	输入第一线元终点曲率

续上表

步骤	按键	屏幕显示	输　入	说　明
7	EXE	DKB?	203.323	输入第一线元终点里程
8	EXE	X(P)?	7967.930	输入地面点 P1 的纵、横坐标
9	EXE	Y(P)?	2889.968	
10	EXE	LICHENG=190.389		显示地面点 P1 所对应中桩里程
11	EXE	D(P)=8.384		表示地面点 P1 在中线右侧 8.384m
12	EXE	X(P)?	7955.109	输入地面点 P2 的纵、横坐标
13	EXE	Y(P)?	2959.009	
14	EXE	1÷RB?	1÷75	程序判断出 P2 超出第一线元，提示输入第二线元终点曲率
15	EXE	DKB?	312.658	提示输入第二线元终点里程
16	EXE	X(P)?	7955.109	P2 点数据已输入，连按两下 EXE 键带过
17	EXE	Y(P)?	2959.009	
18	EXE	LICHENG=260.584		显示地面点 P2 所对应中桩里程
19	EXE	D(P)=−9.514		表示地面点 P2 在中线左侧 9.514m
重复步骤 12～19，计算其他线元外地面点所对应里程桩号及偏距，计算结果见表 3-44				

计算完毕后，按 AC/ON EXIT EXIT 可终止程序运行，并退出程序。结果见表 3-44。

确定地面点与线路中线相对位置关系计算结果表　　表 3-44

点　号	所测地面点坐标(m)		D_P(m)	桩　号	边　向
P1	7967.930	2889.968	8.384	K0+190.389	右
P2	7955.109	2959.009	−9.514	K0+260.584	左
P3	7884.155	2957.918	8.503	K0+332.191	右
P4	7839.711	2936.732	−7.343	K0+381.392	左
P5	7869.340	2882.443	8.422	K0+446.311	右

案例 3-21　已知某左偏的圆曲线，其曲线要素为：$R=4000$m，曲线转向角 $\alpha=12°30'$，直缓点(ZH)的切线方位角 $C=100°0'0''$，直圆点里程为 K0+100.500，直圆点坐标(500.000，350.000)。桥隧结构物上某两点的设计资料分别为：P1 点位于里程 K0+200 左侧 20m，P2 点位于里程 K0+350 左侧 20m。P1 点实测坐标为(503.7186，451.1753)，P2 点实测坐标为(484.2379，599.1397)。试通过实测坐标反算这两点所对应的中桩里程及偏距，看是否与设计相符？

根据里程可知，P1、P2点均位于圆曲线段，YZ点里程＝K0＋100.500＋12°30′×$\frac{\pi}{180}$×4000＝K0＋973.165，计算过程见表3-45。

***fx*-5800P 反算检测桥隧结构物上设计点位的施工偏差** 表3-45

步骤	按键	屏幕显示	输　入	说　明
1	EXE	XA?	500	输入直圆点坐标
2	EXE	YA?	350	
3	EXE	CA?	100°	输入直圆点方位角
4	EXE	1÷RA?	－1÷4000	输入直圆点曲率
5	EXE	DKA?	100.5	输入直圆点里程
6	EXE	1÷RB?	－1÷4000	输入圆直点曲率
7	EXE	DKB?	973.165	输入圆直点里程
8	EXE	X(P)?	503.7186	输入P1点实测坐标
9	EXE	Y(P)?	451.1753	
10	EXE	LICHENG＝200.0002		显示P1所对应中桩里程
11	EXE	D(P)＝－19.9998		表示P1在中线左侧19.9998m
12	EXE	X(P)?	484.2379	输入P2点实测坐标
13	EXE	Y(P)?	599.1397	
14	EXE	LICHENG＝350.0002		显示P2点所对应中桩里程
15	EXE	D(P)＝－20.0005		表示P2点在中线左侧20.0005m

由上述计算可知：P1、P2点里程误差及偏距误差均未超过0.5mm，精度满足施工要求。

第六节　超高计算程序

为了抵消离心力对行驶车辆横向稳定的影响，将某些道路的曲线部分做成向曲线内侧倾斜的单向横坡，在公路设计中，将这种处理方法叫做超高。超高实际上是路基边缘及中桩与设计高程之高差。超高的过渡是在缓和段实现的，到圆曲线达到最大值，圆曲线段的超高横坡是相同的。在缓和段内超高的设置有两种方式，即绕路面内侧边缘旋转和绕路面中心线旋转。

一、以边轴旋转的超高加宽计算程序

1. 计算公式(表 3-46)

表 3-46

<table>
<tr><th rowspan="2">超 高 值</th><th colspan="2">计 算 公 式</th><th rowspan="2">备　注</th></tr>
<tr><th>$x \leqslant x_0$</th><th>$x > x_0$</th></tr>
<tr><td>h_c</td><td colspan="2">$bi_J+(b+B)i_y$</td><td rowspan="6">$x_0=\frac{i_z}{i_y}\times L_C$
$W_x=\frac{x}{L_C}\times W$</td></tr>
<tr><td>h'_c</td><td colspan="2">$bi_J+\frac{B}{2}i_y$</td></tr>
<tr><td>h''_c</td><td colspan="2">$bi_J-(b+W)i_y$</td></tr>
<tr><td>h_{cx}</td><td colspan="2">$b(i_J-i_Z)+[(bi_Z+(b+B)i_y]\frac{x}{L_C}$ 或 $h_{cx}=\frac{x}{L_C}h_c$</td></tr>
<tr><td>h'_{cx}</td><td>$bi_J+\frac{B}{2}i_Z$</td><td>$bi_J+\frac{B}{2}\times\frac{x}{L_C}\times i_y$</td></tr>
<tr><td>h''_{cx}</td><td>$bi_J-(b+W_x)i_Z$</td><td>$bi_J-(b+W_x)\frac{x}{L_C}i_y$</td></tr>
</table>

注：B——路面宽度；
b——路肩宽度；
i_z——路拱坡度；
i_J——路肩坡度；
i_y——超高横坡度；
L_C——超高缓和段长(或缓和曲线长)；
l_0——路肩坡度由 i_J 过渡为 i_z 所需距离，一般可取 1m；
x_0——与路拱同坡度的单向超高横坡距缓和段起点的桩号里程差；
x——超高缓和段中任一桩号与起点的里程桩号差；
h_c——路肩外缘最大抬高值；
h'_c——路中线最大抬高值；
h''_c——路基内缘最大降低值；
h_{cx}——x 距离处路外缘抬高值；
h'_{cx}——x 距离处路中线抬高值；
h''_{cx}——x 距离处路基内缘降低值；
W——路基加宽值；
W_x——x 距离处路基加宽值。

2. 程序

(1)程序清单

程序名：BIAN

```
Lbl 0："I0"? I："I1"? J："A"? A："B"? B："LC"? L："IY"? C："ZH(HZ)"? K："W"? W：
J×L÷C→D：Lbl 1："ZHUANGHAO"? Z：Z≤0⇒Goto 0：Abs(Z−K)→X：X×W÷L→
E："WX="：E◢
```

```
X(AI+(A+B)C)÷L→F:"HCX=":F◢
If X<0 Or X>L: Then Goto 1: Else If X≥0 And X≤D: Then AI+BJ÷2→G:
"HCX1=":G◢
AI-(A+E)J→H:"HCX2=":H◢
Else AI+BXC÷2÷L→G:"HCX1=":G◢
AI-(A+E)CX÷L→H:"HCX2=":H◢
IfEnd:IfEnd:Goto 1↵
```

(2)屏幕显示字母含义

I0——路肩横坡度；

I1——路拱坡度；

A——路肩宽度；

B——路面宽度；

LC——缓和曲线长度；

IY——圆曲线段超高横坡度；

ZH(HZ)——直缓点(或缓直点)里程；

W——圆曲线全加宽值；

WX——x 距离处路基加宽值；

ZHUANGHAO——x 距离处中桩里程，当输入 0 或任意负数时程序开始计算下一缓和段的加宽超高值；

HCX——x 距离处路外缘抬高值；

HCX1——x 距离处路中线抬高值；

HCX2——x 距离处路基内缘降低值。

案例 3-22 某平原区二级公路，设计行车速度 80km/h，路面宽 12m，路肩宽 1.5m，路拱坡度=2%，路肩坡度=3%，一弯道平曲线线性要素见表 3-21 第 2 列。圆曲线段全加宽值为 0.80m，超高横坡度 i_y=6%。试按绕行车道内边缘线旋转计算曲线段超高与加宽值。

按动[AC/ON]键打开卡西欧 *fx*-5800P 计算器，按[MODE][5][2]及关于字母 B 键，再按▼或▲键，使黑色光标棒选中"BIAN"，操作步骤及屏幕提示见表 3-47。

***fx*-5800P 计算弯道曲线加宽超高值** 表 3-47

步骤	按键	屏幕显示	输入	说明
1	EXE	I0?	0.03	输入路肩横坡度
2	EXE	I1?	0.02	输入路拱坡度
3	EXE	A?	1.5	输入路肩宽度
4	EXE	B?	9	输入路面宽度

续上表

步骤	按键	屏幕显示	输入	说明
5	EXE	LC?	100	输入缓和段长度
6	EXE	IY?	0.06	输入圆曲线段超高横坡度
7	EXE	ZH(HZ)?	681.40	输入直缓点里程
8	EXE	W?	0.80	输入圆曲线段全加宽值
9	EXE	ZHUANGHAO?	700	输入第一缓和段计算断面的桩号里程
10	EXE	WX=0.15		显示计算断面的内侧加宽值
11	EXE	HCX=0.13		显示计算断面路基外缘的抬高值
12	EXE	HCX1=0.14		显示计算断面中桩的抬高值
13	EXE	HCX2=0.01		显示计算断面路基内缘的抬高值
14	EXE	ZHUANGHAO?	720	输入下一计算断面的桩号里程
重复10～14的步骤，计算第一缓和段＋720与其他断面的超高加宽值，然后按下列步骤计算另一缓和段的加宽和超高值				
15	EXE	ZHUANGHAO?	0	表示重新开始计算缓和段超高加宽
16	EXE	I0?	0.03	输入路肩横坡度
17	EXE	I1?	0.02	输入路拱坡度
18	EXE	A?	1.5	输入路肩宽度
19	EXE	B?	9	输入路面宽度
20	EXE	LC?	100	输入第二缓和段长度
21	EXE	IY?	0.06	输入圆曲线段超高横坡度
22	EXE	ZH(HZ)?	940.67	输入缓直点里程
23	EXE	W?	0.80	输入圆曲线段全加宽值
24	EXE	ZHUANGHAO?	920	输入第二缓和段计算断面里程
25	EXE	WX=0.17		显示计算断面的内侧加宽值
26	EXE	HCX=0.14		显示计算断面路基外缘的抬高值
27	EXE	HCX1=0.14		显示计算断面中桩的抬高值
28	EXE	HCX2=0.01		显示计算断面路基内缘的抬高值
29	EXE	ZHUANGHAO?		输入下一计算断面的桩号里程
重复25～29的步骤，计算第二缓和段＋900与其他断面的超高加宽值。计算完毕后，按 AC/ON EXIT EXIT 终止程序运行，并退出程序				

整个弯道超高加宽计算结果见表 3-48 所示。

某二级公路弯道曲线超高加宽(绕边轴旋转)　　表 3-48

桩　号	平曲线	路基宽度(m)			超　高　(m)		
		左宽	右宽	全宽	左	中	右
ZH:K8+681.40	K8+816.3 左 45°37′38″ $R=200$ $L_S=100$ $T=134.90$ $L_H=259.27$ $E=19.23$	6	6	12	0	0.135	0
+700		6.15	6	12.15	0.01	0.135	0.09
+720		6.31	6	12.31	−0.01	0.135	0.19
+740		6.47	6	12.47	−0.09	0.135	0.29
+760		6.63	6	12.63	−0.18	0.135	0.39
HY:K8+781.40		6.80	6	12.80	−0.27	0.135	0.50
+800		6.80	6	12.80	−0.27	0.135	0.50
QZ:K8+811.03		6.80	6	12.80	−0.27	0.135	0.50
+820		6.80	6	12.80	−0.27	0.135	0.50
YH:K8+840.67		6.80	6	12.80	−0.27	0.135	0.50
+860		6.65	6	12.65	−0.19	0.135	0.40
+880		6.49	6	12.49	−0.10	0.135	0.30
+900		6.33	6	12.33	−0.02	0.135	0.20
+920		6.16	6	12.16	0.01	0.135	0.102
HZ:K8+940.67		6.	6	12	0	0.135	0

二、以中轴旋转的超高加宽计算程序

1. 计算公式(表 3-49)

表 3-49

超高值	计算公式		备　注
	$x \leqslant x_0$	$x > x_0$	
h_c	$b(i_J-i_Z)+\left(b+\frac{B}{2}\right)(i_y+i_Z)$		$x_0=\frac{bi_Z}{i_Z+i_y}\times L_C$ $W_x=\frac{x}{L_C}\times W$
h'_c	$bi_J+\frac{B}{2}i_Z$		
h''_c	$bi_J+\frac{B}{2}i_Z-\left(b+\frac{B}{2}+W\right)i_y$		
h_{cx}	$b(i_J-i_Z)+\left(b+\frac{B}{2}\right)(i_Z+i_y)\frac{x}{L_C}$ $\left(或\ h_{cx}=\frac{x}{L_C}h_c\right)$		
h'_{cx}	$bi_J+\frac{B}{2}i_Z$		
h''_{cx}	$bi_J-(b+W_x)i_Z$	$bi_J+\frac{B}{2}i_Z-\left(b+\frac{B}{2}+W_x\right)\frac{x}{L_C}i_y$	

式中字母意义同前。

2. 程序

(1)程序清单

程序名:ZHONG

```
Lbl 0:"I0"? I:"I1"? J:"A"? A:"B"? B:"LC"? L:"IY"? C:"ZH(HZ)"? K:"W"? W:
AJ×L÷(J+C)→D:Lbl 1:"ZHUANGHAO"? Z:Z≤0⇒Goto 0:Abs(Z-K)→X:X×
W÷L→E:"WX=":E◢
X(A(I-J)+(A+B÷2)(J+C))÷L→F:"HCX=":F◢
AI+BJ÷2→G:"HCX1=":G◢
If X<0 Or X>L:Then Goto 1:Else If X≥0 And X≤D:Then AI-(A+E)J→H:
"HCX2=":H◢
Else AI+BJ÷2-(A+B÷2+E)XC÷L→H:"HCX2=":H◢
IfEnd:IfEnd:Goto 1 ↲
```

(2)屏幕显示字母含义同前。

案例 3-23 仍以上述案例,按绕中轴旋转进行计算,程序运行方法同前,此略,计算结果见表 3-50。

某二级公路弯道曲线超高加宽(绕中轴旋转) 表 3-50

桩号	平曲线	路基宽度(m)			超高(m)		
		左宽	右宽	全宽	左	中	右
ZH:K8+681.40		6	6	12	0	0.14	0
+700		6.15	6	12.15	0.01	0.14	0.09
+720		6.31	6	12.31	0.01	0.14	0.19
+740		6.47	6	12.47	-0.09	0.14	0.29
+760		6.63	6	12.63	-0.18	0.14	0.39
HY:K8+781.40	K8+816.3	6.80	6	12.80	-0.27	0.14	0.50
+800	左 45°37′38″	6.80	6	12.80	-0.27	0.14	0.50
QZ:K8+811.03	R=200	6.80	6	12.80	-0.27	0.14	0.50
+820	L_S=100	6.80	6	12.80	-0.27	0.14	0.50
YH:K8+840.67	T=134.90	6.80	6	12.80	-0.27	0.14	0.50
+860	L_H=259.27	6.65	6	12.65	-0.19	0.14	0.40
+880	E=19.23	6.49	6	12.49	-0.10	0.14	0.30
+900		6.33	6	12.33	0.01	0.14	0.20
+920		6.17	6	12.16	0.01	0.14	0.10
HZ:K8+940.67		6.	6	12	0	0.14	0

第七节　山区低等级公路详细测量计算程序

一、单圆曲线支距法详细测量计算程序

1. 程序功能与用途

(1)功能:①计算单圆曲线弯道的曲线要素;②计算单圆曲线主点里程;③输入详细点桩号计算对应支距以及相邻桩点弦长。

(2)用途:用于低等级公路单圆曲线支距法详细测设

2. 程序运行需已知的条件

圆曲线半径、曲线转角、交点里程。

3. 计算公式

(1)曲线要素计算

$$\left.\begin{aligned} &\text{切线长:} && T = R \cdot \tan\frac{\alpha}{2} \\ &\text{曲线长:} && L = R \cdot \alpha \cdot \frac{\pi}{180^\circ} \\ &\text{外距:} && E = R\left(\sec\frac{\alpha}{2} - 1\right) \end{aligned}\right\} \tag{3-92}$$

(2)主点里程计算

$$\begin{cases} ZY = JD - T \\ YZ = ZY + L \\ QZ = ZY + \dfrac{L}{2} \end{cases} \tag{3-93}$$

(3)详细点支距计算公式

$$\begin{cases} x = R\sin\dfrac{180^\circ l}{\pi R} \\ y = R\left(1 - \cos\dfrac{180^\circ l}{\pi R}\right) \end{cases} \tag{3-94}$$

式中:l——待测点 P 到 ZY(或 YZ)的圆曲线弧长;

R——圆曲线的半径。

如图 3-47,相邻测点弦长:

$$c_i = 2R\sin\frac{90^\circ l_i}{\pi R} \tag{3-95}$$

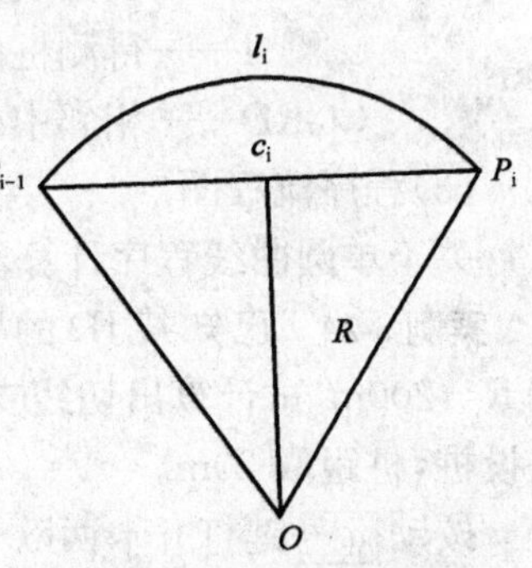

图 3-47　相邻测点的弦长

式中：c_i——相邻测点间的弦长；

l_i——对应的圆曲线上相邻桩点间弧长，即相邻桩的里程差；

R——圆曲线的半径。

4. 程序

(1)程序清单：

程序名：YQX

```
"JD"? D:"R"? R:"ZJ"? J:Rtan(J÷2)→T:"T=":T◢
J×π×R÷180→W:"W=":W◢
R(1÷cos(J÷2)−1)→E:"E=":E◢
D−T→A:"ZY=":A◢
A+W→B:"YZ=":B◢
A+W÷2→Q:"QZ=":Q◢
Lbl 0:"ZHUANGHAO"? L:"I"? I:If L<A Or L>B:Then Goto 0:Else If L≤Q:Then
L−A→M:Goto 1:Else B−L→M:Goto 1:IfEnd:IfEnd ↲
Lbl 1:Rsin(180M÷R÷π)→X:"X=":X◢
R(1−cos(180M÷R÷π))→Y:"Y=":Y◢
L−I→F:2Rsin(90F÷π÷R)→V:"CORD=":V◢
Goto 0 ↲
```

(2)屏幕所显示字母含义：

JD——交点里程桩号；

R——圆曲线半径；

ZJ——曲线转折角；

T——切线长；

W——曲线长；

E——外距；

ZHUANGHAO——圆曲线上详细桩里程桩号；

I——待测桩的前一中桩的里程桩号；

CORD——相邻中桩弦长。

(3)程序流程图

关于单圆曲线程序计算流程示意图，请参看图2-4。

案例3-24 已知某JD的里程为K8+588.46，测得转角$\alpha=38°16'$，圆曲线半径$R=200$m，试计算出切线支距法详细测设圆曲线的各桩支距x和y，按整桩号法设桩，桩距取20m。

按动AC/ON键打开卡西欧fx-5800P计算器，按MODE 5 2及关于字母Y键，再按▼或▲键，使黑色光标棒选中"YQX"，操作步骤及屏幕提示见表3-51。

fx-5800P 计算圆曲线支距 表 3-51

步骤	按键	屏幕显示	输入	说明
1	EXE	JD?	588.46	输入交点里程
2	EXE	R?	200	输入圆曲线半径
3	EXE	ZJ?	38°16′	输入曲线转角
4	EXE	T=69.39		显示切线长度
5	EXE	W=133.58		显示曲线长
6	EXE	E=11.69		显示外距
7	EXE	ZY=519.07		显示直圆点里程
8	EXE	YZ=652.65		显示圆直点里程
9	EXE	QZ=585.86		显示曲中点里程
10	EXE	ZHUANGHAO?	540	输入详细点桩号里程
11	EXE	I?	519.07	输入前一个详细点的里程
12	EXE	X=20.89		显示详细点支距 X 的值
13	EXE	Y=1.09		显示详细点支距 Y 的值
14	EXE	CORD=20.92		显示相邻桩号间弦长
重复 10～14 的步骤，计算出其他详细桩号的支距。程序计算完后想退出程序运行状态，请按 AC/ON EXIT EXIT 键。计算结果见表 3-52。				

曲线中桩号的支距计算结果见表 3-52。

圆曲线详细测设支距计算表 表 3-52

桩号	待测点至 ZY 或 YZ 点的弧长(m)	横坐标 x	纵坐标 y	相邻桩点弦长 C
ZY:K8+519.07	0	0	0	20.92
+540	20.93	20.89	1.09	19.99
+560	40.93	40.64	4.17	19.99
+580	60.93	59.99	9.21	5.86
QZ:K8+585.86	66.79	65.55	11.05	14.14
K8+600	52.65	52.04	6.89	19.99
+620	32.65	32.51	2.66	19.99
+640	12.65	12.64	0.40	12.65
YZ:K8+652.65	0	0	0	

二、圆曲线虚交测量计算程序

1. 程序功能

计算偏角法详细测设虚交单圆曲线的数据。

2. 程序运行需已知的条件

圆曲线半径、基线长、基线端点 A 里程桩号、基线两端点转角 α_A、α_B，见图 3-48。

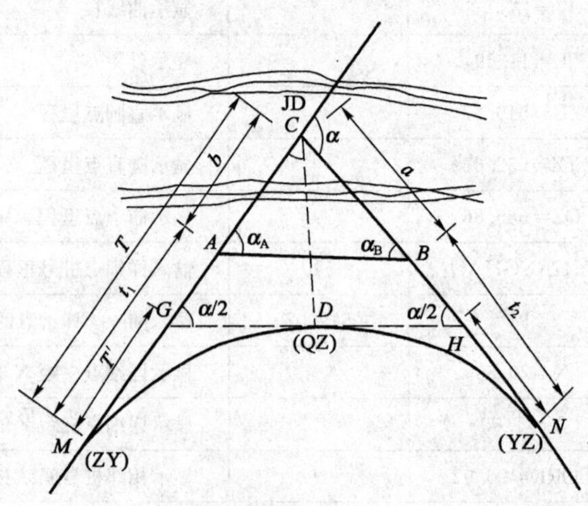

图 3-48 虚交示意图

3. 计算公式

$$\alpha = \alpha_A + \alpha_B$$

$$\left.\begin{aligned} a &= D\frac{\sin\alpha_A}{\sin(180^\circ - \alpha)} = D\frac{\sin\alpha_A}{\sin\alpha} \\ b &= D\frac{\sin\alpha_B}{\sin(180^\circ - \alpha)} = D\frac{\sin\alpha_B}{\sin\alpha} \end{aligned}\right\} \tag{3-96}$$

$$\left.\begin{aligned} t_1 &= T - b \\ t_2 &= T - a \end{aligned}\right\} \tag{3-97}$$

$$T' = R \cdot \tan\frac{\alpha}{4} \tag{3-98}$$

4. 程序

(1)程序清单

程序名:XUJIAO

```
"ZJ(A)"? A:"ZJ(B)"? B:"AB"? D:"R"? R:A+B→C:Dsin(A)÷sin(C)→E:Dsin(B)÷
sin(C)→F:Rtan(C÷2)→T:"T=":T◢
RCπ÷180→L:"L=":L◢
"T1=":T-F◢
"T2=":T-E◢
"T3=":Rtan(C÷4)◢
"JD(A)"? Z:Z-(T-F)→H:"ZY=":H◢
"QZ=":H+L÷2◢
H+L→I:"YZ=":I◢
H→S: Lbl 0:"ZHUANGHAO"? M:"QSDUSHU"? Q:"TURN"? W: If M<H Or
M>I:Then Goto 0:IfEnd:M-H→N:(180NW÷R÷2÷π)→O:"PJ(P)=":Abs(O)▸
DMS◢
"DUSHU=":(Q+O)▸DMS◢
"CORD=":2Rsin(180(M-S)÷2÷R÷π)◢
M→S:Goto 0 ↵
```

(2)程序中字母含义

ZJ(A)——基线在A点偏转角度;

ZJ(B)——基线在B点偏转角度;

AB——基线长;

R——圆曲线半径;

T——切线长;

L——曲线长度;

T1——A点至ZY的距离;

T2——B点至YZ的距离;

T3——切基线长的一半;

JD(A)——A点桩号里程;

ZY——起点桩号;

YZ——终点桩号;

ZHUANGHAO——详细测点桩号;

QSDUSHU——偏角法观测切线方向的起始读数。左转时起始度数"0°0′00″"相当于360°0′00″,若仪器不容易对"0°0′00″"时,起始度数应大于最大偏角值;

PJ——测点偏角值;

DUSHU——偏角法观测详细点的读数;

C——相邻弦长。

TURN——转向符号，左转输入－1；右转输入＋1；

PJ(P)——测点偏角值；

DUSHU——观测详细点时的水平度盘读数值；

CORD——相邻弦长。

案例 3-25 如图 3-49 所示，如测得 $\alpha_A=18°22'$，$\alpha_B=15°18'$，$D=54.68$m，选定半径 $R=300$，A 点里程桩号为 K9＋048.53。试计算偏角法详细测设数据。

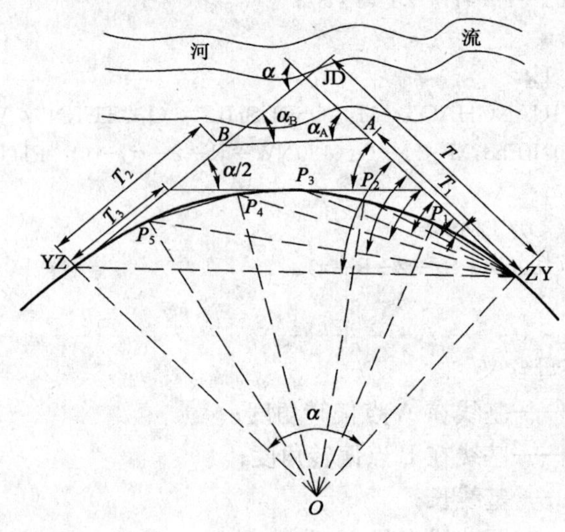

图 3-49 偏角法虚交详细测设示意图

按动AC/ON键打开卡西欧 fx-5800P 计算器，按MODE 5 2及关于字母 X 键，再按▼或▲键，使黑色光标棒选中“XUJIAO”，操作步骤及屏幕提示见表 3-53。

fx-5800P 计算虚交圆曲线偏角法详细测设数据 表 3-53

步骤	按键	屏 幕 显 示	输 入	说 明
1	EXE	ZJ(A)?	18°22′	输入基线在 A 点偏转角度
2	EXE	ZJ(B)?	15°18′	输入基线在 B 点偏转角度
3	EXE	AB?	54.68	输入基线长
4	EXE	R?	300	输入圆曲线半径
5	EXE	T＝90.77		显示切线长
6	EXE	L＝176.28		显示曲线长
7	EXE	T1＝64.74		显示 A 点至 ZY 的距离
8	EXE	T2＝59.69		显示 B 点至 YZ 的距离
9	EXE	T3＝44.39		显示切基线长的一半

续上表

步骤	按键	屏幕显示	输入	说明
10	EXE	JD(A)?	9048.53	输入基线端点 A 的里程桩号
11	EXE	ZY=8983.79		显示直圆点的里程
12	EXE	QZ=9071.93		显示曲中点的里程
13	EXE	YZ=9160.07		显示圆直点的里程
14	EXE	ZHUANGHAO?	9000	输入详细点的里程桩号 K9+000
15	EXE	QSDUSHU?	360°	输入望远镜后视 JD 的水平读数
16	EXE	TURN?	−1	输入曲线转向参数
17	EXE	PJ(P)=1°32′52.03″		显示 K9+000 的偏角值
18	EXE	DUSHU=358°27′7.97″		显示仪器观测 K9+000 水平度盘读数
19	EXE	CORD=16.21		显示相邻测点间弦长
重复 14～19 的步骤，计算出其他详细桩号的偏角与相邻弦长				

计算结果如表 3-54 所示。

圆曲线虚交偏角法详细测设计数据(度盘起始读数为 0°0′00″)　　表 3-54

桩　号	待测点至 ZY 或 YZ 点的弧长(m)	偏　角	观测读数	相邻桩点弦长 C
ZY:K8+983.79	0	0	360°0′00″	
K9+000	16.21	1°32′52.03″	358°27′7.97″	16.21
+020	36.21	3°27′27.52″	356°32′32.48″	20
+040	56.21	5°22′3.02″	354°37′56.98″	20
+060	76.21	7°16′38.51″	352°43′21.49″	20
QZ:K9+071.93	88.14	8°53′55.8″	351°6′4.2″	16.98
+080	96.21	9°11′14″	350°48′46″	3.02
+100	116.21	11°5′49.5″	348°54′10.5″	20
+120	136.21	13°0′24.99″	346°59′35.01″	20
+140	156.21	14°55′0.49″	345°4′59.51″	20
YZ:K8+160.069	176.28	16°49′59.7″	343°10′0.3″	20.069

三、切基线复曲线测量计算程序

1. 程序功能

(1)已知主曲线半径计算副曲线半径(见图 3-50)。

(2)计算复曲线主点里程。

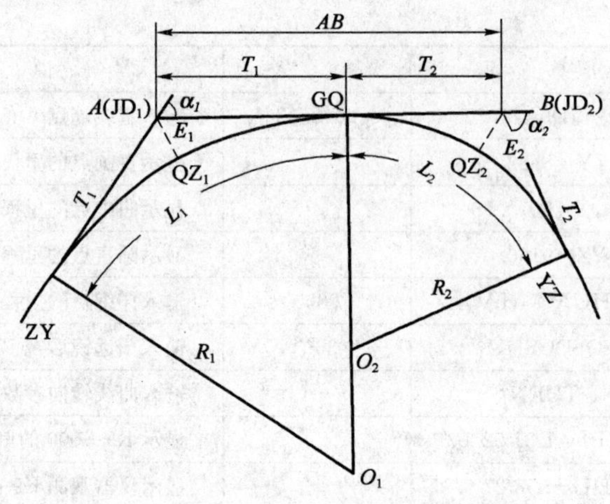

图 3-50　复曲线测设

2. 程序运行需已知的条件

给定主曲线半径 R_1，基线长 D，以及基线端点 A(JD1)、B(JD2)处的转角 α_1、α_2。

3. 计算公式

$$\left.\begin{aligned} T_2 &= AB - T_1 \\ R_2 &= \frac{T_2}{\tan\dfrac{\alpha_2}{2}} \end{aligned}\right\} \tag{3-99}$$

$$\left.\begin{aligned} L_1 &= R_1\alpha_1\frac{\pi}{180} \\ L_2 &= R_2\alpha_2\frac{\pi}{180} \end{aligned}\right\} \tag{3-100}$$

$$\left.\begin{aligned} ZY &= JD - T_1 \\ GQ &= ZY + L_1 \\ YZ &= ZY + L_1 + L_2 \end{aligned}\right\} \tag{3-101}$$

4. 程序

(1)程序清单

程序名:FUQX

```
"ZJ(A)"? A:"ZJ(B)"? B:"AB"? D:"R1"? R:A+B→C:(D−Rtan(A÷2))÷tan
(B÷2)→E:"R2=":E◢
RAπ÷180→F:"LY1=":F◢
EBπ÷180→G:"LY2=":G◢
"L=":F+G◢
```

```
"JD(A)"? Z:"ZY=":Z−Rtan(A÷2)◢
"GQ=":Z−Rtan(A÷2)+F◢
"YZ=":Z−Rtan(A÷2)+F +G◢
"E1=":R÷cos(A÷2)−R◢
"E2=":E÷cos(A÷2)−E◢
```

(2)程序中字母含义

ZJ(A)——基线在已知主圆曲线处的偏转角度；

ZJ(B)——基线在未知副曲线处的偏转角度；

AB——基线长；

R1——输入已知主圆曲线半径；

R2——计算得副曲线半径；

LY1——主圆曲线长；

LY2——副圆曲线长；

L——整个曲线长度；

JD——输入第一个交点里程桩号；

ZY——起点桩号；

GQ——公切点里程桩号；

YZ——终点里程桩号；

E1——主圆曲线外距长；

E2——副圆曲线外距长。

案例 3-26 某路线的 JD_8、JD_9 组成复曲线，用切基线法测设，测得转角 $\alpha_8=30°16'$，$\alpha_9=20°38'$，切基线长度 $AB=221.72$m，选定主曲线半径 $R_9=400$m，JD8 里程为 K8+460.80。试计算副曲线半径 R_8，并计算复曲线的测设元素。

按动[AC/ON]键打开卡西欧 *fx*-5800P 计算器，按[MODE][5][2]及关于字母 F 键，再按▼或▲键，使黑色光标棒选中"FUQX"，操作步骤及屏幕提示见表 3-55。

***fx*-5800P 计算复曲线主点测设数据** 表 3-55

步骤	按键	屏幕显示	输入	说明
1	EXE	ZJ(A)?	20°38′	输入已知半径圆曲线的转角
2	EXE	ZJ(B)?	30°16′	输入未知半径圆曲线的转角
3	EXE	AB?	221.72	输入基线长度
4	EXE	R1?	400	输入已知圆曲线半径
5	EXE	R2=550.60		显示未知圆曲线半径
6	EXE	LY1=144.05		显示已知圆曲线的曲线长
7	EXE	LY2=290.86		显示未知圆曲线的曲线长

续上表

步骤	按键	屏幕显示	输　入	说　明
8	EXE	L=434.91		显示整个曲线长
9	EXE	JD(A)?	8460.80	输入第一个交点里程桩号
10	EXE	ZY=8387.99		显示起点里程桩号
11	EXE	GQ=8532.04		显示公切点里程桩号
12	EXE	YZ=8822.89		显示终点里程桩号
13	EXE	E1=6.57		显示第一个曲线外距长
14	EXE	E2=9.05		显示第二个曲线外距长

四、回头曲线测量计算程序

1. 切基线回头曲线的测设计算

这种回头曲线可看作是半径相同的切基线复曲线，结合复曲线的计算思路进行测设计算。

(1)程序运行需已知的条件

①基线长度，即 JDA－JDB 的长度；

②转折角 α_A，α_B；

③JDA 的里程桩号。

(2)计算公式

①曲线要素。

如图 3-51，曲线半径：

$$R=\frac{D}{\tan\left(\frac{\alpha_A}{2}\right)+\tan\left(\frac{\alpha_B}{2}\right)} \tag{3-102}$$

ZY－GQ 长度：

$$L_1=\alpha_A\times\frac{\pi}{180}\times R \tag{3-101}$$

曲线总长：

$$L=(\alpha_A+\alpha_B)\times\frac{\pi}{180}\times R \tag{3-102}$$

ZY 至 JD_A 的切线长：

$$T=R\tan\left(\frac{\alpha_A}{2}\right) \tag{3-103}$$

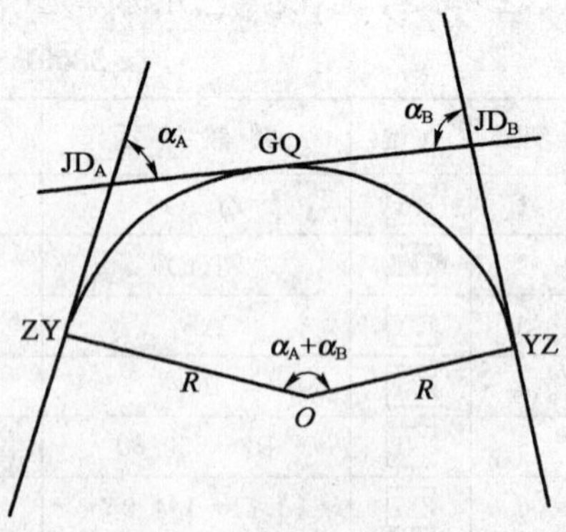

图 3-51　切基线回头曲线

②主点桩号推算(省略)。

③详细测设：

a. 推磨法：弦长计算公式同单圆曲线。

b. 偏角法：偏角 $$\delta=\frac{L}{2R}\times\frac{180^{\circ}}{\pi}=\frac{90^{\circ}L}{\pi R} \quad (3\text{-}106)$$

其中，L 为测点至 ZY 点曲线长，R 为圆曲线半径。

(3)程序

①程序清单：

程序名：QJIXIAN

```
"ZJ(A)"? A:"ZJ(B)"? B:"AB"? D:D÷(tan(A÷2)+tan(B÷2))→R:"R=":R◢
π(A+B)R÷180→L:"L=":L◢
Rtan(A÷2)→S:"JD(A)"? K:K-S→G:"ZY=":G◢
G+RAπ÷180→H:"GQ=":H◢
G+L→I:"YZ=":I◢
"CESHFANGFA"? W:If W=0:Then Goto 1:IfEnd:G→P:Lbl 0:"ZHUANGHAO"?
J:If J>I Or J<G:Then Goto 0:IfEnd:2Rsin(90(J-P)÷R÷π)→C:"C+R=":C+R◢
J→P:Goto 0↵
Lbl 1:G→P:"TURN"? E:"QSDUSHU"? U:Lbl 2:"ZHUANGHAO"? J:If J<G Or
J>I:Then Goto 2:IfEnd:180E(J-G)÷2÷R÷π→V:"PJ=":Abs(V)▸DMS◢
"DUSHU=":(U+V)▸DMS◢
2Rsin((180(J-P)÷2÷R÷π))→C:"C=":C◢
J→P:Goto 2↵
```

②屏幕所显示字母含义：

ZJ(A)——基线在 A 点偏转角度；

ZJ(B)——基线在 B 点偏转角度；

AB——基线长；

R——回头曲线半径；

L——曲线长度；

JD(A)——A 点桩号里程；

ZY——起点桩号；

GQ——与基线的切点桩号；

YZ——终点桩号；

CESHEFANGFA——汉语拼音提示，如详细测设方法选用偏角法，输入 0；若选用推磨法，可输入除 0 外任意数。本方法角度按经纬仪测设设置，即望远镜右转度盘度数增加，左转减小；如采用全站仪测设时，请设置为右转水平度数增加(即 HR)；

ZHUANGHAO——汉语拼音提示，详细测点桩号；

C+R——相邻弦长+半径长度；

QSDUSHU——汉语拼音提示，偏角法观测 ZY 切线前进方向的起始度数；

TURN——曲线转向，右转输 1，左转输 −1；

PJ——测点偏角值，即观测点视线与 ZY 点切线的夹角；

DUSHU——汉语拼音提示，偏角法观测详细点的读数；

C——相邻弦长。

案例 3-27 某四级公路越岭线有一左转回头曲线，测得 $\alpha_A=80°10'$，$\alpha_{B'}=98°05'$，基线 $AB=80.68$m，已知 JD(A)里程桩号为 K8+691.86，试以切基线法计算曲线主点里程以及推磨法详细测设的数据。

按动 AC/ON 键打开卡西欧 *fx*-5800P 计算器，按 MODE 5 2 及关于字母 Q 键，再按▼或▲键，使黑色光标棒选中"QJIXIAN"，操作步骤及屏幕提示见表 3-56。

***fx*-5800P 切基线法计算回头曲线详细测设数据** 表 3-56

步骤	按键	屏幕显示	输入	说明
1	EXE	ZJ(A)?	80°10′	输入 JD(A)圆曲线的转角
2	EXE	ZJ(B)?	98°05′	输入 JD(B)圆曲线的转角
3	EXE	AB?	80.68	输入基线长度
4	EXE	R=40.47		显示计算所得回头曲线半径
5	EXE	L=125.90		显示回头曲线长度
6	EXE	JD(A)?	8691.86	输入 JD(A)里程
7	EXE	ZY=8657.80		显示回头曲线起点里程
8	EXE	GQ=8714.43		显示切基线点里程
9	EXE	YZ=8783.70		显示回头终点里程桩号
10	EXE	CESHEFANGFA?	0	输入详细测设所选择的方法
11	EXE	TURN?	−1	输入曲线转向参数
12	EXE	QSDUSHU?	360°	输入观测 ZY 切线前进方向的起始读数
13	EXE	ZHUANGHAO?	8660	输入详细点里程
14	EXE	PJ=1°33′20.67″		显示详细点偏角值
15	EXE	DUSHU=358°26′39.33″		显示详细点水平观测读数
16	EXE	C=2.20		显示与前一测点的弦长
17	EXE	ZHUANGHAO?	8670	输入下一详细点里程

续上表

步骤	按键	屏幕显示	输入	说明
18	EXE	PJ＝8°38′5.17″		显示下一详细点偏角值
19	EXE	DUSHU＝351°21′54.83″		显示下一详细点的水平观测读数
20	EXE	C＝9.98		显示与前一测点的弦长
重复 17～20 的步骤可计算出其他详细点的详细测设数据				

偏角法其他详细桩测设数据见表 3-57。

回头曲线偏角法详细测设数据 表 3-57

里程桩号	偏角值	水平盘前视度数	相邻弦长(m)
ZY:K8＋657.80	0	360°	2.20
＋660	1°33′20.67″	358°26′39.33″	9.98
＋670	8°38′5.17″	351°21′54.83″	9.98
＋680	15°42′49.67″	344°17′10.33″	9.98
＋690	22°47′34.17″	337°12′25.83″	9.98
＋700	29°52′18.67″	330°7′41.33″	9.98
＋710	36°57′3.17″	323°2′56.83″	9.98
＋720	44°1′47.67″	315°58′12.33″	9.98
＋730	51°6′32.17″	308°53′27.83″	9.98
＋740	58°11′16.67″	301°48′43.33″	9.98
＋750	65°16′1.17″	294°43′58.83″	9.98
＋760	72°20′45.67″	287°39′14.33″	9.98
＋770	79°25′30.17″	280°34′29.83″	9.98
＋780	86°30′14.67″	273°29′45.33″	3.70
YZ:K8＋783.70	89°7′23.93″	270°52′36.07″	

当屏幕出现“CESHEFANGFA?”提示字样时，输入除 0 以外的任意数，可计算出推磨法详细测设回头曲线的数据。请读者自己计算，此略。

2. 以 JD(A)为起点的回头曲线要素计算

这种回头曲线可看作是虚交的一种特殊情况，结合虚交的几何解算思路进行回头曲线要素计算。

(1)已知条件

如图 3-52，计算需已知的条件有：基线长度 D；转折角 α,β；JD_A 的里程桩号。

(2)计算原理

①计算半径 R

如图 3-52，基线 JD_A-JD_B 长为 D，设 ZY-YZ 的弦长为 C，在三角形 ZY-JD_B-YZ 中：

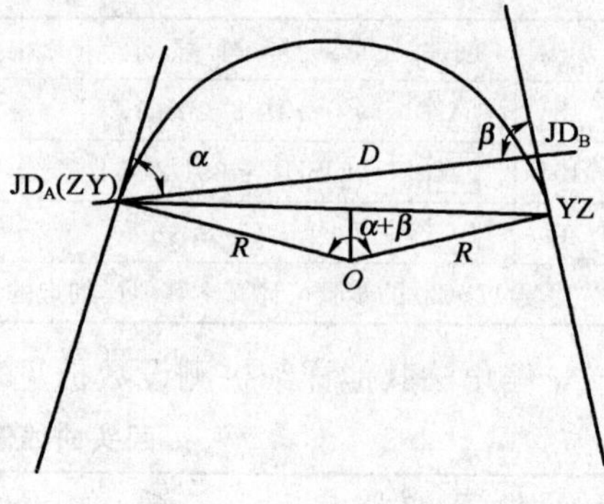

图 3-52 以 JD(A)为起点的回头曲线

$$\frac{C}{\sin(180°-\beta)}=\frac{D}{\sin\left[90-\frac{180-(\alpha+\beta)}{2}\right]}$$

即：
$$\frac{C}{\sin\beta}=\frac{D}{\sin\frac{(\alpha+\beta)}{2}}$$

$$C=D\sin\beta\div\sin\left(\frac{\alpha+\beta}{2}\right)$$

$$R\sin\left(\frac{\alpha+\beta}{2}\right)=\frac{D\sin\beta}{2\sin\left(\frac{\alpha+\beta}{2}\right)}$$

则半径：
$$R=\frac{D\sin\beta}{2\sin^2\left(\frac{\alpha+\beta}{2}\right)} \tag{3-107}$$

②详细测设

a. 推磨法：弦长计算公式同单圆曲线。

b. 辐射法：仪器架设在圆心 O 点，观测圆曲线某点从起始点 ZY 的旋转角度：$\theta=\frac{180°l}{\pi R}$，其中，$l$ 为观测点至起始点 ZY 的弧长。

(3)程序

①程序清单

程序名：JDAHUITOU

```
"ZJ(A)"? A:"ZJ(B)"? B:"AB"? D:A+B→C:Dsin(B)÷2÷(sin(C÷2))²→R:"R=":R◢
(A+B)πR÷180→L:"L=":L◢
"JD(A)=ZY"? F:F+L→G:"YZ=":G◢
"CESHFANGFA"? W:If W=0:Then Goto 1:IfEnd:F→P:Lbl 0:"ZHUANGHAO"? J:If J<A Or J>G:Then Goto 0:IfEnd:2Rsin(90(J−P)÷R÷π)→C:"C+R=":C+R◢
J→P:Goto 0 ↵
Lbl 1:"TURN"? E:"QSDUSHU"? U:Lbl 2:"ZHUANGHAO"? J:If J<A Or J>G:Then Goto 2:IfEnd:180E(J−F)÷R÷π→V:U+V→H:If H<0:Then H+360→H:Else If H>360:Then H−360→H:Else H→H:IfEnd:IfEnd:"GCDUSHU=":H▸DMS◢
Goto 2 ↵
```

②屏幕所显示字母含义

ZJ(A)——基线在A点偏转角度；

ZJ(B)——基线在B点偏转角度；

AB——基线长；

R——回头曲线半径；

L——回头曲线长度；

JD(A)=ZY——提示将JD(A)作为回头起点，并输入JD(A)的桩号里程；

ZY——起点桩号；

YZ——终点桩号；

CESHEFANGFA——汉语拼音提示，如详细测设方法选用辐射法，输入0；若选用推磨法，可输入除0外任意数。本方法角度按经纬仪测设设置，即望远镜右转水平度盘度数增加，左转减小；如采用全站仪测设时，请设置为右转水平度数增加(即HR)；

ZHUANGHAO——汉语拼音提示，详细测点桩号；

C+R——相邻弦长+半径长度；

QSDUSHU——汉语拼音提示，辐射法观测ZY切线前进方向的起始度数；

TURN——曲线转向，右转输1，左转输-1；

GCDUSHU——汉语拼音提示，辐射法前视观测详细点的水平盘读数；

C——相邻弦长。

案例3-28 某四级公路越岭线有一左转回头曲线，测得$\alpha_A=80°40'$，$\alpha_{B'}=88°05'$，基线$AB=76.08$m，曲线以JD(A)为起始点，已知JD(A)里程桩号为K6+091.86，试计算曲线主点里程以及推磨法详细测设的数据。

按动[AC/ON]键打开卡西欧fx-5800P计算器，按[MODE][5][2]及关于字母J键，再按(▼)或(▲)键，使黑色光标棒选中“JDAHUITOU”，操作步骤及屏幕提示见表3-58。

以JD(A)为起点的回头曲线详细测设数据计算 表3-58

步骤	按键	屏幕显示	输入	说明
1	[EXE]	ZJ(A)?	80°40′	输入JD(A)处曲线转角
2	[EXE]	ZJ(B)?	88°05′	输入JD(B)处曲线转角
3	[EXE]	AB?	76.08	输入基线长
4	[EXE]	R=38.39		显示回头曲线半径值
5	[EXE]	L=113.06		需再按度分秒键，显示回头曲线长度

续上表

步骤	按键	屏幕显示	输入	说明
6	EXE	JD(A)=ZY?	6091.86	输入JD(A)里程
7	EXE	YZ=6204.92		显示回头曲线终点里程桩号
8	EXE	CESHEFANGFA?	1	选择详细测设方法
9	EXE	ZHUANGHAO?	6100	输入详细点里程桩号 K6+100
10	EXE	C+R=46.51		显示推磨测设时弦长与半径的和
11	EXE	ZHUANGHAO?	6110	输入下一详细点里程桩号:K6+110
12	EXE	C+R=48.36		显示推磨测设时弦长与半径的和
重复步骤 11～12,计算其他详细点推磨法测设的相邻弦长加半径值				

当屏幕出现"CESHEFANGFA?"提示字样时,输入 0,可计算出辐射法详细测设回头曲线的数据,读者不妨试一试,此略。欲退出程序运行状态,请按 AC/ON EXIT EXIT 键退回到程序运行主菜单。

五、带缓圆曲线支距法详细测量计算程序

1. 程序功能

计算带缓圆曲线支距法详细测设的支距及相邻测点间弦长。

2. 程序运行需已知的条件

圆曲线半径 R,缓和曲线长 l_s,曲线转角 α,交点(JD)里程。

3. 计算公式

(1)曲线要素

$$P=\frac{l_s^2}{24R} \tag{3-108}$$

$$q=\frac{l_s}{2}-\frac{l_s^3}{240R^2} \tag{3-109}$$

$$T_H=(R+p)\cdot\tan\frac{\alpha}{2}+q \tag{3-110}$$

$$L_H=R\left(\alpha\times\frac{\pi}{180^\circ}-2\beta_0\right)+2l_s=R\frac{\alpha\pi}{180^\circ}+l_s \tag{3-111}$$

$$L_y=L_H-2l_s \tag{3-112}$$

$$E_H=(R+p)\sec\frac{\alpha}{2}-R \tag{3-113}$$

(2)主点里程推算

略。

(3)详细点支距计算公式

①缓和曲线段内任意点的坐标

对于缓和曲线段内任意一点的坐标(x,y)，可按下列公式计算：

$$\left.\begin{aligned} x &= l-\frac{l^5}{40R^2 l_s^2} \\ y &= \frac{l^3}{6Rl_s}-\frac{l^7}{336R^3 l_s^3} \end{aligned}\right\} \tag{3-114}$$

式中：l——缓和曲线上任意点到 ZH(或 HZ)的曲线长；

R——圆曲线半径；

l_s——缓和曲线长度。

实际测设时，缓和曲线上相邻两点的弦长按近似等于这两点间曲线长(即对应桩号里程差)来对待。

②圆曲线上任意点坐标

$$\left.\begin{aligned} x &= R\sin\left[\frac{\left(l-\frac{l_s}{2}\right)}{R}\times\frac{180°}{\pi}\right]+q \\ y &= R\left\{1-\cos\left[\frac{\left(l-\frac{l_s}{2}\right)}{R}\times\frac{180°}{\pi}\right]\right\}+p \end{aligned}\right\} \tag{3-115}$$

式中：l——圆曲线上任一点到 ZH(或 HZ)的曲线长；

l_s——缓和曲线长度；

R——圆曲线半径；

p——圆曲线内移值；

q——缓和曲线起点至内移前圆曲线起点的距离。

圆曲线段上相邻两测点间的弦长计算公式同前述单圆曲线。

4. 程序

(1)程序清单：

主程序名：DHYQX

```
"JD"? D:"R"? R:"LS"? S:"ZJ"? J:S²÷24÷R→P:S÷2－S∧3÷240÷R²→Q:
(R＋P)tan(J÷2)＋Q→T:"TH＝":T◢
J×π×R÷180＋S→W:"LH＝":W◢
(R＋P)÷cos(J÷2)－R→E:"EH＝":E◢
D－T→A:"ZH＝";A◢
A＋S→C:"HY＝":C◢
```

```
A+W÷2→F:"QZ=":F◢
A+W−S→G:"YH=":G◢
A+W→H:"HZ=":H◢
Lbl 0:"ZHUANGHAO"? L:"I"? I:Abs(L−I)→M:If L<A Or L>H:Then Goto 0:
Else If L≤C:Then L−A→N:Prog"HHQ":Goto 0:Else If L≤F:Then L−A→K:Prog
"HYQ":Goto 0:Else If L≤G:Then H−L→K:Prog"HYQ":Goto 0:Else H−L→N:
Prog"HHQ":Goto 0: IfEnd:IfEnd:IfEnd:IfEnd:IfEnd:IfEnd:IfEnd ↲
```

子程序:"HHQ"(缓和曲线部分支距计算):

```
N−N∧(5)÷40÷R²÷S²→X:"X=":X◢
N∧(3)÷6÷R÷S→Y:"Y=":Y◢
"CORD=":M◢
Return ↲
```

子程序:"HYQ"(圆曲线部分支距计算):

```
Rsin((2K−S)×90÷π÷R)+Q→X:"X=":X◢
R−Rcos((2K−S)×90÷π÷R)+P→Y:"Y=":Y◢
2Rsin(90M÷π÷R)→O:"CORD=":O◢
Return ↲
```

(2)屏幕显示字母含义:

JD——交点里程桩号;

R——圆曲线半径;

LS——缓和曲线长;

ZJ——曲线转折角;

TH——切线长;

LH——曲线总长;

EH——外距;

ZH——直缓点里程桩号;

HY——缓圆点里程桩号;

QZ——曲中点里程桩号;

YH——缓圆点里程桩号;

HZ——缓直点里程桩号;

ZHUANGHAO——曲线上详细桩里程桩号;

I——待测桩的前一中桩的里程桩号;

X、Y——待测点支距;CORD——相邻中桩弦长。

(3)程序运行流程见图 2-7,此略。

案例 3-29 某交点桩号里程为 K0＋518.66,右转角 $\alpha=18°18'36''$,圆曲线半径$R=300$m,缓和曲线长 $l_s=50$m,试计算平曲线测设元素和主点里程桩号,并测设主点 ZH、QZ 和 HZ 的位置。

按动AC/ON键打开卡西欧 fx-5800P 计算器,按MODE 5 2 及关于字母 D 键,再按▼或▲键,使黑色光标棒选中"DHYQX",操作步骤及屏幕提示见表 3-59。

***fx*-5800P 计算带缓圆曲线详细测设数据** 表 3-59

步骤	按键	屏幕显示	输入	说明
1	EXE	JD?	518.66	输入交点里程
2	EXE	R?	300	输入圆曲线半径
3	EXE	LS?	50	输入缓和曲线长度
4	EXE	ZJ?	18°18′36″	输入曲线转角值
5	EXE	TH＝73.40		显示切线长
6	EXE	LH＝145.87		显示曲线长
7	EXE	EH＝4.22		显示曲线外距
8	EXE	ZH＝445.26		显示直缓点里程
9	EXE	HY＝495.26		显示缓圆点里程
10	EXE	QZ＝518.20		显示曲中点里程
11	EXE	YH＝541.13		显示圆缓点里程
12	EXE	HZ＝591.13		显示缓直点里程
13	EXE	ZHUANGHAO?	450	输入详细点桩号里程
14	EXE	I?	445.26	输入前一点桩号里程
15	EXE	X＝4.74		显示详细点支距 *X* 值
16	EXE	Y＝0		显示详细点支距 *Y* 值
17	EXE	CORD＝4.74		显示相邻测点弦长值
18	EXE	ZHUANGHAO?	460	输入下一详细点桩号里程
19	EXE	I?	450	输入前一详细点桩号里程
20	EXE	X＝14.74		显示详细点支距 *X* 值
21	EXE	Y＝0.04		显示详细点支距 *Y* 值
22	EXE	CORD＝10		显示相邻测点弦长值
重复步骤 18～22,计算其他详细点测设的支距和相邻点弦长				

计算完毕后,按AC/ON EXIT EXIT 可终止程序运行,并退出程序。

六、复曲线设置缓和曲线后主点桩的计算程序

复曲线设置缓和曲线的情况有两种:一种是圆曲线两端设置缓和曲线,而中间不设缓和曲线,见图 3-53;另一种是圆曲线两端和中间均设缓和曲线,圆曲线两端为完全缓和曲线,中间为不完全缓和曲线,见图 3-54。实际测量时究竟采用哪种形式,要根据地形和两圆曲线半径而定。

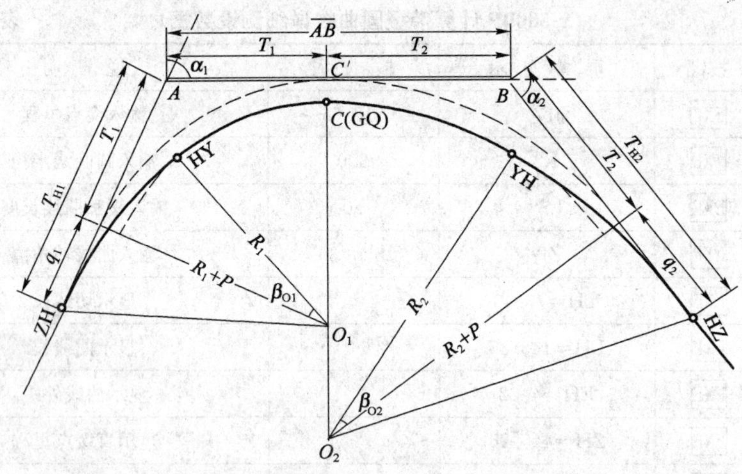

图 3-53　两圆曲线间不设缓和曲线的复合曲线

1. 程序功能与用途

(1)功能:计算复曲线设置缓和曲线后曲线要素及主点里程桩号。

(2)用途:一般用于山区低等级公路的测设计算。

2. 程序运行需已知的条件

(1)需先确定一圆曲线半径及缓和曲线长度;

(2)基线长度及基线两端曲线转折角;

(3)JD_A 的里程桩号。

3. 测设计算原理

已知交点 A 里程桩号,基线 AB 的长度 D,转角 α_1、α_2。

(1)先根据地形和标准确定 L_{S1}、L_{S2}、R_1,从而可计算 R_2:

$$P_1 = \frac{{L_{S1}}^2}{24R_1}, T_1 = (R_1 + P_1)\tan\frac{\alpha_1}{2}$$

$$\left.\begin{aligned} D - T_1 &= (R_2 + P_2)\tan\frac{\alpha_2}{2} \\ P_2 &= \frac{{L_{S2}}^2}{24R_2} \end{aligned}\right\} \tag{3-116}$$

联解方程组可得 R_2。

(2)根据半径比，确定曲线形式，$k=\frac{R_2}{R_1}$，当 $k<1.5$ 时，两曲线直接相连；当 $k>1.5$时，中间插入缓和曲线

(3)当 $k<1.5$ 时，两曲线半径相近，调整缓和曲线长度使 $P_1=P_2$，如图3-53。

若 $R_1<R_2$时，首先应选定 L_{S1}，然后根据 L_{S1} 计算 L_{S2}。

$$P_1=P_2=\frac{{L_{S1}}^2}{24R1}=\frac{{L_{S2}}^2}{24R_2}$$

$$L_{S2}=L_{S1}\sqrt{\frac{R_2}{R_1}}=\sqrt{24R_2P} \tag{3-117}$$

$$T_1=(R_1+P_1)\tan\frac{\alpha_1}{2},T_2=D-T_1,q_1=\frac{L_{S1}}{2}-\frac{{L_{S1}}^3}{240R_1},q_2=\frac{L_{S2}}{2}-\frac{{L_{S2}}^3}{240R_2}$$

$$T_{H1}=q_1+T_1,T_{H2}=q_2+T_2$$

$$L_{Y1}=R_1\left(\alpha_1\frac{\pi}{180^\circ}-\beta_{O1}\right) \tag{3-118}$$

$$L_{Y2}=R_2\left(\alpha_2\frac{\pi}{180^\circ}-\beta_{O2}\right) \tag{3-119}$$

$$L_{H1}=L_{Y1}+L_{S1};L_{H2}=L_{Y2}+L_{S2};L_H=L_{H1}+L_{H2}$$

若 $R_1>R_2$时，首先应选定 L_{S2}，然后根据 L_{S2} 计算 L_{S1}。

$$L_{S1}=L_{S2}\sqrt{\frac{R_1}{R_2}}=\sqrt{24R_1P} \tag{3-120}$$

其他线形要素计算同前。

(4)当 $k>1.5$ 时，两圆曲线间设缓和曲线，如图 3-54 所示。

$$P_F=|P_1-P_2|$$

$$l_F=\sqrt{\frac{24R_1R_2P_F}{|R_2-R_1|}} \tag{3-121}$$

$$\beta_{O1}=\frac{L_{S1}}{2R_1},\beta_{O2}=\frac{L_{S2}}{2R_2},\beta_{F1}=\frac{L_F}{2R_1},\beta_{F2}=\frac{L_F}{2R_2}$$

需满足条件：

$$\left.\begin{array}{l}\beta_{O1}+\beta_{F1}<\alpha_1\\ \beta_{O2}+\beta_{F2}<\alpha_2\end{array}\right\} \tag{3-122}$$

如不能满足上述条件时，通常是通过调整 L_{S1}、L_{S2} 的长度，减小 P_F从而减小 L_F使之满足。

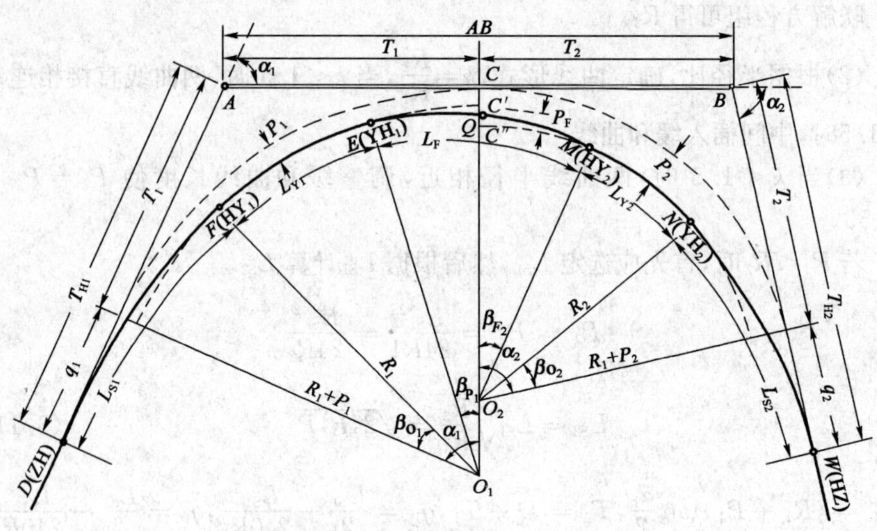

图 3-54　两圆曲线间设缓和曲线的复合曲线

$$T_1=(R_1+P_1)\tan\frac{\alpha_1}{2},T_2=D-T_1,T_{H1}=q_1+T_1,T_{H2}=q_2+T_2$$

$$L_{Y1}=R_1\left(\alpha_1\frac{\pi}{180^\circ}-\beta_{O1}-\beta_{F1}\right)\tag{3-123}$$

$$L_{Y2}=R_2\left(\alpha_2\frac{\pi}{180^\circ}-\beta_{O2}-\beta_{F2}\right)\tag{3-124}$$

$$L_{H1}=L_{Y1}+L_{s1}+\frac{L_F}{2}\tag{3-125}$$

$$L_{H2}=L_{Y2}+L_{s2}+\frac{L_F}{2}\tag{3-126}$$

$$L_H=L_{H1}+L_{H2}$$

$$EH_1=(R_1+P_1)\sec\frac{\alpha_1}{2}-R_1,EH_2=(R_2+P_2)\sec\frac{\alpha_2}{2}-R_2$$

主点里程计算：

$$ZH=JD_A-T_{H1},HY_1=ZH+L_{S1},YH_1=HY_1+L_{Y1}$$

$$QJ=YH_1+\frac{L_F}{2},HY_2=QJ+\frac{L_F}{2},YH_2=HY_2+L_{Y2}$$

$$HZ=YH_2+L_{S2}$$

4. 程序

(1)程序清单

程序名:LUANXQX

```
15→DimZ:Lbl 0:"R1"? A:"LS1"? B:"LS2"? C:"AB"? D:"ZJ1"? E:"ZJ2"? F:B²÷
24÷A→G:(D-(A+G)tan(E÷2))÷tan(F÷2)→H:(24²H²-4×24C²)→Z[15]:If Z
[15]<0:Then "R2=NO"◢
Goto E:Else (24H+√(Z[15]))÷48→I:"R2=":I◢
IfEnd:If I≤0:Then Goto E:Else If A>I:Then A÷I→K:"R1÷R2=":K◢
Else I÷A→K:"R2÷R1=":K◢
IfEnd:IfEnd:If K<1.5:Then Goto 2:IfEnd:Lbl 1:C²÷24÷I→M:Abs(G-M)→N:
√(24AIN÷Abs(A-I))→L:180B÷2÷A÷π+180L÷2÷A÷π→O:180C÷2÷I÷π
+180L÷2÷I÷π→P:If O≥E:Then "B01+BF1≥ZJ1"◢
Goto 0:IfEnd:If P≥F:Then "B02+BF2≥ZJ2"◢
Goto 0:IfEnd:(A+G)tan(E÷2)+B÷2-B∧(3)÷240÷A²→Q:Htan(F÷2)+ C÷2-
C∧(3)÷240÷I²→R:"TH1=":Q◢
"TH2=":R◢
A(Eπ÷180-B÷2÷A-L÷2÷A)→S:"LY1=":S◢
I(Fπ÷180-C÷2÷I-L÷2÷I)→T:"LY2=":T◢
"LH1=":S+B+L÷2◢
"LH2=":T+C+L÷2◢
"LH=":S+T+C+B+L◢
"EH1=":((A+G)÷cos(E÷2)-A)◢
"EH2=":((I+M)÷cos(F÷2)-I)◢
"JD(A)"? U:"ZH=":U-Q◢
"HY1=": U-Q+B◢
"YH1=": U-Q+B+S◢
U-Q+B+S+L÷2→V:"QJ=":V◢
"HY2=":V+L÷2◢
"YH2=": V+L÷2+T◢
"HZ=": V+L÷2+T+C◢
Goto E↵
Lbl 2: If A>I: Then C²÷24÷I→G: √(24AG)→B:"LS1=":B◢
Else B²÷24÷A→G: √(24IG)→C:"LS2=":C◢
IfEnd:(A+G)tan(E÷2)+B÷2-B∧(3)÷240÷A²→Z[1]:"TH1=":Z[1]◢
D-(A+G)tan(E÷2)+ C÷2-C∧(3)÷240÷I²→Z[2]: "TH2=":Z[2]◢
A(Eπ÷180-B÷2÷A)→Z[3]:"LY1=":Z[3]◢
I(Fπ÷180-C÷2÷I)→Z[4]:"LY2=":Z[4]◢
"LH1=": Z[3]+B◢
```

```
"LH2=": Z[4]+C◢
"LH=": Z[3]+B+Z[4]+C◢
"EH1=":(A+G)÷cos(E÷2)-A◢
"EH2=":(I+G)÷cos(F÷2)-I◢
"JD(A)"? U:U-Z[1]→Z[5]:"ZH=":Z[5]◢
Z[5]+B→Z[6]: "HY=":Z[6]◢
Z[6]+Z[3]→Z[7]: "GQ=":Z[7]◢
Z[7]+Z[4]→Z[8]: "YH=":Z[8]◢
Z[8]+C→Z[9]:"HZ=":Z[9]◢
Lbl E:"END"↵
```

(2)屏幕所显示字母含义

R1——第一圆曲线半径；

LS1——第一圆曲线开始所接缓和曲线长度；

R2——第二圆曲线半径；

LS2——第二圆曲线末尾所接缓和曲线长度；

AB——基线长；

ZJ1——基线在端点 A 的转角；

ZJ2——基线在端点 B 的转角；

R2=NO——提示解算 R2 的方程无解。程序直接运行至结束，需查明原因重新运行程序；

B01+BF1≥ZJ1——曲线几何性质检测结果提示，说明需重新调整缓和段长度或曲线半径，直至不出现此提示为止；

B02+BF2≥ZJ2——曲线几何性质检测结果提示，说明需重新调整缓和段长度或曲线半径，直至不出现此提示为止；

TH1——第一曲线切线长；

TH2——第二曲线切线长；

LY1——第一曲线内圆曲线段长；

LY2——第二曲线内圆曲线段长；

LH1——第一曲线长度；

LH2——第二曲线长度；

LH——曲线总长；

EH1——第一曲线外距；

EH2——第二曲线外距；

JD(A)——输入第一交点里程；

ZH——直缓点里程；
HY1——第一曲线缓圆点里程；
YH1——第一曲线圆缓点里程；
QJ——两曲线界点（当两圆曲线间设置不完全缓和曲线时才有）；
HY2——第二曲线缓圆点里程；
YH2——第二曲线圆缓点里程；
GQ——当两圆曲线间不设缓和曲线时，两圆曲线的切点；
END——提示语，表示程序运行结束。

5. 程序流程图

为了便于读者更清楚地理解程序计算运作过程，特提供如图 3-55 的程序流程图，供参考。

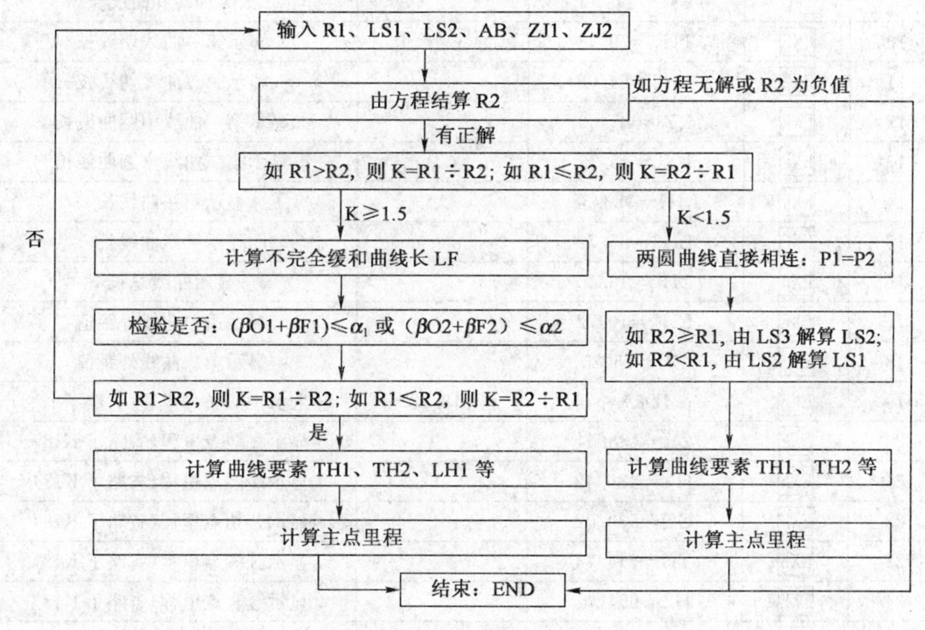

图 3-55 程序计算流程图

案例 3-30 中间无缓和曲线的切基线复曲线计算案例

已知 JD_A 的里程桩号为 K18＋518.12，基线 AB＝90.21m，，第一曲线转角 α_1＝40°52′，半径 R_1＝150m，第二曲线转角 α_2＝34°20′。计算曲线元素及主点桩里程桩号。

按动 AC/ON 键打开卡西欧 fx-5800P 计算器，按 MODE 5 2 及关于字母 L 键，再按▼或▲键，使黑色光标棒选中“LUANXQX”，操作步骤及屏幕提示见表3-60。

***fx*-5800P 计算切基线带缓复曲线元素及主点里程桩号** 表 3-60

步骤	按键	屏幕显示	输入	说明
1	EXE	R1?	150	输入第一曲线半径
2	EXE	LS1?	40	输入第一缓和曲线长度
3	EXE	LS2?	40	输入第二缓和曲线长度
4	EXE	AB?	90.21	输入基线长
5	EXE	ZJ1?	40°52′	输入第一曲线转角值
6	EXE	ZJ2?	34°20′	输入第二曲线转角值
7	EXE	R2=109.67		显示计算所得第二曲线半径值
8	EXE	R1÷R2=1.37		显示两圆曲线半径比
9	EXE	LS1=46.78		显示按内移值相等所推算出的大半径缓和曲线长
10	EXE	TH1=79.48		显示第一曲线切线长
11	EXE	TH2=54.08		显示第二曲线切线长
12	EXE	LY1=83.60		显示第一曲线中圆曲线长
13	EXE	LY2=45.72		显示第二曲线中圆曲线长
14	EXE	LH1=130.38		显示第一曲线长
15	EXE	LH2=85.72		显示第二曲线长
16	EXE	LH=216.10		显示曲线总长
17	EXE	EH1=10.72		显示第一曲线外距值
18	EXE	EH2=5.75		显示第二曲线外距值
19	EXE	JD(A)?	518.12	输入 JD(A)桩号里程(省略了 K18)
20	EXE	ZH=438.64		显示直缓点里程(省略了 K18)
21	EXE	HY=485.42		显示缓圆点里程(省略了 K18)
22	EXE	GQ=569.02		显示公切点里程(省略了 K18)
23	EXE	YH=614.74		显示圆缓点里程(省略了 K18)
24	EXE	HZ=654.74		显示缓直点里程(省略了 K18)
25	EXE	END		提示程序运行结束

案例 3-31 中间插有不完全缓和曲线的复曲线计算案例。

已知交点 JD(A)的里程桩号为 K6＋381.21，设计行车速度 60km/h，基线 AB=139.36m，第一曲线转角 $\alpha_1=38°40'$，半径 $R_1=150$m，第二曲线转角 $\alpha_2=24°28'$，计算曲线元素及主点里程桩号。

按动 AC/ON 键打开卡西欧 *fx*-5800P 计算器，按 MODE 5 2 及关于字母 L 键，再按▼或▲键，使黑色光标棒选中“LUANXQX”，操作步骤及屏幕提示见表3-61。

fx-5800P计算切基线带缓复曲线元素及主点里程桩号　　表 3-61

步骤	按键	屏幕显示	输　入	说　明
1	EXE	R1?	150	输入第一曲线半径
2	EXE	LS1?	120	输入第一缓和曲线长度
3	EXE	LS2?	120	输入第二缓和曲线长度
4	EXE	AB?	139.36	输入基线长
5	EXE	ZJ1?	38°40′	输入第一曲线转角值
6	EXE	ZJ2?	24°28′	输入第二曲线转角值
7	EXE	R2=392.03		显示计算所得第二曲线半径值
8	EXE	R2÷R1=2.61		显示两圆曲线半径比
9	EXE	B01+BF1≥ZJ1		曲线几何性质检测结果提示，说明需重新调整缓和段长度
10	EXE	R1?	150	重新输入第一曲线半径
11	EXE	LS1?	60	输入调整后第一缓和曲线长度
12	EXE	LS2?	60	输入调整后第二缓和曲线长度
13	EXE	AB?	139.36	输入基线长
14	EXE	ZJ1?	38°40′	输入第一曲线转角值
15	EXE	ZJ2?	24°28′	输入第二曲线转角值
16	EXE	R2=398.03		显示计算所得第二曲线半径值
17	EXE	R2÷R1=2.65		显示两圆曲线半径比
18	EXE	TH1=82.94		显示第一曲线切线长
19	EXE	TH2=116.38		显示第二曲线切线长
20	EXE	LY1=41.23		显示第一曲线中圆曲线长
21	EXE	LY2=109.97		显示第二曲线中圆曲线长
22	EXE	LH1=131.23		显示第一曲线长
23	EXE	LH2=199.97		显示第二曲线长
24	EXE	LH=331.20		显示曲线总长
25	EXE	EH1=10.02		显示第一曲线外距值
26	EXE	EH2=9.63		显示第二曲线外距值
27	EXE	JD(A)?	381.21	输入 JD(A)桩号里程(省略了 K6)
28	EXE	ZH=298.27		显示直缓点里程(省略了 K6)
29	EXE	HY1=358.27		显示第一个缓圆点里程(省略了 K6)
30	EXE	YH1=399.50		显示第一个圆缓点里程(省略了 K6)
31	EXE	QJ=429.50		显示两曲线界点里程(省略了 K6)

续上表

步骤	按键	屏 幕 显 示	输 入	说 明
32	EXE	HY2=459.50		显示第二个缓圆点里程(省略了 K6)
33	EXE	YH2=569.47		显示第二个圆缓点里程(省略了 K6)
34	EXE	HZ=629.47		显示缓直点里程(省略了 K6)
35	EXE	END		提示程序运行结束

第八节 灌注桩圆形护筒中心坐标计算程序与锥形护坡放样计算程序

一、灌注桩施工圆形护筒中心坐标复测计算程序

1. 程序功能与用途

(1)功能:通过圆形护筒壁上任意三点坐标计算圆心坐标。

(2)用途:可用于计算护筒安置后的圆心坐标,以核对检查其安置偏差是否满足要求。

2. 程序运行需已知的条件

圆形护筒壁上任意三点的实测坐标(见图 3-56)。

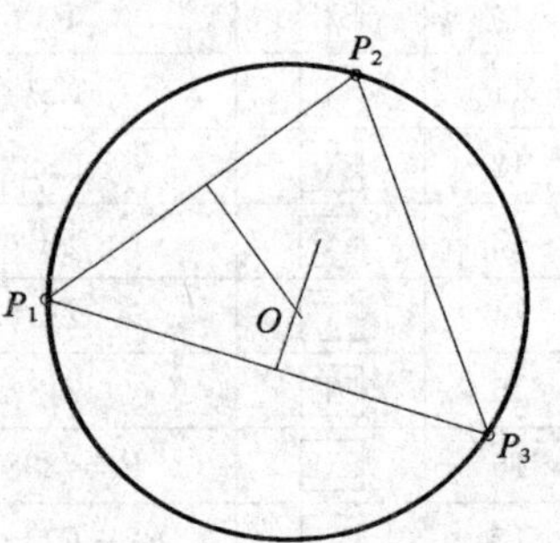

图 3-56 护筒圆心坐标计算示意图

3. 计算公式

设 P_1、P_2、P_3 为圆上任意三点,其坐标分别为(X_1,Y_1),(X_2,Y_2),(X_3,Y_3)。

过 P_1、P_2 两点的直线方程为:

$$y=\frac{y_2-y_1}{x_2-x_1}x+\frac{y_1(x_2-x_1)+x_1(y_1-y_2)}{x_2-x_1}$$

P_1P_2的垂直平分线方程为:

$$y=\frac{x_1-x_2}{y_2-y_1}x+\frac{y_2^2-y_1^2+x_2^2-x_1^2}{2(y_2-y_1)}$$

P_1P_3的垂直平分线方程为:

$$y=\frac{x_1-x_3}{y_3-y_1}x+\frac{y_3^2-y_1^2+x_3^2-x_1^2}{2(y_3-y_1)}$$

将上述两垂直平分线的方程联解得出其交点坐标,即圆心坐标为:

$$x_0=\frac{(B-C)y_1+(C-A)y_2+(A-B)y_3}{2G} \quad (3\text{-}127)$$

$$y_0=\frac{(C-B)x_1+(A-C)x_2+(B-A)x_3}{2G} \quad (3\text{-}128)$$

其中：$A=x_1^2+y_1^2$；$B=x_2^2+y_2^2$；$C=x_3^2+y_3^2$

$$G=(y_3-y_2)x_1+(y_1-y_3)x_2+(y_2-y_1)x_3$$

4. 程序

(1)程序清单

程序名：CIRCLE

```
"X1"? J:"Y1"? K:"X2"? M:"Y2"? N:"X3"? P:"Y3"? Q↵
J²+K²→A:M²+N²→B:P²+Q²→C:J(Q−N)+M(K−Q)+P(N−K)→G:(K(B−C)
+N(C−A)+Q(A−B))÷2÷G→X:"XH0=":X◢
(J(C−B)+M(A−C)+P(B−A))÷2÷G→Y:"YH0=":Y◢
"XO"? D:"Y0"? E:"PIANCHA=":√((X−D)²+(Y−E)²)◢
"END"↵
```

(2)屏幕显示字母含义

(X1,Y1)；(X2,Y2)；(X3,Y3)——分别为护筒上任意三个点的纵横坐标，由全站仪测得；

XH0,YH0——计算得到的护筒圆心坐标；

X0,Y0——钻孔灌注桩的设计中心坐标。

(3)程序运行流程

本程序是根据计算公式按最基本的顺序结构编写的，逻辑推理简单，故此省略程序流程图。

案例 3-32 已知一钻孔灌注桩的设计中心坐标是 $X_0=6264.3659$，$Y_0=2271.4308$，经施工放样后埋置了护筒，为检测护筒埋设偏差程度，现将棱镜置于护筒边缘上任意三点，用全站仪测得这三点的坐标分别为 P_1(6500,2300)，P_2(6100,2100)，P_3(6200,2500)。试计算护筒埋设偏差为多少？

按动[AC/ON]键打开卡西欧 fx-5800P 计算器，按[MODE][5][2] 及关于字母 C 键，再按▼或▲，使黑色光标棒选中"CIRCLE"，操作步骤及屏幕提示见表 3-62。

***fx*-5800P 计算钻孔灌注桩护筒埋设偏差** 表 3-62

步骤	按键	屏幕显示	输入	说明
1	EXE	X1?	6500	输入 P_1 点的纵横坐标
2	EXE	Y1?	2300	
3	EXE	X2?	6100	输入 P_2 点的纵横坐标
4	EXE	Y2?	2100	
5	EXE	X3?	6200	输入 P_3 点的纵横坐标
6	EXE	Y3?	2500	

续上表

步骤	按键	屏幕显示	输入	说明
7	EXE	XH0＝6264.286		显示护筒中心实测坐标
8	EXE	YH0＝2271.429		
9	EXE	X0?	6264.3659	输入钻孔灌注桩设计中心纵横坐标
10	EXE	Y0?	2271.4308	
11	EXE	PIANCHA＝0.080		显示护筒埋设偏差
12	EXE	END		程序运行结束提示符

二、锥形护坡放样计算程序

1. 锥形护坡施工基础放样原理及有关计算公式

如桥涵洞口为锥形护坡时，锥坡施工前应先对锥坡底面放样。桥涵中的锥形护坡通常采用四分之一椭圆锥，其平面投影的短边（短半轴）靠近桥台并与桥台的侧墙相接触，而长边（长半轴）与路堤相接。由于放样锥坡是在桥台已修筑完成的前提下进行，因此，放样时要充分考虑到放样的便利条件。

锥形护坡基础放样方法常用外侧量距法，其方法如下：

①如图 3-57 所示，在椭圆形曲线的外侧过 B 点作 AB 之延长线 BC，使延长线的长度等于椭圆锥的长半轴的长度[$\overline{BC}=a$(a——椭圆长半轴的长度)]，并将此长度十等分，得出各相应等分点，如图中 1、2、3、…10 点。每相邻等分的间距为 0.1a。

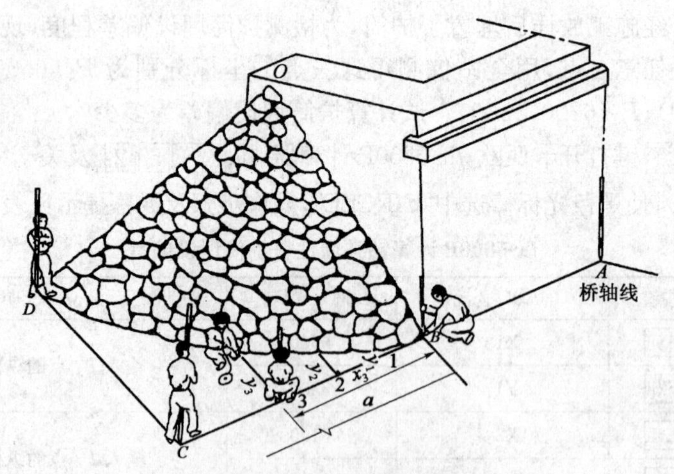

图 3-57　锥形护坡放样

②计算各等分点的 y 值，可用下列计算公式求算：

$$y_i = b(1-\sqrt{1-n^2}) \tag{3-129}$$

式中：b——锥形护坡短半轴长；

n——等分段的比率，如分为 10 等分，则 $n=1/10,2/10,3/10,\cdots1$。

2. 程序

(1)程序清单

程序名：ZHPFY(锥坡放样)

```
"B"? B:"N"? N:For 1→I To N Step 1:"I=":I◢
B(1−√(1−(I÷N)²))→Y:"Y[I]=":Y◢
Next↲
"END"↲
```

(2)屏幕显示字母含义

B——锥形护坡短半轴长；

N——锥形护坡长半轴等分数；

I——等分序号；

Y[I]——对应等分序号点在短半轴方向的外支距值。

由于程序流程简单，故此程序流程图省略。

案例 3-33 已知一正交锥坡长半轴长 11.25m，短半轴长 7.50m，其锥坡基础放样方法采用外侧量距法，将长半轴分为 10 等分，请计算出在长轴上各等分点外测纵向量距长。

按动 AC/ON 键，打开卡西欧 fx-5800P 编程计算器，按 MODE 5 2 及关于字母 Z 的键，再按▼或▲键，使黑色光标棒选中程序名"ZHPFY"，操作步骤及屏幕显示见表 3-63。

fx-5800P 程序计算锥坡放样数据 表 3-63

步骤	执行运行	屏幕显示	输入	说明
1	EXE	B?	7.50	输入锥形护坡短半轴长
2	EXE	N?	10	输入锥形护坡长半轴等分数
3	EXE	I=1		显示第 1 等分点顺序号
4	EXE	Y[1]=0.04		显示第 1 等分点外测纵向量距长
5	EXE	I=2		显示第 2 等分点顺序号
6	EXE	Y[1]=0.15		显示第 2 等分点外测纵向量距长
7	EXE	I=3		显示第 3 等分点顺序号
8	EXE	Y[1]=0.35		显示第 3 等分点外测纵向量距长

续上表

步骤	执行运行	屏幕显示	输入	说明
9	EXE	I=4		显示第4等分点顺序号
10	EXE	Y[1]=0.63		显示第4等分点外测纵向量距长
11	EXE	I=5		显示第5等分点顺序号
12	EXE	Y[1]=1.01		显示第5等分点外测纵向量距长
13	EXE	I=6		显示第6等分点顺序号
14	EXE	Y[1]=1.50		显示第6等分点外测纵向量距长
15	EXE	I=7		显示第7等分点顺序号
16	EXE	Y[1]=2.14		显示第7等分点外测纵向量距长
17	EXE	I=8		显示第8等分点顺序号
18	EXE	Y[1]=3.00		显示第8等分点外测纵向量距长
19	EXE	I=9		显示第9等分点顺序号
20	EXE	Y[1]=4.23		显示第9等分点外测纵向量距长
21	EXE	I=10		显示长半轴末端点顺序号
22	EXE	Y[1]=7.50		显示长半轴末端点外测纵向量距长
23	EXE	END		提示程序运行结束

第九节　公路试验检测计算程序

一、液塑限联合测定计算程序

液塑限联合测定试验是常见的土工试验项目之一，用来测定土样的液限、塑限以及塑性指数，用以划分土类、确定土的名称、计算天然稠度，了解其工程性质，供公路工程设计和施工使用。

1. 程序运行需已知的条件

(1)土样已通过简易鉴别法及筛分法区别出是细粒土还是砂类土。

(2)土样的液塑限联合测定试验数据，包括：

①土样含水量分别控制在液限(a点)、略大于塑限(c点)和二者的中间状态(b点)时，试锥的入土深度H_3、H_1和H_2；

②土样分别在a、b、c三点状态测完锥入深度后所测得的三个含水量值w_3、w_2、w_1。

2. 绘图确定液塑限的方法

(1)在二级双对数坐标纸上，以含水量 w 为横坐标，锥入深度 h 为纵坐标，点绘 a、b、c 三点含水量的 h-w 图，连此三点，应呈一条直线(如图 3-58 中的 A 线)，如三点不在同一直线上，要通过 a 点与 b、c 两点连成两条直线，根据液限(a 点含水量)计算 h_p(或在 h_p-w_L图上查得)，再在 h-w 图上求出 h_p与 ab 及 ac 两直线上相应的两个含水量，当两个含水量的差值小于 2% 时，以该两点含水量的平均值(即为塑限 w_p)与 a 点连成一直线(如图 3-58 中的 B 线)。当两个含水量的差值大于 2%时，应重做试验。

(2)在 h-w 图上查得纵坐标入土深度 $h=20$mm 所对应的横坐标的含水量 w，即为该土样的液限 w_L。

(3)根据求出的液限 w_L计算 h_p，或通过 w_L-h_p的关系曲线(见图 3-59)查得 h_p，再由图 3-58 的 h-w 线求出入土深度为 h_p时所对应的含水量，即为该土样的塑限 w_p，则塑性指数 $I_P=w_L-w_P$。

注：查 w_L-h_p关系图时，须先通过简易鉴别法及筛分法把砂类土与细粒土区别开来，再按这两种土分别采用相应的 w_L-h_p关系曲线。对于细粒土，用双曲线确定 h_p值；对于砂类土，则用多项式曲线确定 h_p值。

按照上述方法，绘得本案例的 h-w 关系图为 3-60 所示，查图并求反对数得：塑限 $w_p=29.6$(%)，液限 $w_L=60.5$(%)，塑性指数 $I_P=30.9$。

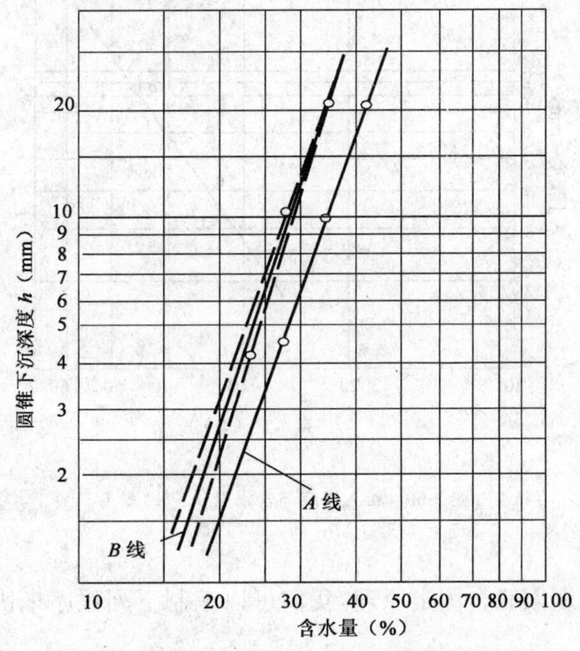

图 3-58 h—w 曲线的绘制方法

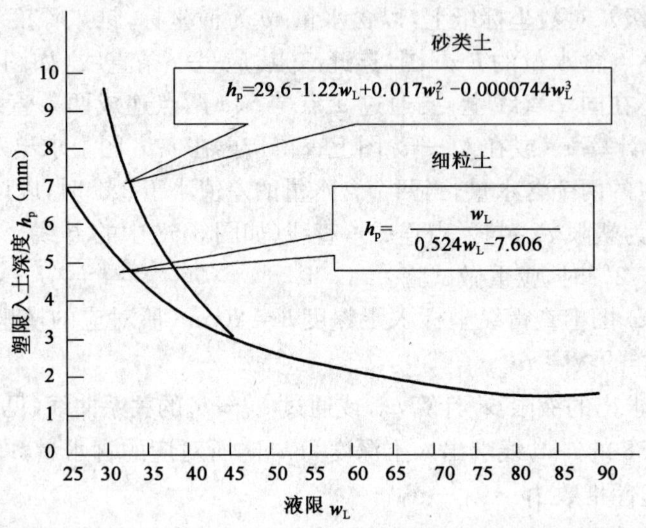

图 3-59　w_L—h_p 关系曲线

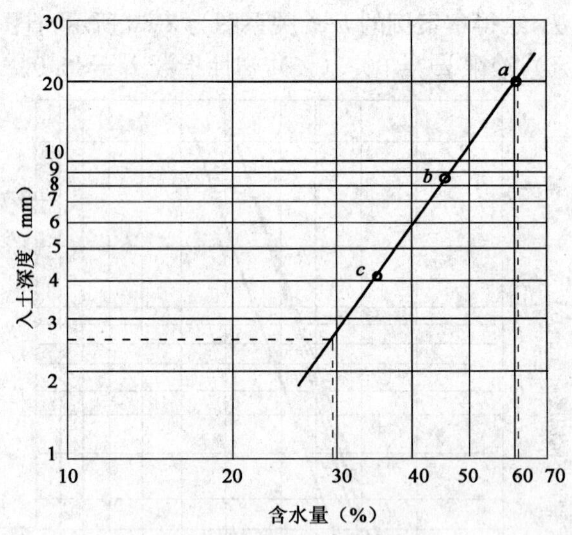

图 3-60　锥入深度与含水量(h—w)图

3. 程序

按照上述液塑限联合测定原理，我们可以编制下列程序来快速计算液塑限指标。

(1)程序清单

主程序名:IP－TEST

```
"H1"? E:"W1"? F:"H2"? C:"W2"? D:"H3"? A:"W3"? B:"K"? K:B→N:Prog
"HP－WL":Log(M)→Y:(Log(C)Log(B)－ Log(A)Log(D)＋Y×Log(D÷B))÷Log
(C÷A)→X:10∧(X)→O:(Log(E)Log(B)－Log(A)Log(F)＋Y×Log(F÷B))÷Log
(E÷A)→Z:10∧(Z)→Q:Abs(O－Q)→P:"G=":P◢
P≥2⇒Goto 1↵
(O＋Q)÷2→R:Log(20)→Y:Prog"H－W":10∧(W)→S:"WL=":S◢
S→N:Prog"HP－WL":Log(M)→Y:Prog"H－W":10∧(W)→V:"WP=":V◢
S－V→T:"IP=":T◢
Lbl 1:"END"↵
```

子程序:"HP－WL"

```
If K<0:Then 29.6－1.22N＋0.017N²－0.0000744N∧(3)→M:Else N÷(0.524N－
7.606)→M:IfEnd:Return↵
```

子程序:"H－W"

```
(Log(M)Log(B)－Log(A)Log(R)＋Y×Log(R÷B))÷Log(M÷A)→W:Return↵
```

(2)屏幕所显示字母含义

H_1——低含水量试样的入土深度,mm;

W_1——低含水量试样的含水量;

H_2——中含水量试样的入土深度,mm;

W_2——中含水量试样的含水量;

H_3——高含水量试样的入土深度,mm;

W_3——高含水量(接近液限)试样的含水量,输入时去掉百分号(%);

K——细粒土与砂类土区分参数,细粒土时输入 0 或一个任意正数;砂类土输入一个任意负数;

G——通过 a 点的两直线 ab、ac 在 h_p 处所对应含水量的偏差值,如超出 2(即表示 2%),表示试验失败,需重做试验,程序直接运行到结束(END),否则程序一直向下计算;

WL——液限;

WP——塑限;

IP——塑性指数。

案例 3-34　已知对某项目土样通过筛分试验得知属细粒土，现进行液限、塑限联合测定试验，得 3 个土样的锥入深度与对应含水量试验数据如表 3-64 所示。试求此种土样的塑限值 w_P、液限值 w_L 以及塑性指数 I_P。

液限、塑限联合测定试验记录表　　表 3-64

试验次数		1		2		3	
入土深度(mm)	h_1	4.20		8.70		19.90	
	h_2	4.00		8.50		20.10	
	$(h_1+h_2)/2$	4.10		8.60		20.00	
含水量试验(%)	盒号	1	2	3	4	5	6
	盒质量(g)	12.26	10.47	13.55	12.36	12.62	13.84
	盒＋湿土质量(g)	2990	33.60	41.20	42.30	49.50	57.30
	盒＋干土质量(g)	25.40	27.70	32.50	32.90	35.60	40.90
	水分质量(g)	4.50	5.90	8.70	9.40	13.90	16.40
	干土质量(g)	13.14	17.23	18.95	20.54	22.98	27.06
	含水量(%)	34.2	34.2	45.9	45.8	60.5	60.6
	平均含水量(%)	34.2		45.8		60.5	

试验：　　　　校核：　　　　复核：　　　　试验日期：

现在我们通过表 3-64 提供的试验数据，用液塑限测定计算程序“IP－TEST”来运行得出试验结果。

按动 AC/ON 键，打开卡西欧 fx-5800P 编程计算器，按 MODE 5 2 及关于字母 I 的键，再按▼或▲键，使黑色光标棒选中程序名“IP－TEST”，操作步骤及屏幕提示见表 3-65。

fx-5800P 计算液塑限指标示范步骤　　表 3-65

步骤	执行运行	屏幕显示	输　入	说　明
1	EXE	H1?	4.10	输入 c 点土样的锥入深度
2	EXE	W1?	34.2	输入 c 点土样含水量
3	EXE	H2?	8.60	输入 b 点土样的锥入深度
4	EXE	W2?	45.8	输入 b 点土样含水量
5	EXE	H3?	20	输入 a 点土样的锥入深度

续上表

步骤	执行运行	屏幕显示	输入	说明
6	EXE	W3?	60.5	输入 a 点土样含水量
7	EXE	K?	0	输入土类区分参数
8	EXE	G=1.849		显示 h_p 所对应 ab、ac 两直线的含水量偏差值
9	EXE	WL=60.5		显示液限值
10	EXE	WP=29.6		显示塑限值
11	EXE	IP=30.9		显示塑性指数值
12	EXE	END		表示程序运行结束

可见,此方法计算快捷,结果准确。

(3)程序运行结构流程图(见图 3-61)

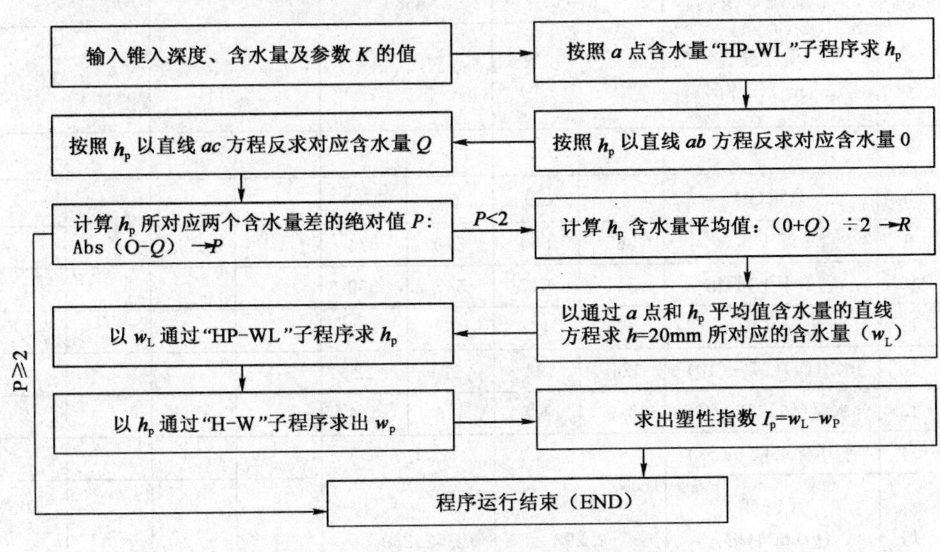

图 3-61 液塑限测定计算程序运行流程图

二、灌砂法测定路基路面压实度的计算程序

1. 灌砂法测定压实度记录表

灌砂法是测量路基路面施工压实度的重要方法,其测定原理非常简单。灌砂法压实度计算是在设计好的表中进行,其计算步骤在表中以序号的形式写明,表 3-66 是一张工地用压实度检测记录表样表。

灌砂法测定压实度表　　表 3-66

项目名称		施工单位		合同段	
监理单位		单项工程名称		范围	
层次	路基	锥体内砂重 m_2（g）	730	标准砂密度 ρ_s（g/cm³）	1.426
最大干密度（g/cm³）	2.320	最佳含水量(%)	5.4	要求压实度(%)	97

序号	试验项目计算公式	试验位置(桩号)							
		K6+800		K6+880					
1	灌砂前筒+砂重(g)	9000		9000					
2	灌砂后筒+砂重(g)	4295		4905					
3	灌入试坑砂重(g) (1)−(2)−m_2	3975		3365					
4	试坑体积(cm³)(3)/ρ_s	2788		2360					
5	试样湿重(g)	6705		5580					
6	湿密度 (g/cm³)(5)/(4)	2.405		2.365					
7	盒号	1	2	3	4				
8	盒重(g)	65	70	65	70				
9	盒+湿土重(g)	565	570	570	574				
10	盒+干土重(g)	541	547	547	552				
11	干土重(g)(10)−(8)	476	477	482	482				
12	水重(g)(9)−(10)	24	23	23	22				
13	含水量(%)(12)/(11)	5.0	4.8	4.8	4.6				
14	平均含水量 w(%)	4.9		4.7					
15	干密度 (g/cm³)(6)/(1+0.02w)	2.293		2.259					
16	最大干密度(g/cm³)	2.32		2.32					
17	压实度(%)(15)/(16)	98.8		97.4					
18	压实层厚度(cm)	18		19					

2. 程序

(1)程序清单

程序名:GUANSHA

```
Lbl 0:"G0"? A:"C"? C:"P"? P:"D(MAX)"? N:"G1"? B:"F"? F:"W"?
W:A-B-C→D:"WKS=":D◢
D÷P→V:"VK=":V◢
F÷V→Q:"PW=":Q◢
Q÷(1+W÷100)→U:"PD=":U◢
(U÷N)×100→K:"K=":K◢
"END":Goto 0↲
```

(2)屏幕所显示字母含义

G0——灌砂前筒+砂重,表中以序号1表示,单位g;

C——锥体内砂重,单位g;

P——标准砂密度,单位g/cm^3;

D(MAX)——试样最大干密度,单位g/cm^3;

G1——灌砂后筒+砂重,表中以序号2表示,单位g;

F——坑中挖出的试样湿重,表中以序号5表示,单位g;

W——平均含水量(%),表中以序号14表示;

WKS——拼音提示,灌入试坑砂重,单位g,表中以序号3表示;

VK——拼音提示,试坑体积,单位cm^3,表中以序号4表示;

PW——湿密度,单位g/cm^3,表中以序号6表示;

PD——干密度,单位g/cm^3,表中以序号15表示;

K——压实度(%),表中以序号17表示。

案例3-35 请以程序计算表3-66中桩号K6+800的压实度。

按动[AC/ON]键,打开卡西欧*fx*-5800P编程计算器,按[MODE] [5] [2]及关于字母G的键,再按▼或▲键,使黑色光标棒选中程序名"GUANSHA",操作步骤及屏幕提示见表3-67。

***fx*-5800P灌砂法测定压实度示范步骤** 表3-67

步骤	执行运行	屏幕显示	输入	说明
1	[EXE]	G0?	9000	输入灌砂前筒+砂重
2	[EXE]	C?	730	输入锥体砂重
3	[EXE]	P?	1.426	输入标准砂密度
4	[EXE]	D(MAX)?	2.320	输入试样最大干容重
5	[EXE]	G1?	4295	输入灌砂后筒+砂重
6	[EXE]	F?	6705	输入坑中挖出的试样湿重

续上表

步 骤	执行运行	屏幕显示	输 入	说 明
7	EXE	W?	4.9	输入平均含水量
8	EXE	WKS＝1.849	3975	显示灌入坑中砂的重量
9	EXE	VK＝2787.5175		显示试坑的体积
10	EXE	PW＝2.405		显示土样湿容重
11	EXE	PD＝2.293		显示土样干容重
12	EXE	K＝98.8		显示压实度
重复步骤1～12,计算下一点位的压实度				

知识链接 含水量试验计算程序

在灌砂法测定压实度试验中,我们会遇到测定土样含水量的问题,下面提供一个含水量试验的计算程序,供大家参考使用。

(1)程序清单:

程序名:WATER-TEST

```
Lbl 0:"HE"? H:"HE + SHITU"? M:"HE + GANTU"? R:R-H → X:
"GANTUZH=":X◢
M-R→Y:"SHUIZH=":Y◢
(Y÷X)×100→Q:"HANSHUIL=":Q◢
"END"↵
Goto 0 ↵
```

(2)屏幕显示字母含义:

HE——汉语拼音提示:盒重,单位 g,表中以序号 8 表示;

HE+SHITU——汉语拼音提示:盒+湿土重,单位 g,表中以序号 9 表示;

HE+GANTU——汉语拼音提示:盒+干土重,单位 g,表中以序号 10 表示;

GANTUZH——汉语拼音提示:干土重,单位 g,表中以序号 11 表示;

SHUIZH——汉语拼音提示:水的质量,单位 g,表中以序号 12 表示;

HANSHUIL——汉语拼音提示:含水量(%),表中以序号 13 表示。

案例 3-36 利用表 3-62 中已有数据,计算桩号 K6＋800 试样的含水率。

按动 AC/ON 键,打开卡西欧 fx-5800P 编程计算器,按 MODE 5 2 及关于字母 W 的键,再按▼或▲键,使黑色光标棒选中程序名"WATER-TEST",操作步骤及屏幕提示见表 3-64。

fx-5800P 灌砂法测定压实度示范步骤 表 3-64

步骤	执行运行	屏幕显示	输入	说明
1	EXE	HE?	65	输入盒重
2	EXE	HE+SHITU?	565	输入盒+湿土重
3	EXE	HE+GANTU?	541	输入盒+干土重
4	EXE	GANTUZH=476		显示盒中干土质量
5	EXE	SHUIZH=24		显示盒中水分质量
6	EXE	HANSHUIL=5.04		显示含水量计算结果为5.04(%)
重复步骤1~6,计算盒号2的含水率(此略)				

三、路基路面现场检测随机取样点位计算程序

1.随机取样选点方法

根据《公路路基路面现场测试规程》(JTG E60—2008)规定:测点位置的选择除连续测定或另有规定外,应遵照附录A随机取样选点的方法确定。《公路路基路面现场测试规程》附录A随机选点的方法可归纳如下:

(1)确定测段总长度

作为一个检测评定对象,它可以是一个作业段,一天完成的路段或路线全程,一般情况下以1km为一个检测路段。例如检测路段为K18+600~K19+000,则该检测段总长为:(K19+000)-(K18+600)=400m。

(2)计算该段检测点数量

参照评定标准,确定该段测试项目应有的检测点数。注意:当检验数量n大于30时,应分段进行。

例如弯沉值检验频度,每一评定段不超过1km,每车道40~50个测定点,平均45个测定点。如测段为400m,则检测点数为$n=0.4\times45=18$(个)。

(3)随机取样位置的确定:

随机取样点位的确定是用"一般取样的随机数表"(见附录A)中的"栏号数"下的ABC三个子栏与检测段总长计算得出的。因此必须熟悉"一般取样的随机数表"的内容及含义。

①栏号:表中共有28个栏号,用来随机抽取。抽取方法如下:

用28块边长2.5cm的方硬纸块,编上1~28个号,放入容器摇动,打乱次序,从中抽出一块,纸块上的号即为所要的栏号。

②表中每一个栏号下均有A、B、C三个子栏。

A子栏:用来选取检测段测点个数,A子栏共30个数,从0~30不按顺序排列,而是随机的,但是选取检测段测点数时,必须按A子栏从上至下顺序选取。

例如栏号 8，如测点为 18 个，则只能选≤18 的号，其 A 子栏顺序是：09，17，02，05，03，08，01，18，14，15，04，16，11，12，13，07，10，06 共 18 个号。

B 子栏：用于计算检测点的纵向距离或桩号，共 30 个数，其排列顺序与 A 子栏的数相对应。例如栏号 8，A 子栏 09，所对应的 B 子栏数必是 0.042。

检测点纵向距离或桩号＝B 子栏系数×检测段长度（m）＋该段起点桩号。

例如 8 栏 A 子栏 09 号点对应 B 子栏系数 0.042，仍按检测段 K18＋600～K19＋000 为例，则该点纵向距离为：0.042×400＋K18＋600＝K18＋616.80 处。

C 子栏：用于计算检测点的横向距离，共 30 个数，其排列顺序与 A 子栏的数相对应。例如栏号 8，A 子栏 09，所对应的 C 子栏数必是 0.07。

检测点的横向距离（即检测点距车道中心的距离）＝C 子栏系数×检测的路基或路面宽－检测的路基或路面宽的一半。

例如栏号 8，A 子栏 09 号对应的 C 子栏系数 0.07，如检测路宽为 10m，则该点横向距离为：0.07×10－10/2＝－4.30m。

此计算值有正负，如是正值（＋），表示在中心线右侧，如是负值（－），表示在中心线左侧。

案例 3-37 某二级公路 K18＋600～K19＋350 作业段的路基施工完毕，现要对本段路床顶面的压实度进行抽样检测。已知路基设计宽度 12m，路面面层厚 22cm，基层 18cm，地基层 18cm，边坡坡度 1∶1.5。试计算确定检查点位位置。

压实度现场检验随机选点步骤：

（1）计算检测段总长度，测点数。本测段长度：（K19＋300）－（K18＋600）＝700m。压实度按 2000m² 检查 4 处较为合理。路床顶面宽度＝12＋（0.22＋0.18＋0.18）×1.5×2＝13.74m，则本段检测点数＝13.74×700÷2000×4＝19。

（2）抽栏号。假如抽出栏号为 8。

（3）抄录抽中栏号的 A、B、C 三子栏中相对应的数值。由附录 A 的随机数表查得栏号 8 所对应 A 子栏、B 子栏、C 子栏数值见表 3-69。

（4）计算测点纵向里程桩号和横向距离。

（5）在检测路段布置测点，用石灰或白粉笔画上标记。

压实度检测位置随机取样选点计算表 表 3-69

测点编号	A 子栏	B 子栏	纵向	C 子栏	横向	
			里程桩号（m）		距路边缘距离（m）	距中心线距离（m）
1	09	0.042	K18＋629.40	0.07	0.96	左 5.91
2	17	0.141	＋698.70	0.411	5.65	左 1.22
3	02	0.143	＋700.10	0.221	3.04	左 3.83
4	05	0.162	＋713.40	0.899	12.35	右 5.48

续上表

测点编号	A子栏	B子栏	纵　向	C子栏	横　向	
			里程桩号(m)		距路边缘距离(m)	距中心线距离(m)
5	03	0.285	+799.50	0.016	0.22	左6.65
6	08	0.369	+858.30	0.557	7.65	右0.78
7	01	0.436	+905.20	0.386	5.30	左1.57
8	18	0.455	+918.50	0.789	10.84	右3.97
9	14	0.498	+948.60	0.276	3.79	左3.08
10	15	0.503	+952.10	0.342	4.70	左2.17
11	04	0.515	+960.50	0.693	9.52	右2.65
12	16	0.532	+972.40	0.112	1.54	左5.33
13	11	0.559	+991.30	0.620	8.52	右1.65
14	12	0.650	K19+055	0.216	2.97	左−3.90
15	13	0.709	+096.30	0.273	3.75	左3.12
16	07	0.745	+121.50	0.687	9.44	右2.57
17	19	0.845	+191.50	0.097	1.33	左5.54
18	10	0.952	+266.40	0.555	7.63	右0.76
19	06	0.961	+272.70	0.504	6.93	右0.05

其中，横向距离为正(+)，位于中心线右侧；为负(−)，位于中心线左侧。

2. 检测点位计算程序

测点纵向里程桩号及横向距离计算虽然简单，但是如检测段多而且线路长，则计算起来量大而繁。为了方便计算并提高工效，实践中，我们可以将计算测点纵向里程桩号、横向量距的过程编成 *fx*-5800P 计算程序。

(1)程序清单

程序名：DWJS(点位计算)

```
Lbl 0："L"？ L："QIDIAN"？ A："D"？ D↵
Lbl 1："B"？ B：If B=0：Then Goto 0：IfEnd："C"？ C：BL+A→E："LICHENG="：E◢
"LB="：CD◢
CD−0.5D→F："DL(R)="：F◢
Got0 1↵
```

(2)屏幕所显示字母含义

L——检测段总长(m)；

QIDIAN——检测段起点里程桩号；

D——检测路面宽(m)；

B——同一栏号下 A 子栏所对应的 B 子栏数值；

C——同一栏号下 A 子栏所对应的 C 子栏数值；

LICHENG——检测点纵向里程桩号(m)；

LB——汉语拼音提示，表示检测点距路边缘距离；

DL(R)——检测点距中心线的横向偏距，左负右正。

3. 程序的操作使用

下面我们采用上述程序来快速计算【案例 3-35】随机抽样检测点的位置。按动 AC/ON 键，打开卡西欧 *fx*-5800P 计算器，按 MODE 5 2 及关于字母 D 键，再按 ▼ 与 ▲ 键，使黑色光标棒选中“DWJS”，操作步骤及屏幕提示见表 3-70。

fx-5800P 计算压实度抽样检测点位示范步骤 表 3-70

步骤	执行运行	屏幕显示	输入	说明
1	EXE	L?	700	输入检测段总长(m)
2	EXE	QIDIAN?	600	输入测段起始桩号
3	EXE	D?	10	输入检测路面宽
4	EXE	B?	0.042	输入 A 子栏点位号所对应 B 子栏的数
5	EXE	C?	0.07	输入 A 子栏点位号所对应 C 子栏的数
6	EXE	LICHENG=629.40		测点桩号
7	EXE	LB=0.96		检测点距路边缘距离
8	EXE	DL(R)=-5.91		检测点距中心线距离
重复 4～8 的步骤，计算其余检测点的位置。欲计算其他检测段的取样点位置，当屏幕显示 B? 时，请输入 0，则程序返回到开头，提示输入下一检测段的总长度、检测起点桩号及检测路面宽，接着计算取样点位置。				

计算完毕后，欲终止程序，请按 AC/ON EXIT EXIT 终止程序运行，并退出程序。计算结果见表 3-41。

四、混凝土施工配合比及施工配料计算程序

1. 计算原理

设混凝土试验室配合比为水泥∶砂∶石＝1∶x∶y，水灰比为 W/C，现场砂、石含水率分别为 W_X、W_Y，每立方米混凝土中水泥用量为 Q，搅拌机出料容量为 V，则混凝土施工配合比为：水泥∶砂∶石＝1∶$x(1+W_X)$∶$y(1+W_Y)$。每拌材料用量为：

水泥：A＝QV

砂：$B=Ax(1+W_X)$

石：$C=Ay(1+W_Y)$

水：$D=AW/C-AxW_X-AyW_Y$

2. 程序

(1)程序清单

程序名：HNTPL

```
"WX"? I:"WY"? J:"X"? X:"Y"? Y:X(1+I)→M:"M=":M◢
Y(1+J)→N:"N=":N◢
"Q"? Q:"V"? V:"W÷C"? W:QV→A:"SHUINI=":A◢
AM→B:"SHA=":B◢
AN→C:"SHI=":C◢
A(W-XI-YJ)→D:"SHUI=":D◢
"END"↵
```

(2)屏幕所显示字母含义：

WX——砂的含水率；

WY——石的含水率；

X——试验室配合比中砂的比例；

Y——试验室配合比中石的比例；

M——施工配合比中砂的比例；

N——施工配合比中石的比例；

Q——每立方米混凝土中水泥用量(kg)；

V——搅拌机每拌出料容量(m^3)；

W÷C——水灰比；

SHUINI——每拌水泥的用量(kg)；

SHA——每拌砂的用量(kg)；

SHI——每拌石的用量(kg)；

SHUI——每拌水的用量(kg)。

案例 3-38 已知某工程 C20 混凝土的试验室配合比为 1：2.52：2.22：0.62(水泥：砂：石：水)，每立方米混凝土水泥用量是 305kg，经测定砂的含水率为 4%。石子含水率为 2%，搅拌机出料容量为 0.25m^3，试求该混凝土的施工配合比和每拌材料用量。

按动 [AC/ON] 键，打开卡西欧 fx-5800P 编程计算器，按 [MODE] [5] [2] 及关于字母 H 的键，再按 ▼ 或 ▲ 键，使黑色光标棒选中程序名"HNTPL"，fx-5800P 计算操作步骤及屏幕提示见表 3-71。

fx-5800P 计算混凝土施工配料示范步骤 表 3-71

步骤	执行运行	屏幕显示	输入	说明
1	EXE	WX?	0.04	输入砂的含水率
2	EXE	WY?	0.02	输入石的含水率
3	EXE	X?	2.52	输入实验室配合比中砂的比例
4	EXE	Y?	2.22	输入实验室配合比中石的比例
5	EXE	M=2.62		显示施工配合比中砂的比例
6	EXE	N=2.26		显示施工配合比中石的比例
7	EXE	Q?	305	输入每立方米混凝土中水泥用量(kg)
8	EXE	V?	0.25	输入搅拌机每拌出料容量(m^3)
9	EXE	W÷C?	0.62	输入水灰比
10	EXE	SHUINI=76.25		显示每拌水泥的用量(kg)
11	EXE	SHA=199.84		显示每拌砂的用量(kg)
12	EXE	SHI=172.66		显示每拌石的用量(kg)
13	EXE	SHUI=36.20		显示每拌水的用量(kg)
14	EXE	END		提示程序运行结束

练 习 题

1. 某竖曲线半径 $R=3000$m，其相邻坡段的纵坡度分别为：$i_1=2.5\%$，$i_2=1.2\%$，变坡点桩号为 K6+770，高程为 96.65m。请利用设计高程计算程序计算：(1)竖曲线要素；(2)如果曲线上每隔 10m 设置一桩(按整桩号)，请列表计算竖曲线上各桩点的设计高程。

2. 图 3-62 所示为闭合导线，已知 $\alpha_{12}=115°07'43''$，P_1 点坐标为(1359.640，2484.080)，观测数据如表 3-72 所列，求闭合导线各点的坐标。

表 3-72

点名	角值(° ′ ″)	边长(m)
P_1	87 51 12	
		107.61
P_2	150 20 12	
		72.44
P_3	125 06 42	
		179.92
P_4	87 29 12	
		179.38
P_5	89 13 42	
		224.50
P_1		

3. 如图 3-63 所示的附合导线，A 点坐标 $X_A=8865.810\text{m}$，$Y_A=5055.330\text{m}$，B 点坐标 $X_B=9846.690$，$Y_B=5354.037$，方位角 $\alpha_{CA}=290°21'00''$，$\alpha_{BD}=351°49'02''$，观测数据如表 3-73 所列。试求附合导线各点的坐标。

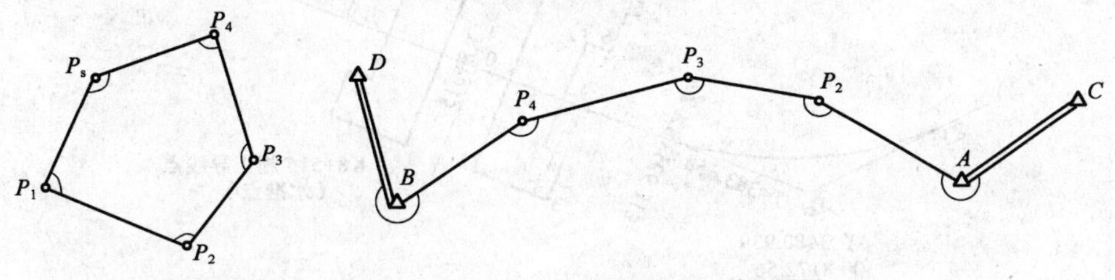

图 3-62　第 2 题图　　　　图 3-63　第 3 题图

附合导线外业测量成果表　　　　表 3-73

点　名	角　值(°′″)	边　长(m)
C		
A	291 07 50	
		388.06
P_2	174 45 20	
		283.38
P_3	143 47 40	
		359.89
P_4	128 58 00	
		161.93
B	222 53 30	

4. 图 3-64 所示为山岭区某高速公路闭合水准路线的观测成果，请按测站数调整高差闭合差，并对临时水准点 1、2、3、4 进行高程计算。

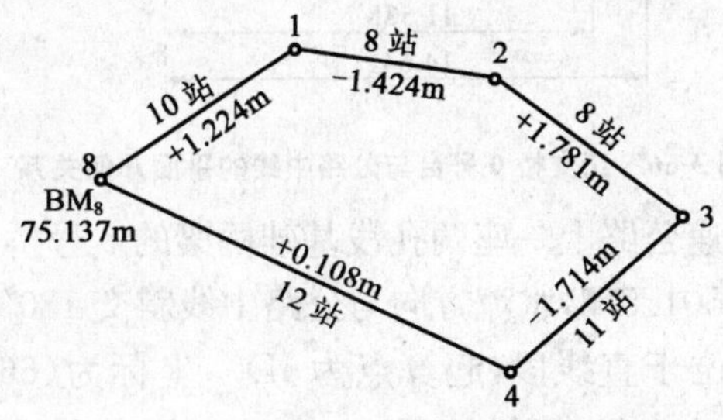

图 3-64　第 4 题图

5. 请仿照案例 3-13 的计算方法，利用基本型程序(JIBENX)计算本例第二个曲线的详细点坐标(按 20m桩距)。

6. 已知某高速公路 JD_{11} 的里程为 K10＋724.673，JD_{11} 的坐标为：N(X)＝4923.005，E(Y)＝5678.45。平曲线为基本型对称曲线，半径 $R=515.835$，$L_S=150$，JD_{10}～JD_{11} 的方位角为 $324°33'12.8''$，曲线转角 $\alpha_{左}=47°05'41.9''$。请运行基本型程序(JIBENX)计算测设元素及详细桩坐标(20m 桩距)。

7. 已知某高速公路正交小桥 K8＋515，由设计资料得图 3-65 与图 3-66 的放样草图，请运用中、边桩放样计算程序计算 0 号桥台基础特征点 1～8 的坐标。

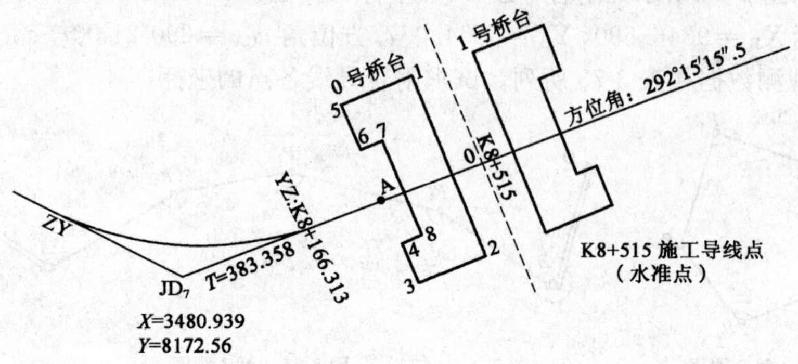

图 3-65 桥轴线、桥台、公路中线几何关系图

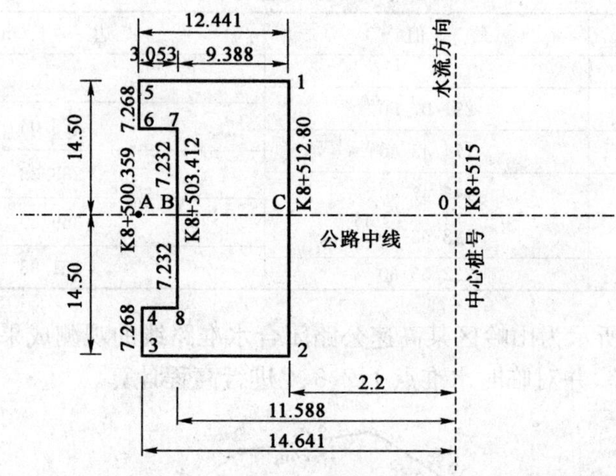

图 3-66 正交桥 0 号台与公路中线的平面几何关系

8. 图 3-67 是某高速公路上一座两孔浅基础桥梁的 0 号桥台放样草图，桥的中心桩号里程为 K115＋501.573，水流方向与公路中线斜交 130°；如经查《直线、曲线及转角表》得知，本桥位于直线段，起算点为 JD_{50}，坐标为(6699.581，2066.479)，JD_{50} 里程桩号为 K115＋106.58，切线长 T＝306.582，HZ 桩号：K115＋402.15，JD_{50} 至桥位中心直线的坐标方位角为 160°10′20″。试计算 0 号台基础各角点的放样坐标。

9. 表 3-74 为某土样液塑限联合试验数据，请利用程序判定试验是否成功，若成功，计算液限 w_L 、塑限 w_P 以及塑性指数 I_P 。

10. 请以灌砂法程序(GUANSHA)计算表 3-66 中桩号 K6＋880 的压实度。

11. 某公路路面检查验收时要在 K8＋000～K9＋000 的检测路段中选取 6 个测点进行钻孔取样检验压实度、沥青含量以及矿料级配，路面宽度 10m。请列表计算取样检测点位置。

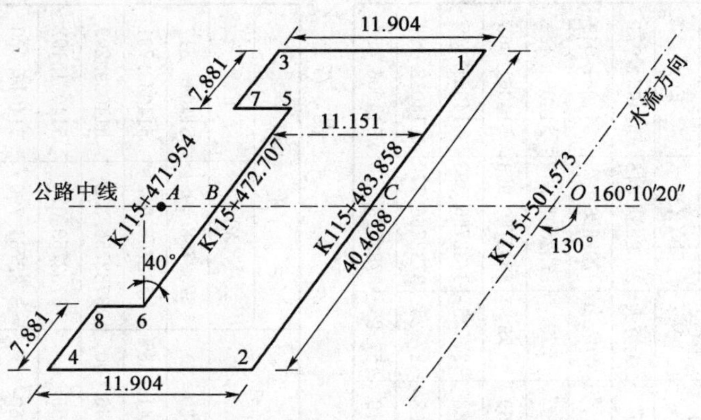

图 3-67　斜交桥的桥台与公路中线的几何关系

液塑限试验数据　　表 3-74

试验项目指标 \ 试验次序		1		2		3	
入土深度(mm)	h_1	5.0		11.9		19.8	
	h_2	4.8		12.3		20.0	
	$(h_1+h_2)/2$	4.9		12.1		19.9	
含水量(%)	盒号	1	2	3	4	5	6
	盒质量(g)	11.6	9.5	13.8	9.0	11.6	12.2
	盒+湿土质量(g)	22.0	19.5	24.3	19.5	22.4	23.6
	盒+干土质量(g)	20.1	17.7	22.2	17.4	20.1	21.1
	水分质量(g)	1.9	1.8	2.1	2.1	2.3	2.5
	干土质量(g)	8.5	8.2	8.4	8.4	8.5	8.9
	含水量(%)	22.4	22.0	25.0	25.0	27.1	28.1
	平均含水量(%)	22.3		25.0		27.6	

12. 如图 3-68，为了测定桥梁轴线 AB 长度，在轴线两侧布置两个三角形 ABC 和 ABD，量测得基线 AC＝232. 340m，AD＝293. 671m，三角形各内角观测值见表 3-75 所示，试利用三角锁平差计算程序计算轴线 AB 长度。

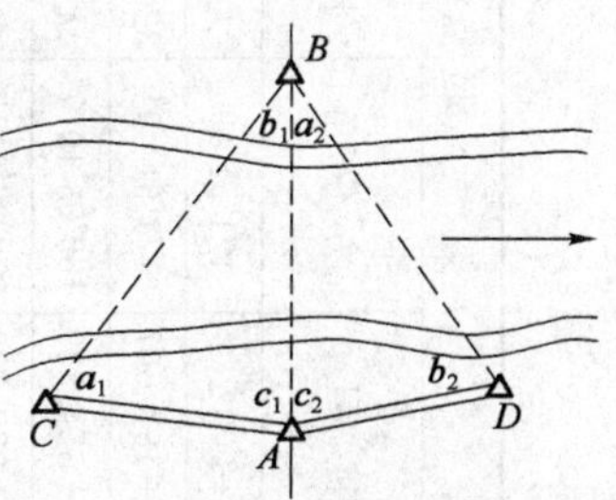

图 3-68　桥梁三角网图

13. 表 3-76 与表 3-77 分别为某高速立交 A 匝道的曲线要素表及逐桩坐标表，请根据表提供的数据，利用程序对主点桩和详细桩的坐标进行验算。

表 3-75

△ABC 角度观测值		△ABD 角度观测值	
a_1	57°20′00″	a_2	45°35′40″
b_1	41°23′40″	b_2	46°01′00″
c_1	81°16′00″	c_2	88°22′40″

某合同段高速立交 A 匝道曲线要素表

表 3-76

序号	线元	曲线转向	起点要素					终点要素				
			桩号	方位角	半径	坐标		桩号	方位角	半径	坐标	
						N(X)	E(Y)				N(X)	E(Y)
1	直线		K0+000	171°51′49″	无穷大	3733177.334	514007.018	K0+197.507	171°51′49″	无穷大	3732981.815	514034.971
2	圆曲线	左转	K0+197.507	171°51′49″	3207.25	3732981.815	514034.971	K0+354.839	169°03′10.7″	3207.25	3732826.675	514061.049
3	缓和曲线	右转	K0+354.839	169°03′10.7″	无穷大	3732826.675	514061.049	K0+379.839	178°36′8.17″	75	3732801.935	514064.422
4	圆曲线	右转	K0+379.839	178°36′8.17″	75	3732801.935	514064.422	K0+400.994	194°45′48.59″	75	3732780.993	514061.968
5	缓和曲线	右转	K0+400.994	194°45′48.59″	75	3732780.993	514061.968	K0+416.912	217°34′41.88″	27.25	3732766.593	514055.439
6	圆曲线	右转	K0+416.912	217°34′41.88″	27.25	3732766.593	514055.439	K0+467.001	322°53′43.08″	27.25	3732766.772	514012.110
7	缓和曲线	右转	K0+467.001	322°53′43.08″	27.25	3732766.772	514012.110	K0+480.101	343°13′21.19″	57.25	3732778.510	514006.452

某合同段高速立交 A 匝道逐桩坐标表

表 3-77

桩号	坐标		桩号	坐标		桩号	坐标	
	N(X)	E(Y)		N(X)	E(Y)		N(X)	E(Y)
AK0+247.229	3732932.650	514042.39	AK0+310	3732870.756	514052.842	AK0+430	3732758.495	514045.317
AK0+255	3732924.977	514043.618	AK0+330	3732851.080	514056.426	AK0+441.956	3732755.962	514033.731
AK0+267	3732913.134	514045.551	AK0+354.839	3732826.675	514061.049	AK0+446.500	3732756.358	514029.209
AK0+276.173	3732904.085	514047.059	AK0+365	3732816.682	514062.887	AK0+455	3732759.076	514021.192
AK0+279	3732901.298	514047.528	AK0+379.839	3732801.935	514064.422	AK0+460	3732761.790	514017.000
AK0+285.500	3732894.890	514048.618	AK0+390.416	3732791.378	514063.935	AK0+467.001	3732766.772	514012.110
AK0+290	3732890.455	514049.38	AK0+400.994	3732780.993	514061.968	AK0+471.200	3732770.294	514009.829
AK0+295	3732885.528	514050.234	AK0+416.911	3732766.594	514055.44	AK0+480.101	3732778.510	514006.452

第四章 *fx*-5800P 的统计计算功能在公路试验检测中的应用

统计计算在道路工程试验与检测中应用非常广泛，下面着重介绍 *fx*-5800P 的统计计算功能在这方面的应用。

第一节 *fx*-5800P 的统计功能菜单介绍

fx-5800P 计算器具有单变量和双变量统计计算功能，单变量统计计算可以解决一般的数据统计问题，应用双变量统计功能可以进行线性回归和非线性回归计算。

一、统计数据的输入与编辑

1. 统计数据的输入

fx-4850P 计算器的单、双变量统计计算模式分别为 SD、LR 模式，用[DT]键输入样本数据，输入的数据是不可见的，也就谈不上编辑了；而 *fx*-5800P 的单、双变量统计计算模式分别为 SD、REG 模式，使用统计串列作为统计样本数据，串列中输入和存储的数据还可随时进行编辑修改。*fx*-5800P 计算器提供了三个串列存储器，分别是 List X、List Y 和 List Freq，每个串列最多可输入并存储 199 个统计数据。使用串列作为统计数据使得统计数据的编辑修改方便可行，还为统计功能的编程应用提供了便利条件。

按[MODE][3](SD)进入单变量统计计算模式，屏幕显示如图 4-1a)所示；[MODE][4](REG)进入双变量统计计算模式，屏幕显示如图 4-1b)所示。第 1 列为行号，不需人工输入，计算器自动排列；第 2 列为单变量(或第 1 个变量)样本数据的输入列；SD 模式的第 3 列或 REG 模式的第 4 列为频数，指每个样本数据出现的次数；REG 模式的第 3 列为第 2 个变量的样本数据输入列，光标指到的位置就是数据输入的单元格，输入相应的数据或者表达式，按[EXE]键确认即可完成单个数据的输入。根据自己的方便，数据可以一列一列地输入，也可一行一行地输入，以列输入时光标自动向下移动，以行输入时需按左右光标移动键。数据频次(FREQ)的自动值为 1。根据需要，在统计数据输入之前，可以选定频次(FREQ)打开或关闭。按[SHIFT][MODE][▼][5](STAT)[1](FreqOn)打开统计频数，按SHIFT MODE ▼ 5 (STAT) 2 (FreqOff)设定为关闭统计频数，当关闭频数时，统计数据编辑器屏幕中不会出现 FREQ 串列，计算时均按缺省值 1 进行计算。

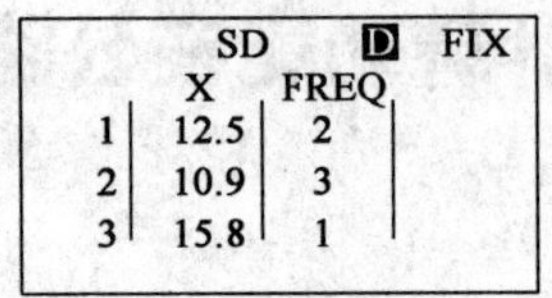

a）单变量编辑屏幕

REG	D	FIX	
	X	Y	FREQ
1	10.5	20	1
2	12.9	24.6	3
3	13.8	26.8	2

b）双变量编辑屏幕

图 4-1 统计数据编辑屏幕

2. 统计数据的编辑

统计数据输入后如发现需要修改，在当前状态即可进行。统计数据的编辑包括：替换单元格的内容、删除行、插入行、插入单元格、删除单元格和删除统计编辑器中的所有数据。

统计数据的编辑有直接编辑和调菜单命令编辑两种。

(1)直接编辑

①要替换单元格的内容，只要将光标移到要替换内容的单元格，然后输入所需的数值或计算表达式，完成后按EXE键确认即可。

②要删除一行数据，将光标移到该行的任意单元格，然后按DEL键。

(2)调菜单命令编辑

要执行其他编辑操作，请在统计输入状态按FUNCTION 5 键调出如图 4-2 左侧屏幕的菜单，再按 1 键调出图 4-2 右侧所示的编辑命令菜单，在编辑命令菜单中，有 4 项编辑命令可供选择。按 1 (Ins Row)键，在当前光标处插入一行；按 2 (Del All)键，删除串列中所有数据；按 3 (Ins Cell)键，在当前光标处插入一个新单元；按 4 (Del Cel)键，删除当前光标处的单元值，删除当前单元值后，同列下面的数据自动向上移动补充。

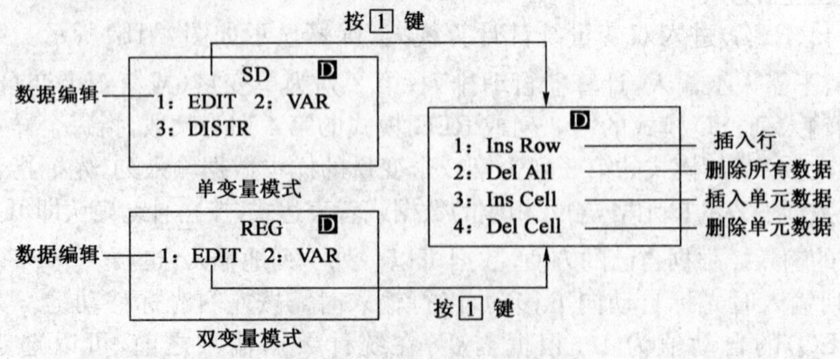

图 4-2 统计数据编辑菜单流程

二、统计结果的计算

确认输入的统计样本数据准确无误后，便可进行一些统计变量或函数的计算。统计计算结果有全部显示与特定显示两种。

1. 显示全部统计变量计算结果

(1)如样本数据输入模式为单变量(SD)模式，请按 [FUNCTION] [6] (RESULT)显示全部计算结果，按▼键翻页查看所有计算结果。

(2)如样本数据输入模式为双变量(REG)模式，请按 [FUNCTION] [6] (RESULT) [1] (2-VAR)显示全部计算结果，按▼键翻页查看所有计算结果。

2. 显示特定变量或函数的计算结果

在普通计算(COMP)模式下，通过调用统计变量及函数来计算和查看特定的统计计算结果，同时，这些统计变量及函数还可应用于表达式的计算，这对统计的编程计算提供了方便。

(1)显示或调用特定统计变量的计算结果：在 COMP 模式下，按 [FUNCTION] [7] (STAT) [2] 键，显示如图 4-3 所示的统计变量菜单，按▼键翻页查看所有计算结果，选中欲显示或调用的统计变量，按对应的序号键，再按 [EXE] 键，则显示选中统计变量的计算结果。

(2)显示或调用特定函数的计算结果：在 COMP 模式下，按 [FUNCTION] [7] (STAT) [3] 键，显示如图 4-4 所示的统计函数菜单，它有四个命令选项，其意义分别如下：

①"P("表示标准正态分布 P(t)的概率：$P(t)=\frac{1}{\sqrt{2\pi}}\int_{-\infty}^{t}e^{-\frac{x^2}{2}}\mathrm{d}x$。

②"Q("表示标准正态分布 Q(t)的概率：$Q(t)=\frac{1}{\sqrt{2\pi}}\int_{0}^{|t|}e^{-\frac{x^2}{2}}\mathrm{d}x$。

③"R("表示标准正态分布 R(t)的概率：$R(t)=\frac{1}{\sqrt{2\pi}}\int_{t}^{+\infty}e^{-\frac{x^2}{2}}\mathrm{d}x$。

④"▶t"表示 X▶t，X▶t= $=\frac{X-\overline{x}}{x\sigma_n}$，也即将变量 X 标准化后的值，其中 X 为用户输入值，$\overline{x}$ 与 $x\sigma_{n-1}$ 为计算器根据输入的数据自动计算而得。

按选中函数的序号键，则屏幕显示函数名，将括号中输入自变量值，再按 [EXE] 键，则显示所选中统计函数的对应计算结果。

例如在 COMP 模式下计算 $\frac{1}{\sqrt{2\pi}}\int_{-3}^{3}e^{-\frac{x^2}{2}}\mathrm{d}x$ 的按键操作步骤为：[FUNCTION] [7] [3] [1] 3 [)] [-] [FUNCTION] [7] [3] [1] −3 [)] [EXE] 键，计算结果为 0.9973。

还可以在SD模式下按功能键调用统计函数菜单计算函数的值，计算结果自动储存在光标所在的串列单元。

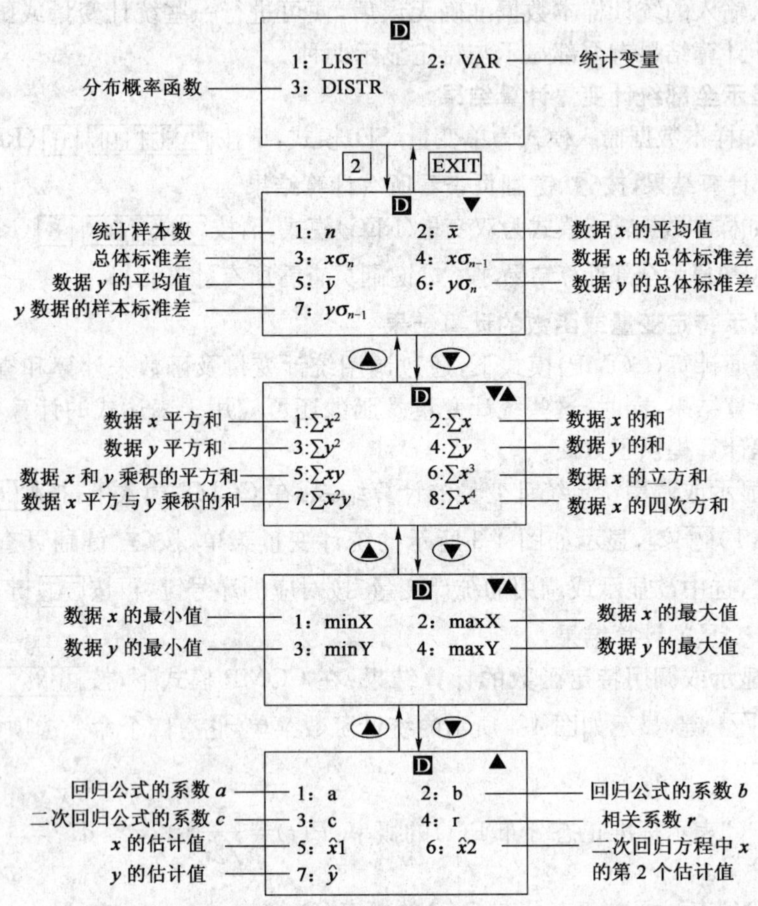

图 4-3　统计变量菜单屏幕

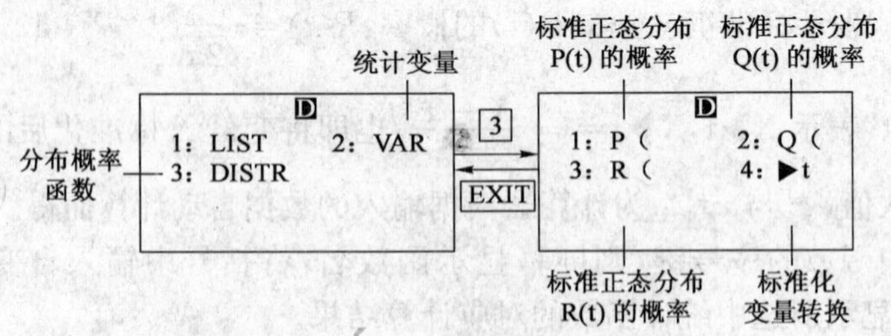

图 4-4　统计函数菜单屏幕

3. 双变量的回归方程计算

(1)回归方程模型

在双变量回归统计中，我们还可以选择计算器内置的回归模式方程对样本数据进行回归计算，从而得出双变量之间的回归方程。fx-5800P 编程计算器为我们提供了下列 7 种可供选择的模型方程（或函数）：

①线性回归方程（Line）：$y = ax + b$ 。

②二次回归方程（Quad）：$y = ax^2 + bx + c$ 。

③自然对数回归方程（Log）：$y = a + b\ln x$ 。

④自然指数回归方程（eExp）：$y = ae^{bx}$ 。

⑤ab 指数回归方程（abExp）：$y = ab^x$ 。

⑥乘方回归方程（Power）：$y = ax^b$ 。

⑦逆回归方程（Inv）：$y = a + b/x$ 。

（2）回归统计计算操作

应先在 COMP 模式下按 [FUNCTION] [6] [1] [EXE] 键执行 ClrStat 命令清除统计串列与统计变量储存器，再进入 REG 模式，在 X 统计串列与 Y 统计串列单元分别输入对应的样本数据，在 Freq 统计串列中输入样本数据的频率，频次为 1 时可不输入。完成所有样本数据的输入后，按 [FUNCTION] [6]（RESULT）键，再按 [2]（REG），屏幕出现 7 种回归模型方程供选择，按选中的回归模型序号键，屏幕随即显示对应回归模型方程系数的统计计算结果，如图 4-5 所示。其中 r 为相关系数，表示回归方程与原样本数据的相关（或拟合）程度，取值范围为［−1,1］，r 越接近于 1，说明回归方程的相关性越强。

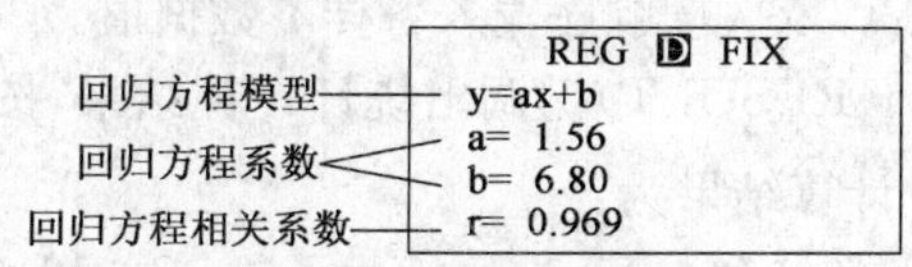

图 4-5　直线模型回归计算结果

注意：尽管在单变量统计计算模式（SD 模式）下屏幕上不显示 Y 串列数据，但计算器会在内部对每个 X 数据提供一个对应的 Y 值，该值始终为 0。因此，在 SD 模式下完成了统计数据的输入后，执行涉及 Y 数据的统计计算（如调用 $\sum$xy），计算器将生成结果而不显示错误。

第二节　单变量统计计算案例

下面我们以一些具体例子说明其应用方法。

一、单变量统计的手动计算（SD 模式）

案例 4-1　某新建高速公路竣工后，在不利季节测得某路段路面的弯沉值如表

4-1,路面设计弯沉值为40(0.01mm),试判断该路段的弯沉值是否符合要求。取保证率系数 $Z_a=2$。

弯沉值检测结果(0.01mm) 表4-1

序号	1	2	3	4	5	6	7	8	9	10	11
l_i	30	29	31	28	27	26	33	32	30	30	31
序号	12	13	14	15	16	17	18	19	20	21	22
l_i	29	27	26	32	31	33	31	30	29	28	28

使用 fx-5800P 计算器的操作步骤如下:

(1)清除原有统计串列储存器的值,方法有两种:

第一种:在COMP模式下按[FUNCTION][6][1][EXE]键执行ClrStat命令。

第二种:按[FUNCTION][5][1][2]键调出Del All命令,按[EXE]确认。

(2)在STAT编辑器列表屏幕中输入全部样本统计数据,步骤如下:

①按[MODE][3]键进入单变量统计计算模式(SD模式),屏幕状态栏显示SD,此时光标自动位于统计串列的List X[1]单元;按[SHIFT][SETUP]▼[5][1]设定统计频数打开(FreqOn)。

②按30 [EXE]键输入第一个样本数据,这时List Freq[1]单元的值自动变成1,按▶▲移动光标到List Freq[1]单元,按4 [EXE]键在List Freq[1]单元输入频次4。按照同样方法依次输入其他样本数据及对应频次。也可不输入频次,这样其默认值自动为1,依次按顺序输入各样本数据值。

③[FUNCTION][6](RESULT)键调出统计计算结果,按▼键向下逐行移动光标查看其余结果。计算结果为:

$$\bar{x}=\bar{l}=29.6(0.01\text{mm}) \qquad x\sigma_{n-1}=S=2.09(0.01\text{mm})$$

代表弯沉值为弯沉检测值的上波动界限,即:

$$l=\bar{l}+Z_a\times S=29.6+2\times 2.09=33.78(0.01\text{mm})$$

因为代表弯沉值 $l<l_d=40(0.01\text{mm})$,所以该路段的弯沉值是满足要求的。

案例4-2 某路段水泥混凝土路面板厚度检测数据如表4-2所示。保证率为95%,设计厚度 $h_d=25$cm,代表值允许偏差 $\Delta h=5$mm,试对该路段的板厚进行评价。

水泥混凝土路面板厚度检测结果(cm) 表4-2

序号	1	2	3	4	5	6	7	8	9	10
厚度 h_i	25.1	24.8	25.1	24.6	24.7	25.4	25.2	25.3	24.7	24.9
序号	11	12	13	14	15	16	17	18	19	20
厚度 h_i	24.9	24.8	25.3	25.3	25.2	25.0	25.1	24.8	25.0	25.1
序号	21	22	23	24	25	26	27	28	29	30
厚度 h_i	24.7	24.9	25.0	25.4	25.2	25.1	25.0	25.0	25.5	25.4

操作步骤如下：

(1)在 COMP 模式下按[FUNCTION][6][1][EXE]键执行 ClrStat 命令。

(2)按[MODE][3]键进入单变量统计计算模式(SD 模式)，屏幕状态栏显示 SD，此时光标自动位于统计串列的 List X[1]单元；按[SHIFT][SETUP][▼][5][1]设定统计频数打开(FreqOn)。

(3)在 Stat 编辑器中按下列频数输入表 4-3 中的数据，当然，也可不考虑数据的统计频数，而直接输入 30 个数。

水泥混凝土路面板各检测厚度频数 表 4-3

序　号	厚　度	频数(FREQ)	序　号	厚　度	频数(FREQ)
1	24.6	1	6	25.1	5
2	24.7	3	7	25.2	3
3	24.8	3	8	25.3	3
4	24.9	3	9	25.4	3
5	25	5	10	25.5	1

(4)按[FUNCTION][6]键调出全部统计计算结果：

$$\bar{x}=25.05, x\sigma_{n-1}=0.24033$$

由此，本题所需结果为： $\bar{h}=25.05\text{cm}, S=0.24033$

根据 $n=30$，保证率为 95%(单边置信水平)，查"t 分布概率系数表"得：$t_{0.95}/\sqrt{n}=0.310$。

(5)代表性厚度 h 为算术平均值的下置信界值，则

$$h=\bar{h}-t_{0.95}/\sqrt{n}\cdot S=25.05-0.31\times0.24=24.98(\text{cm})$$

因为 $h>h_d-\Delta h=24.5\text{cm}$，所以该路段的代表性厚度满足要求。

(6)该路段检测厚度 h_i 满足设计厚度 h_d 的概率，使用概率分布函数表达式 R(25▶t)求得，按键操作方法为：先按[MODE][1]键进入 COMP 模式，再按[FUNCTION][7][3][3] 25 [FUNCTION][7][3][4][)][EXE]键便可求得 R(25▶t)的计算结果为 0.58379，检测厚度 h_i 满足设计厚度 h_d 的概率为 58%。

案例 4-3 某新建公路路基施工中，对其中的一段压实质量进行检查，压实度检测结果如表 4-4 所示，压实度标准 $K_0=95\%$。请按保证率 95%计算该路段的代表性压实度并进行质量评定。

压实度检测结果 表 4-4

序　号	1	2	3	4	5	6	7	8	9	10
压实度(%)	96.4	95.4	93.5	97.3	96.3	95.8	95.9	96.7	95.3	95.6
序　号	11	12	13	14	15	16	17	18	19	20
压实度(%)	97.6	95.8	96.8	95.7	96.1	96.3	95.1	95.5	97.0	95.3

使用 fx-5800P 计算器的操作步骤如下：

(1)按[MODE] [3]键进入单变量统计计算模式(SD 模式)，屏幕状态栏显示 SD，此时光标自动位于统计串列的 List X[1]单元。

(2)清除原有统计数据，按[FUNCTION] [5] [1] [2]键调出 Del All 命令，按[EXE]确认。

(3)在 Stat 编辑器中输入上表提供的 20 压实度检测数据(可以不考虑数据的统计频数)。

(4)按[FUNCTION] [6]键调出全部统计计算结果：

$$\bar{x}=95.97, \quad x\sigma_{n-1}=0.91$$

则 $$\overline{K}=95.7\%, S=0.91\%$$

代表性压实度 K 为算术平均值的下置信界限，即：

$$K=\overline{K}-t_\alpha/\sqrt{n}\times S=95.97-0.387\times 0.91=95.62(\%)$$

由于代表性压实度 $K>K_0=95\%$，所以该路段的压实质量是合格的。

二、单变量统计的编程计算

由于 fx-5800P 提供了三个统计串列变量储存器 List X、List Y 和 List Freq，所以使得统计的编程计算变得方便可行。针对上面计算案例，下面提供两个统计计算程序。

程序一

(1)程序清单

程序名 STAT-SD1

```
ClrStat:0→N:Lbl 0:"List X[N]"? X:If X=0:Then Goto 1:Else N+1→N:If End:
"FREQ"? F:X→List X[N]:F≠1⇒F→List Freq[N]:Goto 0 ↵
Lbl 1:"n=":n◢
"x̄=":x̄◢
"S=":xσn-1◢
"END" ↵
```

(2)屏幕所显示字母含义

List X[N]——输入统计样本数据；

FREQ——统计样本数据出现频次，默认值为 1；

n——样本数据总数；

$\bar{x}$——平均值；

S——标准差；

END——提示程序运行结束。

(3)程序输入与运行说明

①按[MODE] [5](PROG)[1](NEW)键,输入程序名“STAT-SD”。

②按[EXE]选择程序运行模式菜单,按[1]键选择 COMP 普通计算模式,输入上述程序。

③完成程序输入后,连续按[EXIT]键两次退出程序输入状态进入程序主菜单界面,按[2](RUN)键,像普通程序一样运行程序。

程序运行完后,按[MODE] [3]键进入 SD 模式,可以查看或编辑已输入的样本数据。

程序二

程序一再次运行时会将上次输入样本数据自动删除,如果要复查或重新运行上次数据,需在原有程序基础上再增加一个变量,以提供是否清除原有样本数据(ClrStat)的选择,则程序“STAT-SD1”可修改为如下新的程序:

(1)程序清单

程序名:STAT-SD2

```
If n≠0:Then "CLR-OR-NOT"? Q:Q=0⇒Goto 1:IfEnd ↲
ClrStat:0→N:Lbl 0:"List X[N]"? X:If X=0:Then Goto 1:Else N+1→N:IfEnd:
"FREQ"? F:X→List X[N]:F≠1⇒F→List Freq[N]:Goto 0 ↲
Lbl 1:"n=":n ◢
"x̄=":x̄ ◢
"S=":xσn−1 ◢
"END"
```

(2)屏幕所显示字母含义

CLR OR NOT——提示询问是否清除原有统计样本数据,如要复查或重新运行上次输入的数据,则输入 0;否则输入一个除 0 以外的任意数。其他屏幕显示字母意义同程序“STAT-SD1”。也可以先在单变量(SD)编辑器中输入数据,然后按[MODE] [5] [2] [S]键,选中本程序名执行运行(按[EXE]键),当屏幕出现 CLR OR NOT?时,输入 0 直接显示计算结果。

上述两个程序可供读者根据情况选择使用。在计算出平均值和标准差后,可以根据公式手工计算某项指标的代表值,以供评定使用。我们也可将具体使用的计算代表值的公式写入程序,从而直接计算出结果。如在计算案例 4-1 的弯沉值代表值时我们可以在“STAT -SD1”或“STAT -SD12”程序的“END”前加上语句:“ZA”? K:“L=”:$\bar{x}+K\times\overline{x\sigma_{n-1}}$◢。案例 4-2、4-3 计算代表值的语句与此类似。

第三节　双变量的回归计算案例

利用 fx-5800P 的双变量统计功能，我们可以对一些试验数据进行回归计算，建立回归方程，可选择的七种回归模型见本章第一节。按 MODE 4 键进入双变量统计计算模式(REG 模式)，屏幕状态栏显示 REG。将样本数据输入 fx-5800P后，可做到一次输入样本数据，分别进行多种回归计算，最后选择回归系数最大的回归方程。

下面举几个具体案例说明双变量统计功能的运用。

一、核子密度仪干密度与灌砂法干密度回归方程的建立

核子密度仪可以快速测定路基或路面结构层的密度和含水量，并以此计算施工压实度，但由于其直接测定的结果与实际值存在一定的差异，因此一般在正式使用核子密度仪前要对其进行标定，即找出对于工地实际土类用核子仪测定结果与灌砂法测定结果的相关关系(一般为线性关系)，建立两种方法之间的回归方程。根据交通部《公路路基路面现场测试规程》(JTG E60—2008)规定至少测定 15 处，其相关系数 r 应不小于 0.95。

案例 4-4　已知对于某高速公路路基用土，在施工中用核子密度仪法测定干密度和灌砂法测定干密度的对比试验结果如表 4-5，试对核子密度仪法测定干密度进行标定。

核子密度仪法和灌砂法测量干密度对比试验结果(单位：g/cm³)　　表 4-5

测点编号	核子密度仪	灌 砂 法	测点编号	核子密度仪	灌 砂 法
1	1.948	1.908	9	1.919	1.882
2	1.881	1.849	10	1.920	1.886
3	1.917	1.873	11	1.904	1.862
4	1.898	1.847	12	1.895	1.846
5	1.932	1.892	13	1.928	1.901
6	1.900	1.863	14	1.916	1.879
7	1.899	1.857	15	1.983	1.943
8	1.924	1.875	16	1.948	1.916

1. 使用 fx-5800P 计算器手动计算的操作步骤

(1)按 MODE 4 键进入双变量统计模式，此时屏幕状态行显示 REG。

(2)清除原有统计数据，按 FUNCTION 5 1 2 键调出 Del All 命令，按 EXE 确认。或在COMP模式下按 FUNCTION 6 1 EXE 键执行ClrStat命令清除。

(3)在 STAT 编辑器列表屏幕中输入全部 16 组数据,其中核子密度仪试验结果输入 x 串列,灌砂法试验结果输入 y 串列。

(4)按 FUNCTION 6 2 1 (Line)键调出线性回归计算结果,显示如下:

$y=ax+b$,

$a=1.04852786$,

$b=-0.1327117$,

$r=0.97066342$

从计算结果可得出,核子密度仪法干密度与灌砂法干密度之间的线性回归方程是:$y_{砂}=1.04852786x_{核}-0.1327117$,相关系数 $r=0.97>0.95$,呈很强的线性相关关系。根据表 4-5 提供的数据,可以绘制出灌砂法与核子密度仪干密度散点图,如图 4-6 所示。

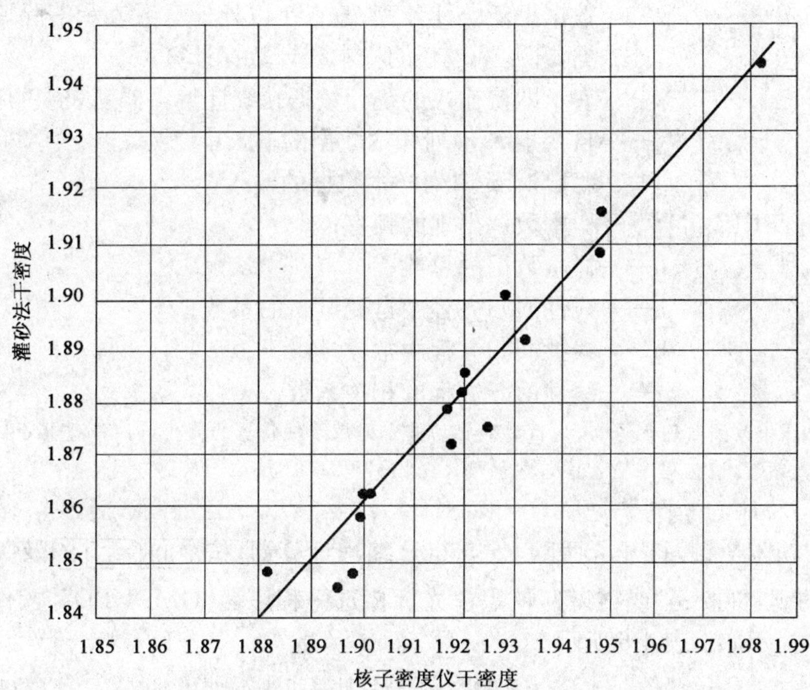

图 4-6 灌砂法与核子密度仪法干密度散点图

2. *fx*-5800P 程序计算

在利用变量输入语句给统计串列赋值时一定要用以下格式:

"字符串"? →统计串列;或? →统计串列

其中赋值符号"→"不能省略,否则程序运行时会提示出错(屏幕显示"Syntax ERROR")。

(1)程序清单

程序名:GMDUBD(干密度标定)

```
"CLR-OR-NOT"? M:If M=1:Then Goto 1:Else ClrStat:0→N:IfEnd:Lbl 0:N+1→N:
"N=":N◢
"X[N]"? X:X=0⇒Goto 1:"Y[N]"? Y:X→List X[N]:Y→List Y[N]:Goto 0:Lbl 1:
LinearReg:"n=":n◢
"a=":a◢
"b=":b◢
"r=":r◢
"END"↵
```

(2)屏幕所显示字母含义

CLR-OR-NOT——英文缩写,提示是否清除原有数据。输入 1 表示对已有数据重新统计计算;输入 1 以外任意数表示清除原有数据,开始输入新的样本统计数据计算;

N——表示即将输入的统计数据在统计编辑器列表中的行号;

X[N]——自变量 X 串列样本数据的输入;

Y[N]——函数值 Y 串列样本数据的输入;

FREQ[N]——样本数据出现的频率;

n——样本数据的总数;

a——线性回归方程中自变量 x 的系数;

b——线性回归方程中常数;

r——线性回归方程的相关系数。

注:本程序中无频数输入语句,运行时会自动按 1 记录于编辑器的频次统计串列 Freq[N]中;如要输入频数,请在程序输入语句中加"FREQ[N]"? →List Freq[N]。

(3)程序的操作

按动 AC/ON 键,打开卡西欧 *fx*-5800P 编程计算器,按 MODE 5 2 及关于字母 G 的键,再按▲或▼键,使黑色光标棒选中程序名"GMDUBD",操作步骤及屏幕提示如下表 4-6 所示。

***fx*-5800P 程序统计计算步骤** 表 4-6

步骤	执行运行	屏幕显示	输入	说明
1	EXE	CLR-OR-NOT?	0	输入 1 以外的数表示清除原有数据
2	EXE	N=1		提示准备输入第 1 行数据
3	EXE	X[N]?	1.948	输入第 1 行 X 串列数据
4	EXE	Y[N]?	1.908	输入第 1 行 Y 串列数据
5	…	……	……	依次输入第 2 行~第 16 行的其余 15 组数据

续上表

步骤	执行运行	屏幕显示	输入	说明
6	EXE	N=17		提示准备输入第17行串列数据
7	EXE	X[N]?	0	X串列输入0表示样本数据输入结束
8	EXE	n=16		显示样本总数
9	EXE	a=1.048528		显示线形方程中x的系数
10	EXE	b=−0.13271		显示线性回归方程中常数
11	EXE	r=0.97066		显示相关系数值
12	EXE	END		提示程序运行结束

二、以混凝土早期强度推算28天的强度

我国混凝土构件的设计和质量检验均以标准养护28天强度作为根据，这种方法检验周期过长，常常难以满足施工现场要求。为做好水泥混凝土质量控制和强度早期评估，可以通过多组试验建立混凝土3天或7天强度与28天强度的关系，从而以混凝土早期强度推估28天强度。为提高早期预测混凝土强度的可信性和准确性，根据建设部行业标准JGJ/T 15—2008有关规定，选定建立回归方程的试件数量不应少于30对组。由于水泥品种、粗细骨料品种、矿物掺合料的品种和掺量以及外加剂的品质等均影响混凝土强度的增长速度，因此应采用与工程相同的原材料建立强度关系式。当任何一种原材料发生变化时需重新建立新的强度关系式。

案例4-5 某工地试验室要建立所用矿渣硅酸盐水泥7天与28天抗压强度关系，用以质量控制和混凝土强度早期评估。现测得30组混凝土7天与28天抗压强度如表4-7所示，试求回归方程，并计算：①混凝土7天抗压强度为19MPa时，28天抗压强度是多少？②如28天抗压强度要达到25MPa，那么7天抗压强度应为多少？

某矿渣硅酸盐水泥混凝土7天与28天抗压强度值(MPa)　　表4-7

编号	7天	28天	编号	7天	28天
1	20.6	34.3	7	23.4	35.2
2	13.8	23.6	8	10.9	21.9
3	10.8	20.5	9	5.8	15.7
4	10.6	20.4	10	17.1	27.5
5	12.1	23.4	11	12.5	23.8
6	18.4	29.4	12	21.1	31.6

续上表

编　号	7天	28天	编　号	7天	28天
13	11.8	23.2	22	14.5	24.6
14	10.7	22.8	23	17.0	27.2
15	13.6	22.3	24	19.1	31.6
16	19.2	28.5	25	12.3	22.8
17	16.8	29.9	26	14.1	22.9
18	13.6	23.8	27	11.9	20.6
19	11.3	21.3	28	15.8	25.9
20	13.9	24.2	29	12.5	22.5
21	18.6	31.9	30	9.3	18.2

绘制矿渣硅酸盐水泥混凝土 7 天与 28 天抗压强度散点图见图 4-7。

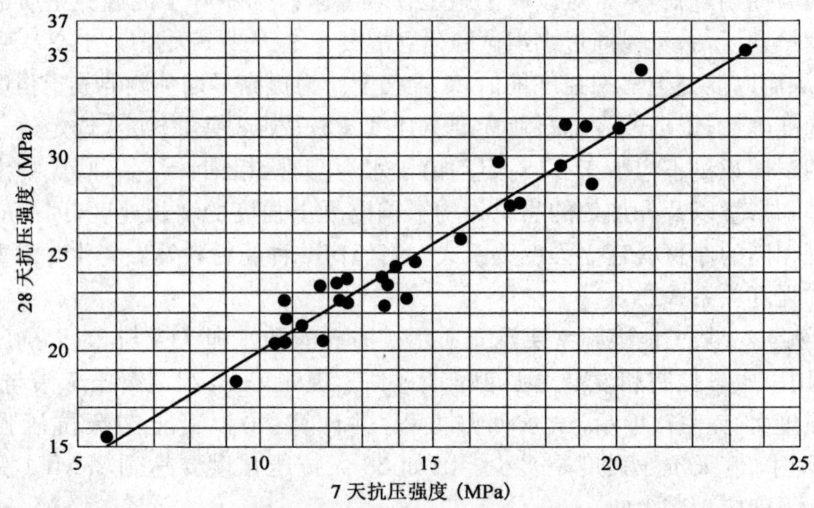

图 4-7　某工地矿渣硅酸盐水泥混凝土 7 天与 28 天抗压强度散点图

由散点图可知：7 天与 28 天抗压强度成呈线形关系。下面我们利用 fx-5800P编程计算器进行统计回归计算，建立回归方程。

1. 使用 fx-5800P 手动计算的操作步骤

(1)按 SHIFT SETUP ▼ 5 1 设定统计频数打开(FreqOn)。

(2)按 MODE 4 键进入双变量统计模式，此时屏幕状态行显示 REG。

(3)清除原有统计数据，按 FUNCTION 5 1 2 键调出 Del All 命令，按 EXE 确认。

(4)将 7 天抗压强度值作为 X 列输入，28 天抗压强度值作为 Y 列输入。

(5)按 FUNCTION 6 2 1 (Line)键，显示线性回归计算结果：

$y=ax+b$

$a=1.1492492$,

$b=8.45867227$,

$r=0.9675135$

则：线性回归方程为：$y=1.1492492x+8.4567227$

相关系数 $r=0.9675135>0.90$，表明样本数据呈显著的线性相关关系。

(6)按 MODE 1 键进入 COMP 模式，按 19 FUNCTION 7 2 ▼ ▼ ▼ 7 EXE 键，显示计算结果为 30.29，即推算得 28 天的抗压强度为 30.29MPa。

按 25 FUNCTION 7 2 ▼ ▼ ▼ 5 EXE 键，显示计算结果为 14.39，即 7 天的抗压强度应至少为 14.39MPa。

按 MODE 4 键返回双变量统计模式(REG)，按 FUNCTION 6 (RESULT) 1 (2-VAR)显示双变量统计结果，逐次按 ▼ 键显示其余双变量统计结果值。

2. *fx*-5800P 程序计算

(1)程序清单

程序名：HNTQD(混凝土强度推算)

```
"CLR-OR-NOT"? M:If M=1:Then Goto 1:Else ClrStat:IfEnd:0→N:Lbl 0:N+1→N:
"N=":N ◢
"X[N]"? X:X=0⇒Goto 1:"Y[N]"? Y:X→List X[N]:Y→List Y[N]:Goto 0:Lbl 1:
LinearReg:"n=":n ◢
"a=":a ◢
"b=":b ◢
"r=":r ◢
Lbl 2:"X"? C:"ŷ=":Cŷ ◢
"Y"? D:D=0⇒Goto 3:"x̂1=":Dx̂1 ◢
Goto 2:Lbl 3:"END" ↵
```

注：本程序和后面一个程序同样均无频数输入语句，如要输入频数，请在程序输入语句中加"FREQ[N]"? →List Freq[N]。

(2)屏幕所显示字母含义

CLR-OR-NOT——英文缩写，提示是否清除原有数据。输入 1 表示对已有数据重新统计计算；输入 1 以外任意数表示清除原有数据，开始输入新的样本统计数据计算；

N——表示即将输入的统计数据在统计编辑器列表中的行号；

X[N]——自变量 X 串列样本数据的输入；

Y[N]——函数值 Y 串列样本数据的输入；

n——样本数据的总数；

a——线性回归方程中自变量 x 的系数；

b——线性回归方程中常数；

r——线性回归方程的相关系数；

X——输入任意一个自变量值；

$\hat{y}$——相对应一个自变量 x 值的 y 的估计值；

Y——输入任意一个函数值，当其值输入 0 时程序转入结束，屏幕出现提示“END”；

$\hat{x}_1$——相对应一个函数值 y 的自变量 x 的估计值；

END——提示程序运行结束。

(3)程序的操作使用

按动 AC/ON 键，打开卡西欧 fx-5800P 编程计算器，按 MODE 5 2 及关于字母 H 的键，再按▼或▲键，使黑色光标棒选中程序名“HNTQD”，操作步骤及屏幕提示如下表 4-8 所示。

fx-5800P 程序统计计算步骤 表 4-8

步骤	执行运行	屏幕显示	输入	说明
1	EXE	CLR-OR-NOT?	0	输入 1 以外的数表示清除原有数据
2	EXE	N=1		提示准备输入第 1 行数据
3	EXE	X[N]?	20.6	输入第 1 行 X 串列数据
4	EXE	Y[N]?	34.3	输入第 1 行 Y 串列数据
5	…	……	……	依次输入第 2 行～第 30 行的其余 29 组数据
6	EXE	N=31		提示准备输入第 31 行串列数据
7	EXE	X[N]?	0	X 串列输入 0 表示样本数据输入结束
8	EXE	n=30		显示样本总数
9	EXE	a=1.149249		显示线形方程中 x 的系数
10	EXE	b=8.458672		显示线性回归方程中常数
11	EXE	r=0.967514		显示相关系数值
12	EXE	X?	19	
13	EXE	$\hat{y}$=30.29		
14	EXE	Y?	25	
15	EXE	$\hat{x}$=14.39		
16	如欲退出程序，按 AC/ON EXIT EXIT 键，退至程序运行主菜单			

也可以先在双变量(REG)编辑器中输入数据，然后按[MODE] [5] [2] [H]键，选中本程序名执行运行(按[EXE]键)，当屏幕出现CLR OR NOT?时，输入1直接对输入数据进行统计计算，并显示结果。下一个程序同上述过程。

三、建立混凝土回弹值与抗压强度关系的测强曲线

用回弹仪可以现场测定水泥混凝土的回弹值。如果我们通过一定量的抽样代表试验，建立混凝土回弹值与抗压强度关系的测强曲线，我们便可以通过所测混凝土的回弹值对混凝土的抗压强度进行快速评定。根据《公路路基路面现场测试规程》(JTG E60-2008)，用于建立测强曲线的混凝土标准试块尺寸为15cm×15cm×15cm，采用1.5、1.75、2.0、2.25、2.50五个灰水比，以便得到不少于30对数据。试件与被测对象应有相同的材料品质、成型、养护和龄期等基本条件。混凝土试件到达龄期后，将试块用压力机加压至30～50KN稳住，用回弹仪在两侧面分别测定8个测点，计算平均回弹值，然后进行抗压强度试验。计算平均回弹值的公式为：

$$\overline{N}_S = \frac{\sum N_i}{10} \tag{4-1}$$

式中：$\overline{N}_S$——平均回弹值，准确至0.1；

N_i——第i个测点的回弹值。

建立的测强曲线关系式可为直线或其他适当的形式，相关系数不得小于0.90。

案例4-6 现用回弹仪对30块混凝土试件进行强度试验，分别测定其回弹值N和抗压强度R，试验结果见表4-9。试确定抗压强度R和回弹值N之间的测强曲线，并计算当回弹值N=30时，抗压强度R应为多少。

回弹值N和抗压强度R试验结果 表4-9

编　号	1	2	3	4	5	6	7	8	9	10
回弹值N	27.1	27.5	30.3	31.0	35.7	35.4	38.9	37.6	26.9	25.0
抗压强度R(MPa)	12.2	11.6	16.9	17.5	20.5	32.1	31.0	32.9	12.0	10.8
编　号	11	12	13	14	15	16	17	18	19	20
N	28.0	31.0	32.2	37.8	36.6	36.6	24.2	31.0	30.4	33.3
抗压强度R(MPa)	14.4	18.4	22.8	27.9	32.9	30.8	10.8	15.2	16.3	22.4
编　号	21	22	23	24	25	26	27	28	29	30
N	37.2	38.4	37.6	22.9	30.5	30.4	29.4	36.7	37.8	36.0
抗压强度R(MPa)	31.7	27.0	32.5	10.6	12.9	14.6	18.6	25.4	23.2	28.3

(1)使用 fx-5800P 手动回归计算的操作步骤

①按 MODE 4 键进入双变量统计模式，此时屏幕状态行显示 REG。

②清除原有统计数据，按 FUNCTION 5 1 2 键调出 Del All 命令，按 EXE 确认。或在COMP模式下按 FUNCTION 6 1 EXE 键执行ClrStat命令清除。

③在双变量编辑器列表屏幕中输入全部 30 对数据，其中回弹值 N 输入 X 串列，抗压强度 R(MPa)输入 Y 串列。

④分别按 FUNCTION 6 2 1 ～ 7 键显示 7 种回归模型的计算结果，见表4-10所示。

案例 4-6 的七种回归模型计算结果 表 4-10

序号	回归计算模型	屏幕显示	回归方程	相关系数 r
1	Line(线性回归)	$y=ax+b$ $a=1.53727257$ $b=-28.754743$ $r=0.91318095$	$R=1.5373x-28.7547N$	$r=0.91318$
2	Quad(二次回归)	$y=ax^2+bx+c$ $a=0.04634243$ $b=-1.4014606$ $c=16.8128415$	$R=0.046N^2-1.40N+16.8$	
3	Log(对数回归)	$y=a+b\ln x$ $a=-143.11191$ $b=47.3461923$ $r=0.90183069$	$R=-143.11+47.346\ln N$	$r=0.90183$
4	eExp(指数回归)	$y=ae^{bx}$ $a=1.5317799$ $b=0.07863272$ $r=0.94006975$	$R=1.5317799e^{0.07863272N}$	$r=0.94007$
5	abExp(ab 指数回归)	$y=ab^x$ $a=1.5317799$ $b=1.08180692$ $r=0.94006975$	$R=1.53178\times1.0818^N$	$r=0.94007$
6	Power(乘方回归)	$y=ax^b$ $a=4.14123\times10^{-3}$ $b=2.44016626$ $r=0.93542761$	$R=4.14123\times10^{-3}\times N^{2.440166}$	$r=0.95543$
7	Inv(逆回归)	$y=a+b/x$ $a=65.8192692$ $b=-1418.5163$ $r=-0.8842673$	$R=65.819-1418.5163/N$	$r=-0.8843$

由于回归模型 4 或 5 的相关系数 r 最大，$r=0.94007>0.90$，所以取回归方程 4 或 5 作为测强曲线方程，现取指数回归作为测强曲线，其方程为 $R=1.5317799e^{0.07863272N}$。

⑤按 MODE 1 键进入 COMP 模式，按 30 FUNCTION 7 2 ▼ ▼ ▼ 7 EXE 键，显示计算结果为16.21，即表示：当回弹值 N=30 时，换算为对应的抗压强度是 16.21MPa。也可以按 EXIT FUNCTION 1 30 FUNCTION 7 2 ▼ ▼ ▼ 7 EXE，得相同计算结果。

(2) fx-5800P 程序计算

①程序清单

程序名：TJMXZH(统计模型综合计算)

```
"CLR-OR-NOT"? M:If M=1:Then Goto 1:Else ClrStat:IfEnd:0→N:Lbl 0:N+1→N:
"N=":N◢
"X[N]"? X:X=0⇒Goto 1:"Y[N]"? Y:X→List X[N]:Y→List Y[N]:Goto 0:Lbl 1:
"MODEL"? K:If K=1:Then LinearReg:Goto 2:IfEnd:If K=2:Then QuadReg:Goto 3:
IfEnd:If K=3:Then LogReg:Goto 2:IfEnd:If K=4:Then ExpReg:Goto 2:IfEnd:If K=
5:Then abExpReg:Goto 2:IfEnd:If K=6:Then PowerReg:Goto 2:IfEnd:If K=7:Then
InvReg:IfEnd:Lbl 2:"n=":n◢
"a=":a◢
"b=":b◢
"r=":r◢
Goto 1:Lbl 3:"n=":n◢
"a=":a◢
"b=":b◢
"c=":c◢
"r=":r◢
Goto 1↵
```

②屏幕所显示字母含义

CLR-OR-NOT——英文缩写，提示是否清除原有数据。输入 1 表示对已有数据重新统计计算；输入 1 以外任意数表示清除原有数据，开始输入新的样本统计数据计算；

N——表示即将输入的统计数据在统计编辑器列表中的行号；

X[N]——自变量 X 串列样本数据的输入；

Y[N]——函数值 Y 串列样本数据的输入；

MODEL——选择模型函数的英文提示，欲选哪种模型方程进行回归计算，当屏幕出现此英文提示时就输入哪种模型方程的序号；

n——样本数据的总数；

a——线性回归方程中自变量 x 的系数；

b——线性回归方程中常数；

r——线性回归方程的相关系数。

③程序的操作使用

按动 [AC/ON] 键，打开卡西欧 fx-5800P 编程计算器，按 [MODE] [5] [2] 及关于字母 T 的键，再按▼或▲键，使黑色光标棒选中程序名"TJMXZH"，操作步骤及屏幕提示如表 4-11 所示。

fx-5800P 程序统计计算步骤 表 4-11

步骤	执行运行	屏幕显示	输入	说明
1	[EXE]	CLR-OR-NOT?	0	输入 1 以外的数表示清除原有数据
2	[EXE]	N=1		提示准备输入第 1 行数据
3	[EXE]	X[N]?	27.1	输入第 1 行 X 串列数据
4	[EXE]	Y[N]?	12.2	输入第 1 行 Y 串列数据
5	…	……	……	依次输入第 2 行～第 30 行的其余 29 组数据
6	[EXE]	N=31		提示准备输入第 31 行串列数据
7	[EXE]	X[N]?	0	X 串列输入 0 表示样本数据输入结束
8	[EXE]	MODEL?	1	输入线性函数的序号
9	[EXE]	n=30		显示样本总数
10	[EXE]	a=1.537273		显示线形方程中 x 的系数
11	[EXE]	b=−28.754743		显示线性回归方程中常数
12	[EXE]	r=0.913181		显示相关系数值
13	…	……	……	依次输入其余 6 个模型函数的序号进行回归计算，并显示计算结果
14	如欲退出程序，按 [AC/ON] [EXIT] [EXIT] 键，退至程序运行主菜单			

练习题

1. 已知某一级公路的底基层为石灰稳定细粒土，经现场取样并做 6 个试件的抗压强度试验后得 6 个抗压强度数值分别为：1.1，1.2，1.2，1.2，1.3，1.3，单位为 MPa。已知一级公路底基层的抗压强度标准为 0.8MPa，试利用统计方法对其质量进行评定。

2. 已知某大桥上部结构混凝土施工中，在标准养护条件下养护 28 天的同批 15 组混凝土试件，经抗压强度试验后得它们的抗压强度代表值如表 4-12 所示，抗压强度单位 MPa。已知混凝土设计抗压强度 $R_D=40$MPa，试按有关规范对其质量进行评定。

抗压强度代表值数据 表 4-12

序　号	1	2	3	4	5	6	7	8	9	10
抗压强度 R_i	39.8	42.4	43.8	47.8	44.8	38.0	41.4	46.8	43.6	46.2
序　号	11	12	13	14	15					
抗压强度 R_i	40.3	43.6	44.5	46.8	43.8					

3. 某新建高速公路路基施工中，对其中某一路段压实质量进行检查，压实度检测结果分别为 96.57%、95.39%、93.85%、97.32%、96.28%、95.86%、95.93%、96.87%、95.34%、95.93%，请按保证率 95%计算该路段的代表性压实度，并判断该路段的压实质量是否符合要求（压实度标准为 $K_0=95\%$）。

4. 已知一石灰稳定土击实试验记录如表 4-13：试用双变量回归法按二次抛物线拟合，相关系数 r 是多少？如相关系数 $r>0.9$，求出最佳含水率与最大干重度，并与传统方法试验结果：$W_0=15\%$，$\rho_{dmax}=1.81\text{g/cm}^3$ 相比较。

石灰土击实试验数据 表 4-13

含水量 W(%)	11	13.2	15.2	17.6	19.1
干密度 ρ_d(g/cm^3)	1.77	1.80	1.81	1.74	1.71

5. 混凝土的抗压强度 R 随养护时间 t 的延长而增加，表 4-14 列出了 12 组混凝土养护时间 t(天)与抗压强度 R(kg/cm^2)的测试数据，根据测得数据所作的散点图可以判定 R 与 t 基本成对数关系，试求回归方程，并计算 $t=64$ 天时的抗压强度和抗压强度达到 $R=110$MPa 时所需的养护时间。

混凝土养护时间 t 与抗压强度 R 的测试数据 表 4-14

序　号	1	2	3	4	5	6	7	8	9	10	11	12
时间 t(天)	2	3	4	5	7	9	12	14	17	21	28	56
抗压强度 R(MPa)	3.5	4.2	4.7	5.7	5.7	6.5	6.6	7.3	7.6	8.2	8.6	9.9

附表 A　一般取样的随机数表

栏号 1			栏号 2			栏号 3			栏号 4			栏号 5		
A	B	C	A	B	C	A	B	C	A	B	C	A	B	C
15	0.033	0.578	05	0.048	0.879	21	0.013	0.220	18	0.089	0.716	17	0.024	0.863
21	0.101	0.300	17	0.074	0.156	30	0.036	0.853	10	0.102	0.330	24	0.060	0.032
23	0.129	0.916	18	0.102	0.191	10	0.052	0.746	14	0.111	0.925	26	0.074	0.639
30	0.158	0.434	06	0.105	0.257	25	0.061	0.954	28	0.127	0.840	07	0.167	0.512
24	0.177	0.397	28	0.179	0.447	29	0.062	0.507	24	0.132	0.271	28	0.194	0.776
11	0.202	0.271	26	0.187	0.844	18	0.087	0.887	19	0.285	0.899	03	0.219	0.166
16	0.204	0.012	04	0.188	0.482	24	0.105	0.849	01	0.326	0.037	29	0.264	0.284
08	0.208	0.418	02	0.208	0.577	07	0.139	0.159	30	0.334	0.938	11	0.282	0.262
19	0.211	0.798	03	0.214	0.402	01	0.175	0.647	22	0.405	0.295	14	0.379	0.594
29	0.233	0.070	07	0.245	0.080	23	0.196	0.873	05	0.421	0.282	13	0.394	0.405
07	0.260	0.073	15	0.248	0.831	26	0.240	0.981	13	0.451	0.212	06	0.410	0.157
17	0.262	0.308	29	0.261	0.087	14	0.255	0.374	02	0.461	0.023	15	0.438	0.700
25	0.271	0.180	30	0.302	0.883	06	0.310	0.043	06	0.487	0.539	22	0.453	0.635
06	0.302	0.672	21	0.318	0.088	11	0.316	0.653	08	0.497	0.396	21	0.472	0.824
01	0.409	0.406	11	0.376	0.936	13	0.324	0.585	25	0.503	0.893	05	0.488	0.118
13	0.507	0.693	14	0.430	0.814	12	0.351	0.275	15	0.594	0.603	01	0.525	0.222
02	0.575	0.654	27	0.438	0.676	20	0.371	0.535	27	0.620	0.894	12	0.561	0.980
18	0.591	0.318	08	0.467	0.205	08	0.409	0.495	21	0.629	0.841	08	0.652	0.508
20	0.610	0.821	09	0.474	0.138	16	0.445	0.740	17	0.691	0.583	18	0.668	0.271
12	0.631	0.597	10	0.492	0.474	03	0.494	0.929	09	0.708	0.689	30	0.736	0.634
27	0.651	0.281	13	0.499	0.892	27	0.543	0.387	07	0.709	0.012	02	0.763	0.253
04	0.661	0.953	19	0.511	0.520	17	0.625	0.171	11	0.714	0.049	23	0.804	0.140
22	0.692	0.089	23	0.591	0.770	02	0.699	0.073	23	0.720	0.695	25	0.828	0.425
05	0.779	0.346	20	0.604	0.730	19	0.720	0.934	03	0.748	0.413	10	0.843	0.627
09	0.787	0.173	24	0.654	0.330	22	0.816	0.802	20	0.781	0.603	16	0.858	0.849
10	0.818	0.837	12	0.728	0.523	04	0.838	0.166	26	0.830	0.384	04	0.903	0.327
14	0.985	0.631	16	0.753	0.344	15	0.904	0.116	04	0.843	0.002	09	0.912	0.382
26	0.912	0.376	01	0.806	0.134	28	0.969	0.742	12	0.884	0.582	27	0.935	0.162
28	0.920	0.163	22	0.878	0.884	09	0.974	0.046	29	0.926	0.700	20	0.970	0.582
03	0.945	0.140	25	0.939	0.162	05	0.977	0.494	16	0.951	0.601	19	0.975	0.327

栏号 6			栏号 7			栏号 8			栏号 9			栏号 10		
A	B	C	A	B	C	A	B	C	A	B	C	A	B	C
30	0.030	0.901	12	0.029	0.386	09	0.042	0.071	14	0.061	0.935	26	0.038	0.023
21	0.096	0.198	18	0.112	0.284	17	0.141	0.411	02	0.065	0.097	30	0.066	0.371
10	0.100	0.161	20	0.114	0.848	02	0.143	0.221	03	0.094	0.228	27	0.073	0.876
29	0.133	0.388	03	0.121	0.656	05	0.162	0.899	16	0.122	0.945	09	0.095	0.568
24	0.138	0.062	13	0.178	0.640	03	0.285	0.016	18	0.158	0.430	05	0.180	0.741
20	0.168	0.564	72	0.209	0.421	28	0.291	0.034	25	0.193	0.469	12	0.200	0.851
22	0.232	0.953	16	0.221	0.311	08	0.369	0.557	24	0.224	0.572	13	0.259	0.327
14	0.259	0.217	29	0.235	0.356	01	0.436	0.368	10	0.225	0.223	21	0.264	0.681
01	0.275	0.195	28	0.264	0.941	20	0.450	0.289	09	0.233	0.838	17	0.283	0.645
06	0.277	0.475	11	0.287	0.199	18	0.455	0.789	20	0.290	0.120	23	0.363	0.063
02	0.296	0.497	02	0.336	0.992	23	0.488	0.715	01	0.297	0.242	20	0.364	0.366
27	0.311	0.144	15	0.393	0.488	14	0.498	0.276	11	0.337	0.760	16	0.395	0.363
05	0.351	0.141	19	0.437	0.655	15	0.503	0.342	19	0.389	0.064	02	0.423	0.540
17	0.370	0.811	24	0.466	0.773	04	0.515	0.693	13	0.411	0.74	08	0.432	0.736
09	0.388	0.484	14	0.531	0.014	16	0.532	0.112	20	0.447	0.893	10	0.476	0.468
04	0.410	0.073	09	0.562	0.678	22	0.557	0.357	22	0.478	0.321	03	0.508	0.774
25	0.471	0.530	06	0.601	0.675	11	0.559	0.620	29	0.481	0.993	01	0.601	0.417
13	0.486	0.779	10	0.612	0.859	12	0.650	0.216	27	0.562	0.403	22	0.687	0.917
15	0.515	0.867	26	0.673	0.112	21	0.672	0.320	04	0.566	0.179	29	0.697	0.862
23	0.567	0.798	23	0.738	0.770	13	0.709	0.273	08	0.603	0.758	11	0.701	0.605
11	0.618	0.502	21	0.753	0.614	07	0.745	0.687	15	0.632	0.927	07	0.728	0.498
28	0.636	0.148	30	0.758	0.851	30	0.780	0.285	06	0.707	0.107	14	0.745	0.679
27	0.650	0.741	27	0.765	0.563	19	0.845	0.097	28	0.737	0.161	24	0.819	0.444
16	0.711	0.508	07	0.780	0.534	26	0.846	0.366	17	0.846	0.130	15	0.840	0.823
19	0.778	0.812	04	0.818	0.187	29	0.861	0.307	07	0.874	0.491	25	0.863	0.568
07	0.804	0.675	17	0.837	0.353	25	0.906	0.879	05	0.880	0.828	06	0.878	0.215
08	0.806	0.952	05	0.854	0.818	24	0.919	0.804	23	0.931	0.659	18	0.930	0.601
18	0.841	0.414	01	0.867	0.133	10	0.952	0.555	26	0.960	0.365	04	0.954	0.827
12	0.918	0.114	08	0.915	0.538	06	0.961	0.504	21	0.978	0.194	28	0.963	0.004
03	0.992	0.399	25	0.975	0.584	27	0.969	0.811	12	0.982	0.183	19	0.988	0.020

栏号 11			栏号 12			栏号 13			栏号 14			栏号 15		
A	B	C	A	B	C	A	B	C	A	B	C	A	B	C
27	0.074	0.779	16	0.073	0.987	03	0.033	0.091	26	0.035	0.175	15	0.023	0.979
06	0.084	0.396	23	0.078	0.056	07	0.047	0.391	17	0.089	0.363	11	0.118	0.465
24	0.098	0.524	17	0.096	0.076	28	0.064	0.113	10	0.149	0.681	07	0.134	0.172
10	0.133	0.919	04	0.153	0.163	12	0.066	0.360	28	0.238	0.075	01	0.139	0.230
15	0.187	0.079	10	0.254	0.834	26	0.076	0.552	13	0.244	0.767	16	0.145	0.122
17	0.227	0.767	06	0.284	0.628	30	0.087	0.101	24	0.262	0.366	20	0.165	0.520
20	0.236	0.571	12	0.305	0.616	02	0.127	0.187	08	0.264	0.651	06	0.185	0.481
01	0.245	0.988	25	0.319	0.901	06	0.144	0.068	18	0.285	0.311	09	0.211	0.316
04	0.317	0.291	01	0.320	0.212	25	0.202	0.674	02	0.340	0.131	14	0.248	0.348
29	0.350	0.911	08	0.416	0.372	01	0.247	0.025	29	0.353	0.478	25	0.249	0.890
26	0.380	0.104	13	0.432	0.556	23	0.253	0.323	06	0.359	0.270	13	0.252	0.577
28	0.425	0.864	02	0.489	0.827	24	0.320	0.651	20	0.387	0.248	30	0.273	0.088
22	0.487	0.526	29	0.503	0.787	10	0.328	0.365	14	0.392	0.694	18	0.277	0.689
05	0.552	0.571	15	0.518	0.717	27	0.338	0.412	03	0.408	0.077	22	0.372	0.958
14	0.564	0.357	28	0.524	0.998	13	0.356	0.991	27	0.440	0.280	10	0.461	0.075
11	0.572	0.306	03	0.542	0.352	16	0.401	0.792	22	0.491	0.830	28	0.519	0.536
21	0.594	0.197	19	0.585	0.462	17	0.423	0.117	16	0.527	0.003	17	0.520	0.090
09	0.607	0.524	05	0.695	0.111	21	0.481	0.838	30	0.531	0.486	03	0.523	0.519
19	0.650	0.572	07	0.733	0.838	08	0.560	0.401	25	0.678	0.360	26	0.573	0.502
18	0.664	0.101	11	0.744	0.948	19	0.564	0.190	21	0.725	0.014	19	0.634	0.206
25	0.674	0.428	18	0.793	0.748	05	0.571	0.054	05	0.797	0.595	24	0.635	0.810
02	0.697	0.674	27	0.802	0.967	18	0.587	0.584	15	0.801	0.927	21	0.679	0.841
03	0.767	0.928	21	0.826	0.487	15	0.604	0.145	12	0.836	0.294	27	0.712	0.366
16	0.809	0.529	24	0.835	0.832	11	0.641	0.298	04	0.854	0.982	05	0.780	0.497
30	0.838	0.294	26	0.855	0.142	22	0.672	0.156	11	0.884	0.928	23	0.861	0.106
13	0.845	0.470	14	0.861	0.462	20	0.674	0.887	19	0.886	0.832	12	0.865	0.377
03	0.855	0.524	20	0.874	0.625	14	0.752	0.881	07	0.929	0.932	29	0.882	0.635
07	0.867	0.718	30	0.929	0.056	09	0.774	0.560	09	0.932	0.206	08	0.902	0.020
12	0.881	0.722	09	0.935	0.582	29	0.921	0.752	01	0.970	0.692	04	0.951	0.482
23	0.937	0.872	22	0.947	0.797	04	0.959	0.099	23	0.973	0.082	02	0.977	0.172

栏号 16			栏号 17			栏号 18			栏号 19			栏号 20		
A	B	C	A	B	C	A	B	C	A	B	C	A	B	C
19	0.062	0.588	13	0.045	0.004	25	0.027	0.290	12	0.052	0.075	20	0.030	0.881
25	0.080	0.218	18	0.086	0.878	06	0.057	0.571	30	0.075	0.493	12	0.034	0.291
09	0.131	0.295	26	0.126	0.990	26	0.059	0.026	28	0.120	0.341	22	0.043	0.893
18	0.136	0.381	12	0.128	0.661	07	0.105	0.176	27	0.145	0.689	28	0.143	0.073
05	0.147	0.864	30	0.146	0.337	18	0.107	0.358	02	0.209	0.957	03	0.150	0.937
12	0.158	0.365	05	0.169	0.470	22	0.128	0.827	26	0.272	0.818	04	0.154	0.867
28	0.214	0.184	21	0.244	0.433	23	0.156	0.440	22	0.299	0.317	19	0.158	0.359
14	0.215	0.757	23	0.270	0.849	15	0.171	0.157	18	0.306	0.475	29	0.304	0.615
13	0.224	0.846	25	0.274	0.407	08	0.220	0.097	20	0.311	0.653	06	0.369	0.633
15	0.227	0.809	10	0.290	0.925	20	0.252	0.066	15	0.348	0.156	18	0.390	0.536
11	0.280	0.898	01	0.323	0.490	04	0.268	0.576	16	0.381	0.710	17	0.403	0.392
01	0.311	0.925	24	0.352	0.291	14	0.275	0.302	01	0.411	0.607	23	0.404	0.182
10	0.399	0.992	15	0.361	0.155	11	0.297	0.589	13	0.417	0.715	01	0.415	0.457
30	0.417	0.787	29	0.374	0.882	01	0.358	0.305	21	0.472	0.484	07	0.437	0.696
08	0.439	0.921	08	0.432	0.139	09	0.412	0.089	04	0.478	0.885	24	0.446	0.546
20	0.472	0.484	04	0.467	0.266	16	0.429	0.834	25	0.479	0.080	26	0.485	0.768
24	0.498	0.712	22	0.508	0.880	10	0.491	0.203	11	0.566	0.104	15	0.511	0.313
04	0.516	0.396	27	0.632	0.191	28	0.542	0.306	10	0.576	0.659	10	0.517	0.290
03	0.548	0.688	16	0.661	0.836	12	0.563	0.091	29	0.665	0.397	30	0.556	0.853
23	0.597	0.508	19	0.675	0.629	02	0.593	0.321	19	0.739	0.298	25	0.561	0.837
21	0.681	0.114	14	0.680	0.890	30	0.692	0.198	14	0.749	0.759	09	0.574	0.599
02	0.739	0.298	28	0.714	0.508	19	0.705	0.445	08	0.756	0.919	13	0.613	0.762
29	0.792	0.038	06	0.719	0.441	24	0.709	0.717	07	0.798	0.183	11	0.698	0.783
22	0.829	0.324	09	0.735	0.040	13	0.820	0.739	23	0.834	0.647	14	0.715	0.179
17	0.834	0.647	17	0.741	0.906	05	0.848	0.866	06	0.837	0.978	16	0.770	0.128
16	0.909	0.608	11	0.747	0.205	27	0.867	0.633	03	0.849	0.964	08	0.815	0.385
06	0.914	0.420	20	0.850	0.047	03	0.883	0.333	24	0.851	0.109	05	0.872	0.490
27	0.958	0.856	02	0.859	0.356	17	0.900	0.443	05	0.859	0.935	21	0.885	0.999
26	0.981	0.976	07	0.870	0.612	21	0.914	0.483	17	0.863	0.220	02	0.958	0.177
07	0.983	0.624	03	0.916	0.463	29	0.950	0.753	09	0.883	0.147	27	0.961	0.980

栏号 21			栏号 22			栏号 23			栏号 24		
A	B	C	A	B	C	A	B	C	A	B	C
01	0.010	0.946	12	0.051	0.032	26	0.051	0.187	08	0.015	0.521
10	0.014	0.939	11	0.068	0.980	03	0.053	0.256	16	0.068	0.994
09	0.032	0.346	17	0.089	0.309	29	0.100	0.159	11	0.118	0.400
06	0.093	0.180	01	0.091	0.371	13	0.102	0.465	21	0.124	0.565
15	0.151	0.012	10	0.100	0.709	24	0.110	0.316	18	0.153	0.158
16	0.185	0.455	30	0.121	0.744	18	0.114	0.300	17	0.190	0.159
07	0.227	0.277	02	0.166	0.056	11	0.123	0.208	26	0.192	0.676
02	0.304	0.400	23	0.179	0.529	09	0.138	0.182	01	0.237	0.030
30	0.316	0.074	21	0.187	0.051	06	0.194	0.115	12	0.283	0.077
18	0.328	0.799	22	0.205	0.543	22	0.234	0.480	03	0.286	0.318
20	0.352	0.288	28	0.230	0.688	20	0.274	0.107	10	0.317	0.734
26	0.371	0.216	19	0.243	0.001	21	0.331	0.292	05	0.337	0.844
19	0.448	0.754	27	0.267	0.990	08	0.346	0.085	25	0.441	0.336
13	0.487	0.598	15	0.283	0.440	27	0.382	0.979	27	0.469	0.786
12	0.546	0.640	16	0.352	0.089	07	0.387	0.865	24	0.473	0.237
24	0.550	0.038	03	0.377	0.648	28	0.411	0.776	20	0.475	0.761
03	0.604	0.780	06	0.397	0.769	16	0.444	0.999	06	0.557	0.001
22	0.621	0.930	09	0.409	0.428	04	0.515	0.993	07	0.610	0.238
21	0.629	0.154	14	0.465	0.406	17	0.518	0.827	09	0.617	0.041
11	0.634	0.908	13	0.499	0.651	05	0.589	0.620	13	0.641	0.648
05	0.696	0.459	04	0.539	0.972	02	0.623	0.271	22	0.664	0.291
23	0.710	0.078	18	0.560	0.747	30	0.637	0.374	04	0.668	0.856
29	0.726	0.585	26	0.575	0.892	14	0.714	0.364	19	0.717	0.232
17	0.749	0.916	29	0.756	0.712	15	0.730	0.107	02	0.726	0.504
04	0.802	0.186	20	0.760	0.920	19	0.771	0.552	29	0.777	0.548
14	0.835	0.319	05	0.847	0.925	23	0.780	0.662	14	0.823	0.223
08	0.870	0.546	25	0.872	0.891	10	0.924	0.888	23	0.848	0.264
28	0.871	0.539	24	0.874	0.135	12	0.929	0.204	30	0.892	0.817
25	0.971	0.369	08	0.911	0.215	01	0.937	0.714	28	0.943	0.190
27	0.984	0.252	07	0.946	0.065	25	0.974	0.398	15	0.975	0.962

栏号 25			栏号 26			栏号 27			栏号 28		
A	B	C	A	B	C	A	B	C	A	B	C
02	0.039	0.005	16	0.026	0.102	21	0.050	0.952	29	0.042	0.039
16	0.061	0.599	01	0.033	0.886	17	0.085	0.403	07	0.105	0.293
26	0.068	0.054	04	0.088	0.686	10	0.141	0.624	25	0.115	0.420
11	0.073	0.812	22	0.090	0.602	05	0.054	0.157	09	0.126	0.612
07	0.123	0.649	13	0.114	0.614	06	0.164	0.841	10	0.205	0.144
05	0.126	0.658	20	0.136	0.576	07	0.197	0.013	03	0.210	0.054
14	0.161	0.189	05	0.138	0.228	16	0.215	0.363	23	0.234	0.533
18	0.166	0.040	10	0.216	0.565	08	0.222	0.520	13	0.266	0.799
28	0.248	0.171	02	0.233	0.610	13	0.269	0.477	20	0.305	0.603
06	0.255	0.117	07	0.278	0.357	02	0.288	0.012	05	0.372	0.223
15	0.261	0.928	30	0.405	0.273	25	0.333	0.633	26	0.385	0.111
10	0.301	0.811	06	0.421	0.807	28	0.348	0.710	30	0.422	0.315
24	0.363	0.025	12	0.426	0.583	20	0.362	0.961	17	0.453	0.783
22	0.378	0.792	08	0.471	0.708	14	0.511	0.989	02	0.460	0.916
27	0.379	0.959	18	0.473	0.738	26	0.540	0.903	27	0.461	0.841
19	0.420	0.557	19	0.510	0.207	27	0.587	0.643	14	0.483	0.095
21	0.467	0.943	03	0.512	0.329	12	0.603	0.745	12	0.507	0.375
17	0.494	0.225	15	0.640	0.329	29	0.619	0.895	28	0.509	0.748
09	0.620	0.081	09	0.665	0.354	23	0.623	0.333	21	0.583	0.804
30	0.623	0.106	14	0.680	0.884	22	0.624	0.076	22	0.587	0.993
03	0.625	0.777	26	0.703	0.622	18	0.670	0.904	16	0.689	0.339
08	0.651	0.790	29	0.739	0.394	11	0.711	0.253	06	0.727	0.298
12	0.715	0.599	25	0.759	0.386	01	0.790	0.392	04	0.731	0.814
23	0.782	0.093	24	0.803	0.602	04	0.813	0.611	08	0.807	0.983
20	0.810	0.371	27	0.842	0.491	19	0.843	0.732	15	0.833	0.757
01	0.841	0.726	21	0.870	0.435	03	0.844	0.511	19	0.896	0.464
29	0.862	0.009	28	0.906	0.367	30	0.858	0.299	18	0.916	0.384
25	0.891	0.873	23	0.948	0.367	09	0.929	0.199	01	0.948	0.610
04	0.917	0.264	11	0.956	0.142	24	0.931	0.263	11	0.976	0.799
13	0.958	0.990	17	0.993	0.989	15	0.939	0.947	24	0.978	0.633

附表B　t分布概率系数表

测定数 N	双边置信水平的 $t_{\alpha/2}\sqrt{N}$		单边置信水平的 $t_{\alpha}\sqrt{N}$	
	保证率 95%	保证率 90%	保证率 95%	保证率 90%
	$\alpha/2$	$\alpha/2$	α	α
2	8.985	4.465	4.465	2.176
3	2.484	1.686	1.686	1.089
4	1.591	1.177	1.177	0.819
5	1.242	0.953	0.953	0.686
6	1.049	0.823	0.823	0.603
7	0.925	0.734	0.734	0.544
8	0.836	0.670	0.670	0.500
9	0.769	0.620	0.620	0.466
10	0.715	0.580	0.580	0.437
11	0.672	0.546	0.546	0.414
12	0.635	0.518	0.518	0.393
13	0.604	0.494	0.494	0.376
14	0.577	0.473	0.473	0.361
15	0.554	0.455	6.455	0.347
16	0.533	0.438	0.438	0.335
17	0.514	0.423	0.423	0.324
18	0.497	0.410	0.410	0.314
19	0.482	0.398	0.398	0.305
20	0.468	0.387	0.387	0.297
21	0.455	0.376	0.376	0.289
22	0.443	0.367	0.367	0.282
23	0.432	0.358	0.358	0.275
24	0.422	0.350	0.350	0.269
25	0.413	0.342	0.342	0.264
26	0.404	0.335	0.335	0.258
27	0.396	0.328	0.328	0.253
28	0.388	0.322	0.322	0.248
29	0.380	0.316	0.316	0.244

续上表

测定数 N	双边置信水平的 $t_{\alpha/2}\sqrt{N}$		单边置信水平的 $t_{\alpha}\sqrt{N}$	
	保证率 95%	保证率 90%	保证率 95%	保证率 90%
	$\alpha/2$	$\alpha/2$	α	α
30	0.373	0.310	0.310	0.239
40	0.320	0.266	0.266	0.206
50	0.284	0.237	0.237	0.184
60	0.258	0.216	0.216	0.167
70	0.238	0.199	0.199	0.155
80	0.223	0.186	0.186	0.145
90	0.209	0.175	0.175	0.136
100	0.198	0.166	0.166	0.129

参 考 文 献

[1] 西安公路学院. 公路测量[M]. 北京:人民交通出版社,1979.

[2] 聂让. 高等级公路控制测量[M]. 北京:人民交通出版社,2001.

[3] 张雨化. 公路勘测设计[M]. 北京:人民交通出版社,1986.

[4] 中华人民共和国行业标准. 公路路基路面现场测试规程(JTG E60—2008)[M]. 北京:人民交通出版社,2008.

[5] 韩山农. 公路工程施工测量[M]. 北京:人民交通出版社,2004.

[6] 顾孝烈,程效军. CASIO *fx*-4850P 计算器土木工程测量计算程序开发与应用[M]. 上海:同济大学出版社,2007.

[7] 覃辉. CASIO *fx*-4850P/4800P/3950P 编程计算器在土木工程中的应用[M]. 广州:华南理工大学出版社 2006.

[8] 王中伟. CASIO *fx*-5800P 计算器与道路坐标放样计算[M]. 广州:华南理工大学出版社,2008.

[9] 覃辉. CASIO *fx*-4800P/4850P 与 *fx*-5800P 编程计算器功能比较与程序转换[M]. 上海:同济大学出版社,2009.

[10] 李孟山,李少元. 计算公路匝道点位坐标的复化辛普森公式[M]. 测绘通报,2000.

[11] 中华人民共和国行业标准. 早期推定混凝土强度试验方法标准(JGJ/T 15—2008)[M]. 中国建筑工业出版社,2008.

[12] 李美民,李远志. 公路工程施工资料编制实用指南[M]. 北京:人民交通出版社,2005.

[13] 覃辉. CASIO *fx*-5800P 矩阵编程计算器原理与实用测量程序[M]. 上海:同济大学出版社,2007.

[14] 张超,郑南翔,王建设. 路基路面试验检测技术[M]. 北京:人民交通出版社,2004.